강을 건너는 산

김용주 평전

이성춘 · 김현진 편저

청어 ^{도서출판}

1920년 부산상고 재학 시절.

우리 민족의 교육을 위해 설립한 포항영흥국민학교 교장 시절.

미 해군 함정 양여 조인식

해방 직후, 최초의 우리 해군 함정 출항식에서 축사를 하고 있다.

오사카 민단을 방문한 뒤 교민대표들과 함께.

김용주 공사 취임 민단 환영식에서 인사말을 하고 있다.

주일대표부에서 6·25 전쟁 중 긴급지원을 하기 위한 회의 장면.

6·25 전쟁 중 재일교포들에게 모국 지원의 중요성을 강조하고 있다.

6·25 전쟁 발발 직후, 부산에 머물던 이승만 대통령과 통화하고 있다.

6·25 전쟁 중 동경을 찾은 신성모 국방장관 일행과 함께.

1950년 6월 29일, 동경에서 전쟁 상황을 한국민에게 알리기 위한
첫 대한라디오 방송을 하기 직전 모습.

부임차 워싱턴으로 향하던 장면 주미대사의 동경 도착을 맞으며.

1950년 9월, UN총회 참석차 동경에 도착한 장택상, 임병직, 김동성 등 한국대표들.

6·25 전쟁 기간 중 지원협의차 자주 만났던 맥아더 사령부의 해군장성들과 함께.

방일한 신익희 국회의장을 공항에서 영접하며.

참의원 민주당 원내총무 시절, 의원들과 함께 전방 위문.

대한방직협회 회장 재임 시절 간부들과 기념촬영.

헐벗은 산하를 녹화하기 위해 1천만 주 조림사업을 펼쳤던 현장을 둘러보며.

한국경영자총협회 회장 시절, 회장 인사말을 하고 있다.

한국경영자총협회 회장 시절, 한 행사장에서.

6·25 전쟁 중 김용주 주일공사가 일본에서 제작한
최초의 한국은행권.(사진 출처: 한국은행화폐박물관)

해촌 김용주.

머리말

해촌 김용주(1905~1985) 선생은,

정치, 경제, 사회, 교육 등 거의 모든 분야에 걸쳐 한국 현대사에 많은 영향을 끼친 사람이다. 20세기 초엽부터 시작된 그의 80년 생애는 뜨거운 열정과 피나는 노력으로 꽉 차있다. 20대 초반의 젊은 나이에 일제의 차별과 핍박에 맞서 다니던 은행을 뛰쳐나와 3·1정신을 담은 삼일상회(三一商會)를 개업해 당당하게 극일(克日)의 길을 걷는가 하면, 힘없는 조선민족을 위해서라면 자신의 재산도 아낌없이 내놓는 애족애민의 삶을 살았다.

해방 후에는 조선에 있는 일본인 회사를 모두 적산으로 간주하려는 미 군정청에 반발, 미 국무성을 상대로 치열한 논쟁을 벌인 끝에 조선인 소유의 주식재산을 인정받음으로써 신생독립 대한민국 경제의 민족자본 형성에 물꼬를 텄고, 건국 초기 해양한국의 미래를 설계하고 개척하여 오늘날 한국 해운의 아버지로 일컬어지기도 한다. 또한 민족의

비극 6·25때는 주일특명전권공사로 있으면서 연합군 사령부를 상대로
전쟁국가 외교관으로 많은 공을 세웠다. 유엔군의 서울 수복 폭격에서
소중한 우리 문화재가 온전히 살아남은 것도 그가 맥아더 사령관과의
담판에서 얻어낸 전면 폭격에서 부분 폭격으로 수정한 덕분이다.

이렇듯 해촌 김용주 선생은,
민족수난의 강을 앞에 두고 '강가에 우두커니 서있는 산'이 아니었
다. 그는 늘 '용감하게 강을 건너는 산'이었다.
그렇다고 무대포로 '강을 건너는 산'이 아니다. 강과 끊임없이 소통
하고 설득하며 '강을 건너는 산'이다. 그가 강을 건너며 강과 나누는
소통과 설득은 더없이 큰 명분과 치밀한 논리로 무장되어 있고, 그가
구사하는 언어는 어떤 문장가의 그것보다 품위 있고 정확하다.

그의 소통과 설득은 고집불통 이승만 대통령을 설득하고, 미 국무성을

이해시키고, 전쟁영웅 맥아더를 감동시키고, 생면부지 일본 정계 야당 거물들을 자기편으로 끌어들인다. 그렇게 해촌 선생은 일제봉지의 상을 건너고, 혼돈한 해방정국의 강을 건너고, 국토가 찢어지는 6·25의 강을 건너고, 독재의 강과 혁명의 강을 건너는 늘 '움직이는 산'으로 살다 갔다.

그러나 우리는 지금까지 김용주라는 인물에 대해 잘 알지 못하고 있다. 이미 30년 전에 고인이 된 데다 그에 대한 자료가 희박하기 때문이다. 그가 남긴 유일한 기록물이라면 말년에 쓴 회고록 『풍설시대 80년』이 유일하다. 따라서 이 책도 그의 회고록 『풍설시대 80년』을 중심으로 엮었다.

편저자는 처음 김용주 선생에 대해 글쓰기를 많이 망설였다. 자기 스스로 서술한 회고록 내용을 어디까지 믿어야 할지 몰랐기 때문이다.

하지만 그의 회고록이 1976년 6월부터 동년 11월까지, 60회에 걸쳐 한국일보사 서울경제신문에 연재되었다는 사실을 알고는 생각이 달라졌다. 회고록 내용이 신문독자들은 물론 저자의 동시대 인물들로부터 나름대로 검증과 평가를 받았다고 보았기 때문이다. 그럼에도 불구하고, 중요사항에 대해서는 당시 언론보도나 기록물, 증언 등을 통해 다시 한 번 검증함으로써 객관적인 신뢰도를 높이는 데 최선을 다했다. 그래도 독자의 눈에는 아직도 미진한 점이 많을 것이다. 이해와 양해를 부탁드린다.

광복 70주년 기념일을 앞두고
편저자 이성춘·김현진

차례

제1장 스캡(SCAP) 전선 이상 없다
─ 김용주의 6·25

제2장 극일(克日)로 이겨낸 망국의 한(恨)

─ 김용주의 일제강점기

제3장 새로운 통치자 미 군정과의 줄다리기

─ 김용주의 해방정국

제4장 독재와 무질서가 부른 4·19와 5·16

― 김용주의 정치 경제

제5장 냉철한 머리 따뜻한 가슴
─ 김용주의 주변 이야기

스캡(SCAP) 전선 이상 없다
― 김용주의 6·25

F51 전투기 10대만
빌려달라고 해

    1950년 6월 28일 한밤, 도쿄(東京) 긴자(銀座) 핫토리(服部)빌딩 4층에 자리한 대한민국 주일대표부 김용주 특명전권공사 탁상전화기 벨이 요란하게 울렸다. 전화를 건 사람은 뜻밖에도 이승만 대통령이었다. 김용주는 깜짝 놀랐다. 북한의 기습남침으로 인해 이틀째 본국과 모든 연락이 끊어진 상태였기 때문이다.

    수화기로 전해지는 노(老) 대통령의 목소리는 전쟁피로로 인해 약간 쉰 성 싶었으나 그래도 그 속에 서린 투지만은 왕성했다. 이 대통령은 특유의 딱딱 끊어지는 어투로 지시를 내렸다. 김용주는 대통령의 말 한 마디 한 마디를 숨결에 새기듯 귀담아 들었다.

    "김 공사, 낼 날이 밝는 대로 바로 스캡에 가. 가서 맥아더한테 F51 전투기 10대만 빌려달라고 해. 내가 우리 공군조종사들을 일본으로 보낼 테니, 그들이 전투기를 몰고 한국전선에 투입할 수 있도록 맥아더 원수와 교섭하란 말이야. 알겠는가?"

    "예, 각하! 잘 알겠습니다! 그런데 지금 각하 계신 곳이 어딥니까?"

    그러나 이 대통령의 대답이 들리기 전에 통화는 끊기고 말았다. 그래도 김용주는 대통령의 건재를 그런대로 확인할 수 있어서 불안했던 마음 한 구석이 좀 밝아졌다. 나중에 알게 된 일이지만, 그 전화는 수원서 미 군용전화 중계로 간신히 통화가 이루어진 것이었다.

다음날 29일, 김용주는 서둘러 스캡으로 갔다. '스캡(SCAP)'은 '일본 점령연합국 최고사령관(The Super Commander for the Allied Powers)'의 약칭으로, 편의상 연합군 최고사령부로 통용되고 있었다. 맥아더 사령관은 스캡에 없었다. 부관 말로는 밤늦게 아니면 면회가 불가능하다고 했다. 김용주는 면회 목적이 중차대해 시급을 요한다며 거듭 면회를 요청해 보았지만 끝내 이루지 못하고 대표부로 돌아왔다. 밤늦게까지 기다리는 수밖에 없었다.

'빨리 전투기 협상을 해야 하는데! 상황이 얼마나 다급하면 각하가 직접 전화를 하셨을까!'

북괴의 전면 남침을 일본에서 신문 호외를 통해 알게 된 김용주는 지금 한국의 전쟁 상황이 어떤지 알 길이 없었다. 그 순간에도 본국 전황은 시시각각 급박하게 돌아가고 있었다.

— 25일 새벽 전쟁이 터진 당일 오후 2시, 경무대에서 긴급회의. 장면 주미대사에게 북괴군 남침을 알림. 26일 새벽 3시, 이승만 대통령 주재 비상 국무회의 개최. 서울 사수와 철수 주장이 팽팽히 맞섬. 이 대통령 결단으로 서울 사수 결정. 27일 새벽 2시, 상황 더욱 급박해지고 이승만 대통령 서울역에서 열차편으로 남하. 정부, 대전으로 수도 이전. 27일 오후, 육군참모회의 수도 서울 사수 불가판단, 북괴군 전차

서울 진입 시 한강 인도교와 철교 폭파키로 결정. 28일 새벽 2시 30분, 국군 미아리 방어선 붕괴. 10분 후인 2시 40분경, 한강 인도교와 철교 폭파. 국군 무기와 보급품 고스란히 적 수중으로 넘어감.

《아, 다시는 그날이》, 동아일보 연재, 1975.6.17.)

뿐만 아니라, 자신이 스캡으로 맥아더를 찾아간 그 시각 정작 맥아더 사령관은 서울 한강 남쪽방어선을 시찰하고 있었다는 사실도 김용주는 까맣게 모르고 있었다.

더디게 흐르는 시간이 김용주를 더욱 초조하게 만들었다. 이윽고 벽시계가 밤 9시를 가리킬 때 스캡에서 연락이 왔다. 김용주는 부리나케 달려가 맥아더 사령관을 만나 이 대통령의 지시를 전하고 교섭을 벌였다. 그런데 얼마 동안 파이프만 빨며 듣고 있던 맥아더 사령관이 빙긋 웃으며 말했다.

"이젠 그럴 필요 없소. 이미 우리 미 공군기가 한국전선에서 전투에 참가하고 있고, 나도 오늘 아침 8시에 한국전선으로 날아가 이 대통령을 만나고 이제 막 돌아왔소."

맥아더 사령관의 말에 김용주는 일순 맥이 빠지는 듯했지만, 곧이어 몰려오는 감격스러움에 자신도 모르게 자리에서 벌떡 일어섰다. 그런 김용주의 모습을 보고 맥아더 사령관이 다시 흐뭇한 미소를 보냈다. 김용주는 감사한 마음으로 맥아더와 뜨거운 악수를 나누고 스캡을 나왔다.

트루먼 대통령에 의해 참전 결정이 내려지기가 무섭게 재빨리 한국 전선으로 날아가 몸소 이 대통령을 위로하고 격려하며 한미 양군 공동 작전의 기틀을 마련해 놓고 돌아온 맥아더 사령관의 진정성 있는 마음에 김용주는 가슴이 뭉클했다.

— 이상은 6월 28, 29일 양일간에 있었던 주일한국대표부와 스캡 사이에 벌어진 긴박했던 상황을 『풍설시대 80년』 135페이지 내용에 기초해 재구성해 본 것이다.

그렇다면 6월 29일, 한강방어선을 시찰하고 돌아온 맥아더 사령관은 당시 한국전황을 어떻게 판단했을까?

6월 30일, 미 육군부(Department of Army) 참모 연락단에 1급 비밀 문서 한 건이 도착했다. 맥아더가 한강전선을 시찰하고 보낸 보고서였다.

— 본관은 오늘 수원에서 북쪽 한강에 이르는 남한 군 전투지역을 시찰했음. 시찰 목적은 남한군의 현 상황을 직접 정찰하고, 우리의 임무 수행을 위해 가장 효과적인 향후 지원책을 모색하기 위한 것임.

남한군과 해안경비대는 혼란에 빠져 있음. 진지하게 싸우지도 않고 지휘력은 결핍된 채 자신들의 방식으로 전투에 임하고 있었음. (중략) 남한군은 전반적으로 적을 저지할 능력이 없으며, 현 전선은 또 한 차례 돌파될 위험성이 높음. 전선에 진출해 있는 적군이 진격을 계속할 경우 남한 존립을 심각하게 위협하게 될 것임.

(중략) 지리멸렬된 이 지역에 육해공군을 총동원하지 않을 경우, 우리의 임무는 기껏해야 불필요하게 생명과 재산과 위신을 잃는 것이 될 것임. 최악의 경우, 패전의 불운을 안을 수도 있음.

(『미국 비밀문서로 본 한국현대사 35장면』, 삼인, 이홍환 편저, P.198)

한국은행권 지폐를
일본에서 찍은 사연

6·25 전쟁이 발발하자 남한에 현금부족사태가 빚어졌다. 급기야 정부는 국민의 현금사용에 제동을 걸고 나섰다.

1950년 6월 28일, 대통령 긴급명령 제2호 '금융기관 예금 등 지불에 관한 특별조치령' 공포. 1950년 7월 1일, 부산지역 은행예금 지불한도를 1인당 1주일 1만 원(圓)으로 제한조치. 10일 뒤 1인 한도 5천 원으로 축소.(『6·25 전쟁 1129일』, 이중근, P.28)

1950년 7월 2일, 주일한국대표부 김용주 공사 앞으로 한 통의 전화가 걸려온다. 이번에는 부산에 피난 내려와 있는 친동생 김용성이었다.
"형님, 부산입니다. 미 군용전화로 어렵게 겁니다."
"재주 좋구나. 그런데 너 지금 우리 정부가 어디 있는지 혹시 아느냐?"
대통령과 통화 후 다시 연락이 끊긴 지 나흘째였다. 김용주는 정부 소재지와 대통령의 안위가 궁금해 몹시 초조해하고 있었다.
"그건 저도 잘 모르겠고, 지금 한국에서는 돈이 떨어져 난리가 났습니다. 현찰이 없어서 물품거래를 제대로 할 수 없고, 노동자들 노임도 지불할 수 없는 실정입니다. 심지어 이곳 부산에서는 미군 군용물자 하역에 대비해서 부두 창고에 쌓인 수출 물자를 딴 데로 옮겨야 하는데, 인부 노임을 지불할 수 없어 작업을 못하고 있습니다. 미군은 앞으로 3일 안에 창고들을 비우지 않으면 불도저로 물품들을 모조리 바다에 밀어 넣어버릴 방침을 세웠다는데 큰일입니다!"

그러고는 한숨을 쉰 뒤, 덧붙였다.

"인민군에 밀려 정부가 급히 서울을 떠나는 바람에 한국은행 본점 보유의 현찰들이 후방으로 이송되지 못했고, 지금은 그 한국은행 본점마저 동란으로 인해 어디로 갔는지 알 수 없는 상태랍니다!"

동생의 말에 김용주는 너무 놀라 말문이 막혔다. 그 순간 전화가 끊어져버렸다. 동생과 인사말도 나누지 못한 상태였다.

'현찰 고갈이라니, 정말 큰일 났구나! 전쟁에서 가장 필요한 것이 무기와 인적 자원이지만, 그것을 움직이는 것은 바로 돈이 아닌가? 따라서 전비(戰費)인 화폐는 무기의 제1호인 셈인데 그것이 동이 났다니! 화폐유통에 무슨 차질이 생긴다면 온갖 기능이 마비될 우려가 있다! 하지만 부산, 대구, 대전 등지에 지폐를 찍어낼 만한 정밀인쇄시설이 있을 리 없고, 그렇다면 현찰의 고갈은 앞으로 더욱 심각해질 것이 뻔한데, 이를 어쩌면 좋나?'

그 순간, 놀라운 생각이 김용주의 머릿속을 스쳤다.

'그렇다! 이곳 일본에서 돈을 찍어 본국에 보내자!'

이상은 김용주 회고록 『풍설시대 80년』에 나오는 1950년 7월 2일 아침 9시 경의 실제상황이다. 이때부터 김용주의 놀라운 생각은 곧바로 결단을 거쳐 행동으로 옮겨진다. 이후에 벌어진 일에 대해 그의 말을 직접 들어보자.

"나는 곧바로 당시 한국은행 동경지점의 김진형(金鎭炯, 후에 산업은행 총재) 부총재를 공사실로 청하여 이 문제를 놓고 긴급 숙의했다. 김 부총재는 내 의견에 동의를 표하긴 했으나 다만 본국 정부와 한국은행 본점의 사전승인을 얻지 못하는 점에 일말의 거리낌을 내비쳤다. 김 부총재와 나는 본국의 상황을 여러모로 검토했다. 이 대통령의 안위, 그리고 정부와 한국은행 본점이 어디로 갔으며 어찌 되었는지 전연 알 길이 없고, 또한 언제 연락이 될지 알 수 없는 것이었다. 그러나 전쟁은 일각의 여유를 주지 않는 것이다. 지금도 일선에서는 전비 관계로 전쟁수행에 지장을 주지 않을까? 이러한 여러 가지 문제를 검토한 결과, 우선 우리는 지폐제작에 착수를 하고 앞으로 본국 정부와 연락이 되는 대로 새로이 지시를 받아 처리하기로 하고, 그때까지의 책임은 양인이 질 각오로 마침내 제작개시를 결정했다."

"나는 김 부총재와 물 샐 틈 없이 의견을 모은 뒤, 신 지폐의 종류는 백 원권과 천 원권 2종으로 결정을 봤다. 우리는 '스캡' 관계당국과 일본 정부 대장성에 각각 주일대표부 간부 직원과 한국은행 동경지점 간부를 보내 협력을 요청하고, 한편 일본은행과 도안에 대한 협의를 했더니 신화폐의 도안을 작성하는 데는 1주일 이상의 시일을 요한다고 하기에 부득이 천 원권엔 당시 동경에 체류 중인 김세용(金世勇) 화백의 화필로 그려진, 주일대표부 공사실에 걸린 한복차림의 이 대통령 초상화를 넣기로 하고, 나머지 백 원권에 대해서는 나의 유년시절 구 한국지폐 중에 수원 화홍문(華虹門) 사진이 들어 있었던 것이 기억에 떠올라 그 화홍문을 되살려 볼까 했으나, 그 사진을 구할 길이 없어 대표부에 비치된 건물사진들 중에서 유서 깊은 것을 찾던 중, 마침 광화문 사진이 나왔다. 나는 대단히 반가웠다. 광화문이면 의의도 좋고 형상도 좋아서 그 광화문 사진을 넣기로 했다. 이렇게 나와 김진형 부총재는 신 지폐 도안을 30분 안에 정해 버렸다. 그러는 가운데, 당일 하오 2시를 전후해서 스캡과 일본대장성으로부터 신 지폐 제조에 적극 협력할 뜻을 정식으로 알려 왔다. 이로써 신 지폐 제조준비 작업은 일단락을 지은 셈인데, 그러니까 당일 아침 9시경에 있은 친동생 용성과의 통화 시각부터 산출하면 준비 작업에 소요된 시간은 불과 5시간에 지나지 않았다. 한편, 수일 후 다행히 한국은행 동경지점은 부산에 내려온 본점총재와 전화연락이 되어 지폐제조에 합의를 보았다 하므로 나는 크게 안심했다."

"이리하여 하코네(箱根)의 산용(山容)이 바라보이는 오타하라(小田原)시 소재의 일본대장성 조폐국 부설 인쇄소에서 주일대표부 직원 및 한은 동경지점 직원의 엄중한 관리, 감독 하에 신 지폐의 인쇄, 제조 작업은 촌시를 다투어 주야겸행으로 진행했는데, 마침 작업 3일 만인 7월 5일쯤 지금 이 대통령이 부산으로 내려오시어 정착하셨다는 전화가 부산에서 걸려 왔다. 그 기회를 놓칠세라 나는 대통령께 친히 전화를 통하여 신 지폐 제조의 동기와 작업 진행상황 등에 관해 상세히 보고를 하고 양해를 구했더니, 이 대통령은 나의 독단적 처사를 불문에 붙일뿐더러 그것은 참 잘한 일이라고 오히려 칭찬의 말을 아끼지 않았다. 이 신 지폐는 인쇄개시 5~6일 만에 첫 선을 보여 미 군용기편으로 제1차 본국 탁송이 실현됐고, 그 후에도 계속 미 군용기편을 이용했으나 4~5차 탁송 끝에 지폐의 중량이 너무 과다하여, 앞으로는 적재할 수 없다고 미군 당국으로부터 거절을 당하여, 그 다음부터는 부득이 선편으로 적송하게 됐다. 이 지폐 수송엔 주일대표부 직원과 한국은행 직원이 적재 선박에 동승하여 만전을 기했다. 그리고 본국 정부는 이 신 지폐 사용을 위해 1950년 7월 중순 신 지폐 발행을 정식 발표했다."

(『풍설시대 80년』 P.152)

이렇게 김용주 공사 주선으로 일본에서 새로 발행된 '천 원권' 지폐에 대해 언론의 품평은 상세하다.

— 천 원권은 동전 깃이 유난히 넓은 회색 두루마기 차림의 얼굴을 왼쪽에 넣고 이제까지 써왔던 朝鮮銀行(조선은행)이라는 글귀를 韓國銀行(한국은행)으로 고친 것은 물론, 李王朝(이왕조)의 상징인 오얏꽃(梨花) 무늬를 뺀 것이 특징이었고, 넓고 짧은 日本式(일본식) 돈 모양을 美國式(미국식)으로 좁고 길게 바꾼 것이다. 지폐에 자신의 얼굴이 들어가는 것을 대통령인 이승만은 당연한 것으로 받아들였다.

(〈제1공화국 비화〉, 동아일보, 1974.10.22.)

그런가 하면 이 신문은 새 지폐 발권에 대해 다른 의견을 제시하기도 한다.

— 당시 한국은행 총재 구용서(具鎔書) 씨는 피난 중 대전에서 미국대사관 참사관 '로엔'과 '맥아더' 사령부 소속 미군 중령 한 사람에게 새로 찍을 것을 의뢰했다고 밝혔다. 이때 구 총재의 비서 과장이었던 김봉은(金奉殷) 씨는 대구로 내려가서 최순주(崔淳周) 재무장관이 한국은행 총재의 건의를 받아 이승만의 재가를 얻어 동경의 '맥아더' 사령부에 발권을 의뢰했다고 덧붙여 설명했다.

일부에서는 그때 주일공사(駐日公使)였던 김용주(金龍周)가 자기 자신이 선택한 도안(圖案)이었다는 말을 하고 있으나, 중앙은행(中央銀行) 고유의 기능인 발권(發券)업무를 본국과 상의 없이 공사(公使) 단독으로 처리한다는 것은 납득할 수 없다는 이야기였다.(상기 신문)

이 기사는 일본에서의 지폐발행을 김용주가 아닌 본국 한국은행 총재가 처음부터 주도한 것으로 말하고 있다. 하지만, 동아일보 기사보다 훨씬 앞서 1966년 12월 20일에 출판된 『駐日代表部(주일대표부)』(姜鷺鄕 著, P.109)에서도 신 지폐 발권에 대한 이야기가 나오는데, 그 과정이 매우 상세히 기록되어있어 김용주의 말을 뒷받침한다. 원문대로 옮긴다.

"…… 한 개의 단안이 김 공사는 가슴속에 다듬어졌다. 국내의 화폐 고갈해소책으로 일본 현지에서 한국지폐를 새로이 인쇄하여 본국으로 보내 보자는 것이었다. 당시 한국은행 동경지점엔 총책임자로 부총재 김진형 씨가 상주하였고, 그 밑에 지점장으로 천병규(千炳圭, 후에 재무장관) 씨가 집무하고 있었다. 김 공사는 당일로 김진형 부총재와 그것을 협의한 결과 김 부총재도 이에 찬의를 표했다. 김 공사는 다시 김 부총재를 시켜 그때 일본에 피난해 온 한국은행 미국인 보좌관 월터 스미스 씨에게 이 건을 상의했더니 월터 스미스 씨도 즉각 찬의를 표해 왔다.

남은 문제는 이 대통령의 결재였다. 평화 시엔 주 1회씩 한국에 운항하던 NWA 항공기편으로 '파우치'(외교행낭)의 내왕이 있었기 때문에 주일대표부의 중요 청훈서류는 그것을 전용하면 되었으나, 전쟁으로 인해 NWA 항공편이 정지된 그 마당에 있어서는 부득이 매사의 청훈은 오직 '스캡'의 군용전화 편에 의지할 길 밖에 없었다. 그것도 빗발치듯 폭주하는 군사의 송수화로 인해 그 틈을 비비고 들어가기는 대단히 어려운 일이거니와, 도대체 현재 정부와 대통령이 과연 어느 고장에 자리 잡고 있는지 알 수 없어 결재를 받는 길은 결국 꽉 막혀 있는 실정이었다.

부득이 김 공사는 결재 건을 후일로 미루고 곧 독단적으로 신 지폐 인쇄착수를 서둘렀다. 이왕 지폐를 인쇄할 바에야 한시가 아쉬웠다. 신 지폐의 종류는 천 원권과 백 원권의 2종으로 결정했다. 우선 신 지폐의 도안이 급선무였다. 천 원권에는 한복 차림의 이 대통령 초상을 넣기로 하고, 백 원권엔 광화문을 넣기로 했다. 이 대통령의 초상은 주일대표부 공사실에 걸린 김세용 화백이 그린 유화를 이용했다. 김세용 화백은 당시 일본 체류 중에 이 대통령의 초상화를 그린 것이다. 그는 6·25 전쟁 중 국난을 주제로 한 3부작 같은 것을 구상하여 매 폭 100호 내외의 거대한 작품을 완성시킬 예정으로 그 비용 염출을 대표부에 상의했으나 결국 여의치 못해서 그 뒤 각각 30호 정도로 줄여서 완성을 보았는데, 그 중 한 폭은 현재 한국은행 동경지점에 걸려 있다.

신 지폐의 인쇄는 온천장으로 유명한 하꼬네의 산이 바라보이는 오타하라시 소재의 일본 정부 조폐국 인쇄공장에서 극비리에 주야겸행으로 진행되었다. 완성된 현품을 용선(傭船)에 적재하여 주일대표부 직원과 한국은행은 동경지점 직원들의 심혈을 기울인 경호 하에 무사히 부산에 양륙한 것은 인쇄 개시로부터 불과 열흘 후의 일이었다."

김용주는 훗날 신 지폐발행을 회고하며 이렇게 가슴을 쓸어내린다.

"그때 지폐 제조의 실무는 한국은행 동경지점이 담당하고 우리 주일대표부는 옆에서 협조하는 방향이었으나 때가 워낙 국가존망의 비상시라 그 착수에 있어 나는 그러한 용기를 낸 것인데, 지금에 와서 돌이켜 보면 너무나 중대한 일을 그렇게도 단순하게 결행한 사실에 대해 새삼스레 정신이 아찔해지는 느낌이 들기도 한다. 만약 그때 그 일에 실수라도 생겼다면 나의 책임, 나의 죄과는 걷잡을 수 없이 컸을 것이다. 다시 생각하면, 그때는 내가 아직 40대란 젊은 시절이어서 국가민족을 위하여 이로운 일이라면 온갖 희생을 각오하고라도 오직 결행해야 한다는 이념과 용기를 가졌었기 때문이라고 본다. 그때 내가 정한 그 지폐 도안인, 한복차림의 이 대통령 사진과 광화문 사진 등은 그 후 10여 년 동안 쓰여 내려오다가 1962년의 화폐개혁 때 현 도안으로 바뀐 것이다."(『풍설시대 80년』P.156)

주일특명전권공사

　김용주는 1950년 5월 중순, 제4대 주일대표부 특명전권공사로 부임
했다. 대한민국 주일대표부는 8·15 광복 후 국교가 정상화되기 전까지
한국을 대표하는 일본 주재 외교사절단이었다. 일본을 점령한 연합국
총사령부의 요구에 따라 1949년 1월 4일 일본의 도쿄에 설치하였다.
국제법과 외교관례에 따라 대표부는 정식 수교(修交) 이전의 주로 통상
영사업무 교민보호를 담당하는 영사관에 준하는 활동을 하는 재외공
관이었다. 한일 간의 국교수립은 일본이 훗날 패전국 지위를 벗어난
뒤, 1965년 12월 18일 한국과 일본 간의 기본관계에 관한 조약의 비준
서가 교환되고 즉시 발효함과 동시에 이룩됐다가, 한국의 주일대표부
는 1966년 1월 12일 양국 대사(大使)가 교환됨으로써 폐지되었다.

　당시 주일대표부는 긴자의 핫토리(服部) 빌딩 4층에 있었다. 빌딩 안
이라 태극기 게양대 자리를 마련할 수 없어서 부득이 대사실의 창밖으
로 국기봉을 내밀어 태극기를 달았다.(앞의 책 『주일대표부』 P.15)

　원래 김용주는 경제인으로 정치와는 무관한 사람이었다. 그에게 주

일대표부 공사는 그가 경제인이라는 점에서 일종의 외도(外道)인 셈이었다. 그렇다면 경제인 김용주가, 그것도 현직 대한해운공사 사장인 그가 어떻게 주일대표부 공사가 되었을까? 회고록 『풍설시대 80년』에서 그는 이렇게 설명한다.

"나는 이승만 박사와 직접적으론 아무런 연고가 없는 사이였다. 두 사람 사이에 접촉이 일기 시작한 것은 이 박사가 신생 대한민국의 초대 대통령으로 취임한 후부터였다. 내가 대일선박반환청구교섭을 위한 사절단장으로서 일본과 미국을 왕래하며 전력을 기울이는 동안 이에 관한 중간보고를 올리면서부터 이 대통령께서 나에 대한 관심이 높아 갔고, 그 관심은 이해와 신뢰로 번져 나갔다고 볼 수 있었다. 어떻든 이 대일선박반환청구교섭을 계기로 나와 이 대통령 사이엔 사사로운 관계가 아닌, 일종의 공무를 통한 접촉이 잦아지기 시작했다. 말하자면 다년간 나의 열정의 대상이었던 '선박'이 곧 이 대통령과 나 사이를 맺어 놓기에 이르렀다 해도 과언이 아닌 셈이다."

이렇게 이승만 대통령의 신임을 받게 된 김용주는 1950년 1월 8일 아침 8시경, 경무대 비서실장으로부터 한 통의 전화를 받는다. 이 대통령이 부르니 빨리 들어오라는 전화였다. 이 대통령은 눈이 소복이 쌓인 정원에 혼자 앉아 명상에 잠겨 있었다.

— 고적한 분위기에 선뜻 나서지 못하고 망설이는 김용주의 기척을 느낀 이 대통령이 돌아보며 의자를 권했다.

"왔으면 이리 와 앉아요."

김용주는 가벼운 흥분을 느끼며 대통령 옆에 앉았다.

"사흘 동안 통 잠을 못 잤어. 국사(國事)가 하도 번거로워서……."

노(老) 대통령의 표정은 어둡고 피로해 보였다. 김용주가 미처 위로의 말을 하기도 전에 이 대통령이 먼저 말을 뱉었다.

"미스터 김, 이번엔 상공장관을 꼭 맡아 줘야겠어."

그러고는 김용주를 뚫어지게 바라봤다. 이번엔 물러서지 않겠다는 표정이었다. 기실 김용주는 3개월 전에도 대통령으로부터 오늘과 똑같은 권유를 받은 적이 있었다. 그때 김용주는 현재 맡고 있는 해운공사 사장 직무가 본인에게 더 중요하다는 점을 역설하고 즉석에서 대통령의 권유를 사절했다. 그때 이 대통령은,

"정 마음이 없으면 할 수 없지……."

하고 물러났다. 그러나 이번, 이날은 달랐다. 어떠한 거부도 용납하지 않겠다는 굳은 의지가 그의 세찬 어세와 안광을 통해 쩌릿하게 느껴졌다. 이 대통령은 자기의 굳은 의사를 김용주에게 확인시키듯 말을 덧붙였다.

"정부 일이 잘 추진이 안 돼 곧 내각을 개조하겠는데 '상공'은 암만해도 미스터 김이 맡아 줘야겠어, 알았지?"

당시의 상공장관은 윤보선(尹潽善) 씨였다. 이 대통령은 듣기에도 거북하게 윤 장관의 능력을 운운하며 거듭 강경한 의사표시를 했다. 김용주는 더 이상 거절할 수가 없었다.

"각하의 뜻이 정 그러시다면 미력이나마 각하의 뜻을 받들기로 하겠습니다."

김용주의 대답에 이 대통령의 안색이 밝아졌다.

"며칠 후 개각을 발표하거든 속히 들어오도록 해요."

"예."

"아무리 생각도 국무총리를 갈아야겠는데……, 미스터 김 생각은 누가 적당할 것 같아요?"

당시의 국무총리는 이범석(李範奭) 장군이었다. 거목 이범석 장군까지 갈아 보겠다는 그 말에 김용주는 긴장하지 않을 수 없었다. 신중하게 입을 열었다.

"일국의 국무총리는 위로는 대통령각하의 시정방침을 받들어 내각을 통솔하고, 각료들로 하여금 거기에 화합하고 협력케 하는 동시에 온 국민의 신망을 한 몸에 모을 수 있는 인물이어야 된다고 저는 생각합니다. 그런 견지에서 저는 김성수(金性洙) 씨가 적임자로 생각됩니다만."

김용주는 조심조심 말하고 이 대통령의 반응을 기다렸다.

"그건 나도 잘 알아. 뿐만 아니라 김성수는 나와 가장 가까운 친구의 한 사람이야. 그러나 그 사람은 한민당('한국민주당'의 약칭)이기 때문에 안 돼."

이 대통령은 우정과 정당 사이에 굵직한 한계선을 그어 놓듯 이렇게 딱 잘라 말했다.

"각하의 뜻이 그러시다면 저로서는 이 밖에 적당한 사람이 생각나지 않습니다."

"그럼, 재무장관은 누가 적임일까?"

"현직 한국은행 총재나 그 자리를 지낸 사람이 적당하다고 생각합니다. 최순주 씨(당시 한국은행 총재)가 어떨지요?"

김용주의 말에 대통령이 표정을 약간 찌푸리며 탐탁하지 않게 말했다.

"최순주에겐 한국은행 총재직도 과분하다고 보는데……?"

"그러시다면 현재 외자청장으로 있는 백두진(白斗鎭) 씨 같은 사람은 어떻습니까?"

김용주의 진언에 이번에는 대통령이 아무런 대답도 없었다. 그날 김용주와 이 대통령의 대화는 그 정도로 끝났다.(『풍설시대 80년』 P.120)

— 그러나 김용주의 상공장관 내정도, 국무총리까지 바꾸려는 개각 계획도 모두 보류되고 말았다. 그로부터 이틀 뒤인 1월 12일, 미국의 딘 애치슨 국무장관이 밝힌 이른 바 '미국의 태평양방위선 설정' 문제가 정부를 발칵 뒤집어놓았기 때문이었다. 이날 워싱턴의 내셔날 프레스클럽에서 행한 애치슨 장관의 미국의 새 방위선 설정 표명으로 말미암아 국정은 일시에 혼란에 빠지고 말았다. 개각 같은 것을 단행할 경황이 없었다.

애치슨 성명에 따르면, 이번에 새로이 그어진 미국의 태평양방위선은 알라스카를 기점으로, 일본 오키나와, 대만을 지나 필리핀에 이르는 군사방위선으로 되어 있기 때문에 결국 한국은 그 방위선에서 제외되고 만 것이었다. 이런 사실이 세계에 밝혀지자 누구보다도 가장 경악하고 당황한 것은 한국 정부 및 한국 국민일 수밖에 없었다.

한국의 방어선 탈락은 바꾸어 말해서 미국의 한국 방위 포기를 뜻하는 것이나 다름이 없었다. 정치, 경제, 군사 등 국가적 문제 전반에 걸쳐 완전히 미국의 원조 하에 있는 한국으로서는 앞으로 더욱 심해질 수밖에 없는 공산주의의 위협과 공세에 국민은 불안해할 수밖에 없었다. 당시 미군은 이미 한국 전역에서 완전 철수하고 겨우 군사고문단 500명만 남아 있을 뿐이었다.

그로부터 약 2개월 후, 김용주는 해운공사 사장 자격으로, 외무부 해운과장 문덕주(文德周, 후에 외무차관) 씨를 대동, 일본 동경으로 건너가 한일해운협정을 체결하고 돌아왔다. 그리고 다음날 바로 다시 이 대통령의 부름을 받는다.

"전번에 상공장관 맡아 달라고 말했지? 하지만 그 태평양방위선 문제 때문에 부득이 개각이 늦어지고 있어. 그런데 미스터 김, 이번엔 상공장관직보다 몇 갑절 더 중요한 일을 맡아 줘야겠어. 주일본전권으로 있는 신흥우(申興雨) 박사를 곧 소환하게 됐으니 그 후임으로 가주어야겠어. 주일특명전권공사(駐日特命全權公使) 자격으로 말이네."

뜻밖의 이 대통령 말에 김용주는 한동안 어리둥절했다. 반생을 줄곧 실업계에 몸담아온 김용주로서는 외교관이라는 일종의 특수 관직은 꿈에도 상상 못할 일이었다. 그만큼 외교관이란 그에게 어울리지 않는 자리였다. 뿐만 아니라, 현재 해운공사 사장으로서의 그의 임무는 그 나름으로 여전히 중요하다고 믿고 있었고, 또한 한국해운건설을 사명으로 생각하고 있던 김용주로서는 천부당만부당한 직책이었다.

김용주는 작심하고 심경을 밝혔다.

"외교관이란 행정 중에서도 일종의 기술직이나 다름없습니다. 나 같이 그 방면에 경험과 지식이 없고 영어도 잘 통하지 못하는 사람으로서는 적임이 아니라고 생각합니다. 제발 고려해주십시오."

"안 돼! 영어 문제는 잘하는 사람을 참사관으로 보내 줄 터이니 염려할 것 없어!"

"……."

그래도 김용주가 대답을 않고 가만히 있자, 이 대통령은 김용주에게 돌아가서 다시 생각해 보고 한 번 더 들어오라고 지시했다. 김용주는 물러나와 약 2주간을 그대로 버티고 있었다. 그러던 어느 날, 주한 미국대사 존 무초로부터 점심식사를 같이 하자는 청을 받고 정동 소재 미국대사저로 갔다. 그는 김용주가 자리에 앉자마자 악수를 청하며 말했다.

"미스터 김, 스캡에서 아그레망(공사임명 승인)이 왔습니다. 미스터 김의 주일공사 취임을 축하합니다."

그 순간, 김용주는 자신도 모르는 사이에 이미 주일공사로 정식 임명된 사실을 알았다. 김용주는 속으로 생각했다.

'비록 타의에 의한 것이긴 하지만 이건 운명이다.'

김용주는 담담한 심정으로 무초 대사와 점심을 나누며 현금의 일본 정세 및 한일 간의 제반문제 등에 관해 광범위하게 의견을 교환하고 헤어져 해운공사로 돌아왔다.(『풍설시대 80년』 P.127)

"가보나 마나, 틀림없이 주일공사 취임에 관한 문제일 거라 짐작이 간 나는 이 대통령을 대할 시에 꼭 언약을 받아야 할 한 가지 조건을 미리 가슴 속에 새겨 놓았다. 나를 반가이 맞아들인 이 대통령은, '무초 대사 만났겠지, 축 주일전권이야, 허허.' 하고, 스스럼없이 너털웃음을 터뜨렸다. 나는 이 대통령의 말투로 미루어, 이 대통령은 나에게 주일공사란 올가미를 씌우기 위해 이것저것 사전에 무초 대사와 미리 짜고 일을 진행시킨 것을 알아 차렸다. 그러나 제반 격무에 시달리는 이 대통령으로서는 오래간만에 모처럼 터뜨린 명랑한 웃음일 것 같아 나도 덩달아 미소를 지으며 어쩐지 눈시울이 뜨거워 옴을 느꼈다. "각하, 이미 아그레망까지 왔다니 할 수 없이 주일공사직을 맡기로 하겠습니다. 그러나 단 한 가지 제 청을 들어주셔야 하겠습니다." "뭔데?" "재임기간을 1년으로 정해 주시기 바랍니다. 1년만 있다가 돌아오겠습니다." "좋아, 그러나 가서 해보면 그건 그것대로 보람을 느끼고 자연 더 있게될 것이네." 이렇게 나는 팔자에 없는 외교관이 됐다.

나는 부임에 앞서 뒤처리의 하나로 해운공사 사장 사임서를 갖고 다시 이 대통령을 방문하여 그것을 제출하는 동시, 수일 전에 교통부장관을 물러난 허정(許政) 씨를 후임 사장으로 추천해 봤다. 그러나 이 대통령은 그 자리에서 뜻밖에, 해운공사 사장 자리는 앞으로 무슨 조치가 있을 때까지 계속 내 명의로 그냥 보류해 놓겠다는 방침을 표명했다. 그래서 나는 결국 이례적으로 해운공사 사장을 겸직한 채 주일공사로 부임하게 됐다. 그 당시의 한국 외무부의 진용은 임병직(林炳稷) 씨가 새로 장관에 취임했고, 전 외무장관 장택상(張澤相) 씨가 주영공사로, 전 내무장관 윤치영(尹致暎) 씨가 주불공사로 각기 임명되고, 그 밖에 주미대사에 장면(張勉) 씨, 주중대사에 신석우(申錫雨) 씨, 필리핀 특사에 변영태(卞榮泰) 씨 등이었으며, 여기에 새로이 내가 주일공사로서 한 모퉁이를 지키게 된 것이다. 주일공사! 돌이켜 보건대 그것은 나에겐 일종의 운명적 형극의 길이기도 했다." (『풍설시대 80년』 P.129)

맥아더 사령관 첫 대면

1950년 5월 중순, 김용주는 주일참사관 김길준(金吉埈, 전 미 군정청 공보국장)을 대동하고 주일특명전권공사의 신분으로 동경의 하네다(羽田) 국제공항에 첫발을 내디뎠다. 때마침 날씨는 청명했다. 해맑은 초여름의 햇살 속에, 일행을 영접 나온 각계 교민들이 흔들어 보이는 태극기가 감동 깊은 인상을 안겨 주었다. 김용주는 자신을 반기는 환영교포들의 면면을 저만큼 한눈에 훑어보며 한동안 뜨거운 감개에 잠겼다. 지난날, 김용주는 공무, 사무를 통해 여러 차례 일본을 내왕한 바 있으나 이번은 과거와는 성질을 달리하여 국가를 대표하는 특명전권의 신분을 지닌 몸이기에 재일교포들의 환영이 어딘가 모르게 자신의 두 어깨를 무겁게 하는 것을 느꼈다. 그만큼 환영교포들 속으로 다가가는 그의 발걸음도 조심스러웠다. 김용주는 교포들과 일일이 악수를 나누고, 그 길로 동경 메구로(黑目) 소재의 관저에 여장을 풀었다.

김용주는 부임 며칠 후, 스캡의 맥아더 사령관에게 신임장을 제정했다. 간략한 제정식이 끝난 뒤, 김용주는 맥아더 사령관과 잠시 환담을 나누었다. 그 자리엔 스캡의 외교국장인 윌리엄 시볼드 씨도 동석했다. 맥아더 사령관은 김용주에게 앞으로 한국과 일본의 관계에 대해 어떻게 전망하느냐고 물었다. 이에 대해 김용주는 고대 우리 한국문화의 일본 전래(傳來) 사실을 비롯하여 그 후 일본이 저지른 임진왜란 및 1905년부터의 또 하나의 대한침략사실 등을 언급한 뒤, 단호한 어조로 말했다.

"그렇지만, 앞으로의 한일 양국은 과거와 같은 어둡고 어지러운 역사를 거울삼아 새 마음 새 뜻으로 양국 국민의 행복을 위하여 상호이해를 촉진하여 나아가서는 세계 평화 정립에 공헌하는 길을 열어야 한다고 생각합니다!"

"좋은 생각이오. 이 대통령의 대일 감정을 양해 못하는 바는 아니나, 긴 안목으로 내다 볼 때, 한국은 숙원을 초월하여 신생 민주 일본과 손을 잡는 편이 양국의 번영과 한국의 공산주의 방위 및 아세아 전역의 평화유지 등을 위해 현명한 처사라고 생각합니다."

그러자 옆에 있던 시볼드 외교국장이 맥아더 사령관의 말을 이어 강한 어투로 부언했다.

"만약, 이 대통령이 앞으로도 대마도(對馬島) 반환요구 같은 것을 계속 주장한다면 대일강화조약(對日講和條約) 조인 때에 연합국 측은 한국의 참가를 거부하게 될지 모르니 김 공사는 이 대통령에게 이 점을 충분히 이해시키도록 노력함이 좋다고 봅니다."

사무실로 돌아온 김용주는 맥아더 사령관과 시볼드 외교국장의 발언

46

이 중요한 점을 암시한다고 판단하고 즉시 이 대통령에게 보고서를 올렸다. 보고서에 특히 대마도 문제에 역점을 두었다. 하지만 대일 혐오(嫌惡) 일변도인 이 대통령은 이 보고서를 묵살해 버렸는지 아무런 반응을 보이지 않았다.(『풍설시대 80년』 P.132)

여기서 잠시 이야기를 돌려 우리는 스캡 외교국장 시볼드가 언급한 '이 대통령의 대마도 반환요구'가 무슨 말인지, 그리고 김용주한테 그렇게 무례하게 말한 시볼드가 대체 어떤 인물인지, 알아볼 필요가 있다.

이 대통령이 대마도 반환에 관해 언급한 것은 2차례다. 첫 번째는 대한민국 정부가 출범한 지 사흘 뒤인 1948년 8월 18일 AP, UP, INS, AFP, 로이터 등 유력한 외국통신사들과의 회견에서 "대마도는 우리의 섬이므로 앞으로 찾아오도록 하겠다."고 말한 것이다.

이에 대해 일본 정부는 "대마도는 오래전부터 일본의 영토로서 있을 수 없는 말"이라고 일축하면서 이런 주장은 극단적인 반일(反日)주의자인 이 대통령이 신생국의 국가원수가 된 후 국민들에게 위세(威勢)를 보이려는 것쯤으로 생각했다.

두 번째는 그로부터 넉 달 후인 1949년 1월 7일 경무대에서 있은 신년회견에서였다. 이 대통령은 "대마도는 역사적으로 엄연한 우리의 영토이다. 앞으로 스캡에 대해 공식으로 반환 요구를 하겠다. …… 이 섬이 우리 땅이라는 근거 가운데 하나는 대마도의 이곳저곳을 파 보면 여러 가지 비석 등 한국의 유적과 유물들이 널려져 있다는 사실이다. 우리는 하루빨리 이 섬을 반드시 돌려받아야 한다."고 강조했다.

이 대통령의 이런 발언 내용이 보도되자 일본의 조야(朝野)는 발칵 뒤집히다시피 했다. 당시 요시다 시게루(吉田 茂) 총리는 단숨에 스캡으로 달려가 맥아더 원수를 면담한 자리에서 "우리가 패전국으로 연합국의 점령통치를 받고 있지만 이럴 수가 있습니까? 이승만 대통령의 주장은 일본 고유의 영토인 대마도를 자기네 것이라고 억지를 부리는 것입니다."라고 하소연했다.

이 대통령이 느닷없이 '대마도 한국영토론'을 제기한 것은 깊은 생각과 함께 장래를 내다보는 포석의 일환이었다. 역사적으로 우리영토라고 한 것 또한 근거가 있었다. 과거 일본이 통일되기 전 대마도를 근거지로 둔 왜구들이 고려 말 무렵부터 조선의 동서 남해 등 연안을 침범하여 극심한 살상과 노략질을 자행하자 조선조에 들어와 세종대왕은 1419년 군대를 보내 왜구를 토벌하고 대마도를 점령했었다.
이때 왜구들은 "저희들이 노략질을 하는 것은 극심한 식량난 때문"이라고 하소연했고, 세종은 매년 2백 석의 식량을 하사하되 조선에 복종하고 다시는 약탈 행패를 부리지 않겠다는 다짐을 받고 군사들을 철수 시켰다.

그 후 도요토미 히데요시(豊臣秀吉)가 사실상 일본 전토를 통일한 후, 조선을 침략한 소위 임진왜란(1592)때까지 대마도의 왜구들은 조선에서 식량 원조를 받고 해마다 조선왕조에 문안을 드렸으며 부산과 제한적인 교역을 했다.
이런 연고로 이 대통령은 대마도는 지금도 한국의 영향권(圈)에 있다고 애써 공개적으로 역설한 것이다. 아울러 그의 '대마도의 한국영토론'은 패전한 일본이 장차 국권을 회복한 후에 있을 한국 강점기간 중에 자행한 숱한 인명살상과 약탈에 대한 배상교섭에 대비, 언제든지 대마도 같은 카드를 쓸 수 있다는 것을 일본에는 물론 미국에도 언질을 준 것이다.

이 대통령의 연두회견 내용이 전해진 다음날, 20여 명의 일본기자들이 긴자의 핫토리 빌딩 4층에 있는 한국대표부로 몰려가 정한경(鄭翰景, 1891~1985) 당시 주일공사한테 소나기식의 질문을 퍼부었다.

"본국으로부터 대마도 반환을 요구하라는 훈령이 왔는가?"

"구체적인 요구서 내용은 무엇인가?"

"스캡에 언제쯤 반환요구 공문을 제출할 계획인가?"

"정 공사도 역사적으로 대마도가 한국영토라고 생각하는가?" 등등.

이에 대해 정 공사는 "아직 본국 정부로부터 이 문제에 관해 아무런 훈령도 지시도 받은 게 없다."고 답한 것까지는 좋았으나 "글쎄, 과연 대마도가 역사적으로나 법적으로 한국의 영토인지는 나도 잘 모르겠다. 앞으로 사실여부를 알아봐야겠다."고 한 답변이 문제가 됐다.

외신을 통해 정공사의 답변내용을 전해들은 이 대통령은 노발대발하면서 당장 정 공사를 소환해 그 자리에서 해임시켜버렸다.

"도대체 자네는 어느 나라 외교관인가. 내가 그런 발언을 하면 무슨 뜻인지 당장 알아차리고 일본에 대해 더 강하게 으름장을 놔야 하지 않는가. 한국 땅인지 모르겠다고? 자네 좀 쉬어야겠어!"

다음에는 스캡의 외교국장인 윌리엄 시볼드(William J. Sebald, 1901~1980)에 대해 알아보자. 여기서 시볼드 외교국장에 관해 애써 설명하는 이유는 한국과 일본의 독도분쟁을 유발시킨 장본인이라 해도 과언이 아니기 때문이다.

당시 그의 직함은 스캡의 외교국장, 맥아더 사령관의 외교고문, 일본 점령 연합국 관리이사회의 의장이었다. 이 시기 일본의 점령정책은 미국, 소련, 중국, 호주, 영국 등 연합국 관리이사회가 형식상 공동으로 주관하게 돼있으나 실질적으로는 미국이 좌지우지했다.

패전한 일본의 외교를 대행하는 스캡의 외교정책, 맥아더 총사령관의 외교전략 그리고 미 국무성의 동북아시아 외교정책을 사실상 총괄하는 막강한 권한과 영향력을 가진 외교사령탑이었다.

시볼드는 본래 외교와는 거리가 먼 변호사였다. 태평양전쟁 이전 청년시절 그는 일본에 들렀다가 영국인 부친과 일본인 모친 사이에서 난 딸과 결혼한 후 한동안 고베(神戶)에 있는 장인의 법률사무소에서 일하다 전쟁이 발발하자 귀국했다.

그는 모국인 미국의 이익에 못지않게 공공연하게 일본 편을 들었고 일본을 위해 일했다. 우리정부는 나중에서야 이런 사실을 알았지만, 시볼드는 처와 장모가 일본인인데다가 개인적으로도 일본에 심취한 정도였다.

신라 때부터 엄연히 우리의 영토인 독도를 서구에서는 100여 년 전부터 '리앙쿠르 록(Liancourt Rocks)'이라고 부르고 해도(海圖)에도 표기해오고 있었다.

미군이 일본에 진주, 점령한 후 스캡은 포고령 제1호에서 '과거 일본이 무력에 의해 타국의 영토를 강점(強占)한 것은 자동으로 무효이며 반환 되어야 한다.'고 명시했다. 이것만으로도 독도는 당연히 한국영토로 환원 된 것이다. 그 후 1947년 3월 8일부터 시볼드 국장 주재로 연합국들과 대일 강화조약 안에 대한 협의에 들어가 1차서부터 1949년 9월의 5차 초안(草案)까지는 '제주도 거문도 울릉도와 리앙쿠르섬(獨島)는 한국영토'라고 명기했었다.

하지만 시볼드는 1949년 11월 14일 미 국무성에 독도를 한국영토로 하는 것을 재고할 것을 건의하는 전문을 보낸데 이어 닷새 후인 19일에는 소련의 남하를 감시하기 위해 독도에 군사레이더 기지와 기상관측소를 설치하되 이 섬을 일본영토로 포함시킬 것을 건의한 것이다.

일본의 적극적인 로비에 말려든 시볼드는 공공연하게 저들의 간교한 전략에 따라 이익대변에 나선 것이다. 시볼드의 끈질긴 건의공세 때문인가. 12월 15일 작성된 6차 초안에는 독도가 일본영토로 포함되었다.

시볼드는 이와 함께 대일 강화조약조인식에 한국을 초청하지 말아야한다고 건의한 사실이 훗날 드러나기도 했다. 이것 역시 일본의 사주를 받은 게 틀림없다.

그러나 국무성도 미국이 일방적으로 독도를 일본영토로 편입시키게 될 경우 장차 한국 정부와 이 대통령의 격렬한 반발을 우려했던 때문일까. 1951년 9월 8일 샌프란시스코에서 조인된 강화조약의 본문(本文)에는 독도를 일본영토에서 뺐다.

　미국은 한국이 사사건건 이견을 제시하고 제동을 걸 것을 우려해 초안 작성 협의과정에서 중요한 당사자인 한국을 철저히 배제시켰고, 1~6차까지의 초안 내용을 한국에 통보는커녕 비밀에 부쳤던 것이다. 대한민국의 국권과 국가이익을 크게 훼손시키고 한국 국민을 모독한 이런 엄청난 일을 주도한 것이 바로 시볼드 국장이었다. 대한민국이 북한의 남침에 의한 전란으로 국난 극복에 몰두하고 있는 기간에 진행된 일이다.

　강화조약이 조인되기 얼마 전, 간신히 이런 내용을 확인한 한국 정부는 크게 분개했고, 이 대통령은 장차 독도를 포함한 동해에서 일본의 책동을 막기 위해 강화조약이 발효되기 한 달 반 전인 1952년 1월 '인접해양에 대한 주권선언' (평화선)을 선포한다.

　일본이 전범(戰犯)국, 패전국이면서도 과거 한국과 중국, 동남아국가들에게 저지른 침략, 살상, 약탈의 온갖 만행에 대해 조금도 진정으로 반성하지 않고, 마치 어쩔 수 없이 전쟁을 시작했고, 단지 운이 없어서졌을 뿐이라며 지금까지도 반성을 외면한 데는 시볼드의 역할이 상당히 작용했다고 봐야 할 것이다.

6·25 발발과 조총련의 발광

　한민족 최대 비극 6·25 전쟁이 터지던 날, 김용주는 오사카(大阪) 지방의 교포사회를 시찰 중이었다. 김용주는 북괴군의 38선 돌파 진격을 알리는 신문호외를 접하고 급거 동경으로 귀환했다. 그는 동경 역에 내리자마자 깜짝 놀랐다. 신변경호를 위해서라며 일본경찰이 자신을 에워쌌기 때문이었다. 조총련계 정예분자들이 김 공사를 해치기 위해 동경귀환을 기다리고 있다는 정보를 경찰이 입수하고 취해진 조치라고 했다.

　"주일대표부가 수집한 정보를 종합해 보면 조총련계는 동란 첫날부터 북괴군의 남침에 호응하여 일본에 있어서도 전투적 실력행사의 태세를 이미 갖추어 놓고 있었음이 판명되었다. 이 사실을 뒷받침하듯 조총련산하 일부 한교(韓僑)의 집단부락에서는 집집마다 북괴기가 바람에 나부끼고 부락에서 손수 빚은 밀주로 서전(緒戰)승리의 축배를 올리며 남한 완전 석권은 시간문제라고 호언하는 판국이었다. 그들의 호언대로라면 일본 안에서는 주일대표부와 한국거류민단 등이 안성맞춤의 피의 축제 대상이었다. 그리고 그동안 중립의 입장을 지켜오던 일부 기회주의 한국교포들도 조총련의 계속되는 선전공세에 현혹되어 종래의 중립적 태도에서 표변하여 하루아침에 그들의 대열 속으로 합류할 가능성이 높아졌다. 한편, 일본 국민들은 한국의 사태를 한가로이 팔짱을 끼고 자못 호기의 눈초리로 대안의 불구경처럼 바라보고 있을 뿐, 장차 자기네의 신변에도 생길지 모를, 수단과 방법을 일체 가리지 않는 공산주의의 위협과 독아에 대해서는 남의 일처럼 하등 신경을 기울이지 않는 표정이었다."(『풍설시대 80년』 P.133)

— 동란 발발 이래 간신히 이어 오던, 서울 경무대 이 대통령 관저와 주일대표부 간의 전화통신도 두절돼 버렸다. 김용주는 조국과 이어진 마지막 숨결이 끊어진 것과도 같은 어두운 좌절감에 빠졌다. 이러한 극한 상태를 앞에 놓고 한 줌의 보루도 없는 벌거숭이의 주일대표부는 점점 고립의 궁지로 빠져 들어갔다. 본국 정부와의 연락이 끊어진 주일대표부는 모든 일에 있어 김용주 공사의 재량으로 최선을 다하는 길밖에 남지 않았다. 김용주는 투혼을 가다듬어 배수의 진을 쳤다. 배수의 진엔 단 1분의 휴식도, 방심도 용납되지 않았다. 주일대표부는 그야말로 주야겸행의 1일 24시간 근무를 단행했다.

이러한 상황 아래 김용주는 이미 26일부터 '스캡'의 참모부와 부단한 연락을 취하는 가운데 미국의 구원과 일본 주둔 미군의 한국 출병 문제도 아울러 숙의해 보았으나 그것은 본국 정부의 지시 없이는 불가능한 것이라는 반응뿐이었다. 즉, 이미 미국 태평양방위선에서 탈락된 자유 한국의 운명 등에 대하여 본국 정부의 특별지시 없이는 스캡은 어떠한 대책도 마련할 수는 없는 입장이었다. 그래서 스캡은 6월 27일까지 부득이 무거운 침묵만 지키고 있었다. 한편, 일본의 각 신문, 방송, 통신 등을 위시하여 모든 외전은 한국군의 계속 후퇴를 연달아 전했다.

재일거류민단 육성문제

태평양전쟁이 끝나고 10월이 되자, 일본 내 한국인 사회에 재일조선인연맹(在日朝鮮人聯盟), 약칭 조련(朝聯)이라는 민간단체가 결성되었다. 조련은 결성되어 얼마 지나지 않아 주도권이 급진적 공산분자들의 손에 넘어 가게 되는데, 이에 반발한 조직 내 민족주의 인사들이 대거 조련을 탈퇴, 대한민국 재일거류민단(大韓民國 在日居留民團), 약칭 민단(民團)을 새로 조직한다. 재일거류민단은 순수한 민족진영으로서의 기치를 내걸었다. 이때부터 두 단체, 민단(民團) 대 조련(朝聯)은 숙명적인 라이벌이 되어 지금까지 이념투쟁을 계속하고 있다. 그런데 김용주 주일대표부 특명전권공사도 이 두 단체 사이에 끼어 곤혹을 치른 적이 있다. 무엇 때문일까? 왜 김용주는 이 민간단체에 관여하게 되었던 것일까? 그의 말을 들어보자.

"내가 1950년 5월 주일특명전권공사로 일본에 착임해 보니 그 투쟁은 절정에 달해 있었으며 따라서 민단은 대공투쟁에 있어 괄목할 만한 공적으로 쌓아 올리고 있었다. 그러나 당시 민단중앙총본부(약칭 중총[中

總)를 구성하고 있는 임원진이 거의 직업적인 단체인(團體人)으로 뭉쳐 있어 그것은 민단 본래의 기본사명을 등진, 일종의 정치적 집단과도 같은 색채가 농후했다. 그렇기 때문에 재력 있는 교포 사업자나 순수한 인텔리 층은 자연 민단과 멀어져 여기에 참여하지 않고 있었다. 그 결과 민단은 무엇보다도 민단 자체의 운영재원이 확보되지 못해 결국 궁여지책으로 일본 정부의 물자지원에 의존하여 이것을 시정 암(闇)시장에 유출시킨다든가 아니면 또한 일정에 모종의 특혜 같은 것을 강요하여 이것으로 민단재정을 간신히 꾸려나가는 등, 그것은 결과적으로 일본인사회의 빈축을 사게 마련이어서 민족적 체면에 큰 손상을 입히지 않을 수 없는 실정이었다. 그러한 불미스런 상황을 놓고, 나는 민단 중총을 직업적 단체인의 집단으로부터 탈피시켜 명실공이 전 한교사회의 대표적 민간단체로 개체(改替)되게끔 재력, 신망, 지식 등 각계대표와 실력을 갖춘 인사들을 총망라하여 문자 그대로 민단다운 민단으로 육성할 방침을 세우기에 이르렀다."

"나는 그러한 민단으로 올바르게 형성될 때까지 민단재정을 돕기 위해 잠정적으로 매월 일화 20만 엔씩 운영비를 보조하기 시작했더니, 대공투쟁의 제1선적 역할을 맡은 재일대한청년단도 역시 같은 실정이라 여기에도 매월 일화 20만 엔씩을 보조하지 않을 수 없었으며 그리고 또, 재일 한국학생 동맹, 재일 대한부인회 등에도 각기 매월 일화 5만 엔씩의 보조금을 할당했다. 그리하여 나는 나의 구상과 방침에 따라 민단 중총에 대해 과감한 개편을 종용했다. 그러나 민단 중앙기구를 장악하고 있는 당시의 임원진은 그러한 개편이 자기네의 이른바 정치적 운명에 영향되는 문제가 되고 보니 나의 종용에 좀처럼 순응할 기색을 보이지 않아 민단개편은 여전히 답보상태를 지속할 뿐이었다. 이에 나는 강경한 추진책을 강구하기에 이르렀다. 즉, 때마침 소집한 민단 정기총회의 기회를 타서 나는 뜻을 같이하는 민간유지들을 규합하여 민단 중총개편에 착수한 것이었다. 민단 중총의 현 임원진은 총회에서 불신임결의를 당해 총 퇴진했다."

하지만 이 일로 김용주는 정신적으로 많은 고통을 당한다. 퇴진한 구(舊) 임원진이 앙심을 품고 김용주한테 별별 방법으로 기막힌 모략중상을 일삼았기 때문이다.

"이러한 피해는 말하자면, 당시 내가 국가, 민족을 위해 옳다고 생각하는 일에 너무 몰두한 나머지, 공무원 신분으로서의 한계를 넘어 섰기 때문에 그런 결과를 자초한 셈으로 미루어지는데, 사실 당시만 해도 나는 그런 류의 경험이 없어서 좀 지나치게 서둘렀었다고 본다. 아닌 게 아니라 지금 와서 돌이켜 봐도, 그때 공무원으로 민간단체에 지나치게 관여한 것은 역시 잘못된 일이었다고 후회 같은 것이 들기도 한다. 어쨌든, 나는 그들의 중상모략이 너무 심해서, 그 뒤 한 번은 그들의 대표격인 모 씨에게 전연 사실무근한 일을 조작하여 모략중상을 일삼는다는 것은 비인간적인 언동이 아니냐고 질책을 했더니 그의 말이, '우리는 정치가요. 정치엔 모략중상이 으레 뒤따르는 법이라 우리는 목적을 위해서는 그러한 허위조작, 모략중상도 필요사로 여기오.' 하고, 이렇게 거리낌 없이 자기주장을 당당히 내세웠었다. 나는 그의 그 '주장'을 통해 우리 한교사회의 실태를 뒤늦게나마 파악할 수 있었으며 동시에 종래 내가 지녔던 국가와 민족을 위해 옳은 일이라면 물불 가리지 않고 수행해야 한다는 생각이 정작 현실사회에 있어서는 그리 타당치 않을 경우가 있다는 점도 아울러 깨달을 수 있었다.

(『풍설시대 80년』 P.213)

'자유의 종' 방송과
대한(對韓)신문

전쟁이 터지면 피아(彼我)를 막론하고 심리전에 열을 올리게 된다. 현대전에서 민심의 향방은 곧 전세를 좌우한다고 해도 과언 아니다. 북한 인민군들도 이 점을 잘 알고 있었다. 북한군은 6월 27일 서울을 점령하자마자 맨 먼저 서울중앙방송국(오늘의 KBS)부터 접수했다. 따라서 그 날 하오 10시를 마지막으로 자유의 소리는 멈추고 말았다.

동경에 있는 김용주도 더 이상 본국의 방송을 들을 수 없었다. 전화도 끊어지고 방송마저 사라져버리자 김용주는 전쟁에 휩싸인 본국정세가 궁금하여 견딜 수가 없었다. 여기저기 수소문으로 궁금증을 달래고 있던 중, 다음날인 6월 28일 밤에 난데없이 서울방송이 또다시 울리기 시작했는데 들어보니 놀랍게도 그것은 북괴의 적기가(赤旗歌)였다. 김용주의 말이다.

"깜짝 놀랐다. 북괴의 적기가가 요란히 울리는가 하면 북괴의 선전구호, 선전연설 등이 꼬리를 물고 그것은 마치 마귀의 함성과도 같았다. 나는 문득 생각했다. 서울시가전이 일어나 정동 일대를 빼앗겼을 때 왜

방송국을 파괴하지 않았나 하고 매우 원망스러웠다. 적이 방송국을 점령했으니 방송을 통하여 온갖 모략과 선전을 하면 서울 잔류 일반시민은 물론, 아직 전화가 미치지 않은 후방지역에서도 그들의 선전술에 말려들어 민심의 동요가 빚어질 뿐 아니라 그 틈을 타서 후방의 지하 공산당의 책동에 의한 불의의 변란마저 야기될 게 뻔했다. 그러한 우려로 그날 밤을 뜬 눈으로 꼬박 새운 나는 퍼뜩 머릿속을 스치는 한 줄기의 사안을 잡았다. 그것은 일본 동경서 서울방송을 대신하여 대한(對韓)방송을 해보자는 것이었다."

— 당시, 일본 동경엔 반관영인 NHK 제1방송과 제2방송의 2국이 있있는데 김용주 생각으론 그중 한 국을 빌어 본국에 보내는 한국어 방송을 하여 서울 잔류 시민과 후방국민에게 유엔 안전보장이사회의 결의 내용과 미국의 참전출병 및 미국의 적극적 대한 원조의 사실 등을 여러 모로 알리는 동시 이로써 민심의 동요를 사전에 막아 주고 나아가서는 한국의 최후 승리를 확신케 할 의도였다. 이와 같은 대한방송개설을 생각하자 흥분이 몰려와 온몸이 떨렸다.

6월 29일, 김용주는 스캡 G2(정보참모부)의 협력을 얻기 위해 G2의 책임자 찰스 윌 로비 소장을 찾아가 자신의 생각을 밝혔다.

"어젯밤 내가 서울 방송을 들어보니 북한공산군 방송이었다. 북한 공산군이 서울 정동 우리 중앙방송국을 점령한 게 확실하다. 앞으로 공산당이 계속 중앙방송국의 마이크를 통해 온갖 모략, 허위방송을 할 터이니 이로 인한 후방 국민의 향배가 심히 염려되지 않을 수 없다. 그러므로 그 대책의 하나로 일본 NHK 방송국의 한 자리를 빌려 대한방송을 해보고자 하니 이를 허용해 달라!"

김용주의 생각을 들은 윌 로비 소장은 그 자리에서 바로 찬성을 표했다.

"참 좋은 계획이며 가장 시의에 맞는 사안입니다. 하지만, 이것은 내 독단으론 할 수 없으니 관계자 회의를 거쳐 맥아더 사령관의 승인을 얻은 연후에 가급적 빨리 실현할 수 있도록 노력, 주선하겠습니다."

윌 로비 소장은 자신이 한 약속을 지켰다. 그날 정오 12시 경, 바로 연락을 했다.

"최종 승낙이 났소. 이왕 결정 난 것, 당장 실천에 옮겨야 하지 않겠소. 오늘 하오 9시를 기해 첫 방송을 시작하도록 하지요. 그리고 첫 방송이니 만큼 사전 녹음을 할 시간적 여유가 없으니 김 공사가 직접 생방송을 해시주면 좋겠습니다."

김용주는 윌 로비 소장의 요청에 약간 당혹했다. 그러나 때가 때인 만큼 그 방송의 성질과 목적에 비추어 첫날 방송만은 국가를 대표하는 자신이 하는 것이 옳다고 생각이 들어 윌 로비 소장의 요청을 받아들이기로 했다.

김용주의 대답을 들은 스캡 G2 당국은 시사해설을 뒷받침할 온갖 자료(6·25 전쟁에 대한 유엔 안전보장이사회의 결의문, 미국 대통령의 성명문, 주요 국가원수들의 성명문 등)를 비롯하여 기타 참고자료들을 한 아름 보내왔다. 방송개시 시간까지는 불과 몇 시간의 여유밖에 없었다. 김용주는 서울 잔류 시민과 후방 국민에게 보내는 위로격려문과 아울러 재일교포의 경거망동에 대한 경고문까지 손수 작성하는 한편 주일대표부 정무부에서 작성한, 6·25 전쟁에 대한 세계 각국의 동향 및 시사해설 등을 곁들여, 간신히 하오 9시 정각 직전에 NHK 방송국에 닿았다. 이렇게 그날은 온종일 너무 분망해서 점심, 저녁 두 끼를 모두 걸러 방송국에 도착했을 때는 허기증이 나서 곧 쓰러질 정도였다. 그러나 김용주는 이를 악물었다. 이 방송이 어떤 방송이냐! 자신의 말 한 마디 한 마디에 희망을 걸고 전란을 이겨낼 국민을 생각하자 온몸에 힘이 불끈 생겨났다.

1950년 6월 29일 하오 9시, 대한방송 '자유의 종'은 드디어 뜻 깊은 소리를 고고히 올렸다. 장소는 일본의 반 관영방송국 NHK 제2방송실이었다. 스캡의 명령으로 NHK 당국이 제공한 것이었다. 먼저 우리의 애국가가 장중한 선율을 흘렸다. 이 애국가는 스캡 G2가 이 방송을 위해 부랴부랴 미 육군군악대를 동원하여 연주, 녹음해 놓은 것이었다. 애국가가 끝나자 김용주의 일성이 터졌다.

"여기는 일본 동경입니다. 서울 방송을 대신하여 이렇게 일본 동경서 대한민국의 자유 방송을 시작하게 되었습니다. 저는 대한민국 주일대표부 특명전권공사 김용주입니다."

그의 목소리는 떨렸다. 약 30분 동안 방송 된 그의 목소리는 처절했고, 그만큼 청취자의 가슴을 파고들었다. 하지만 그날의 방송은 김용주에게 결코 쉬운 일이 아니었다. 김용주는 첫 방송에 임하는 심경을 이렇게 밝혔다.

"방송 원고를 갖고 그날 하오 8시 50분경 주일대표부를 떠나 동경 히비야(日比谷)에 있는 NHK 방송국으로 향했는데, 차 안에서 문득 서울에 남아있을 가족들 생각이 떠올랐다. 이윽고 그 상념은 점점 불안감으로 번져갔다. 즉, 가족의 안위 생사가 알 수 없는 마당에 내가 이 방송을 하면 그 앙갚음으로 서울의 가족이 공산군에게 참화를 당하지나 않을까 하는 불안감이었다. 순간, 나는 전신에 오싹 소름이 끼치고 맥이 빠졌다. 그러나 나는 심호흡을 거듭하며 이성을 되찾았다. '국가를 위해 하는 일에 내 사사(私事)로 지장을 미치게 할 수는 없다.' 이렇게 스스로를 타이르며 가족의 운명은 오로지 하늘에 맡길 뿐이라는 각오로 체념을 끌어 당겼다."(『풍설시대 80년』 P.144)

"그러나 나 역시 뜨거운 피가 돌고 있는 한 인간이기에 생각대로만은 되지 않았다. 솔직히 말해서 내 마음 속에는 여전히 가족에 대한 상념이 가시지 않고 오히려 그것은 점점 번민으로 번졌다.

하오 9시 5분 전, 방송데스크 앞에 앉으니 나는 가족에 대한 애절한 생각이 또다시 강렬히 떠오르며 그 순간 돌연 내 가슴 속에서 퉁 하는 소리와 더불어 심장이 뚝 떨어지는 충격이 일어났다. 이때 나는, 내가 이대로 죽어버리는 것이 아닌가 하는 생각이 머릿속을 스쳤다. 동시에 나는 두 눈이 사르르 감겼다. 나는 애써 마음을 진정시키기 위해 한동안 데스크에 엎드렸다가 얼마 후 가까스로 정신을 가다듬어 그날의 책무인 방송을 시작했다. 그러므로 그만큼 그 방송의 성음은 처절하여 그것은 마침내 동족상잔을 일삼는 공산당을 호되게 저주하는 울림과 의식으로 번져 갔다. 우리가 평소에 크게 놀라거나 크게 낙담했을 경우

간이 떨어졌다는 말을 흔히 쓰기는 하나, 기실 나는 그때까지 그러한 경우를 실제 경험한 일이 없어 실감과는 거리가 멀었지만, 나는 70 평생을 통하여 내 귀, 내 가슴속에 퉁! 하는 소리가 일어나며 간이 뚝 떨어지는 충격을 받은 것은, 오직 그 순간이 처음이자 마지막이었다. 그러므로 그때의 내 마음의 충격이 얼마나 컸다는 것을 알 수 있다. 그래서 나는 그때부터 사람은 그때그때 심리상태 여하에 따라 헛것이 보이고 육체에 무슨 기적과 같은 이변 같은 것이 생긴다는 것을 긍정하게 되었다."(『풍설시대 80년』 P.145)

첫날 방송을 무사히 끝낸 김용주는 다음날부터 방송효과를 좀 더 높이기 위해 여러 방면으로 애를 썼다. 그 중 하나가 아나운서 활용이었다. 김용주는 주일대표부 서기관들의 부인을 동원하여 아나운서를 시켰다. 주로 임윤영(林胤英), 윤장선 두 서기관의 부인이 많이 맡아 방송했다. 또 동경에 주재 중이던 신문특파원 이길용(李吉鎔) 군도 방송 사무를 많이 도왔고 수시로 아나운서 노릇까지 해 주었다. 그리고 노라노 양장점의 노 여사까지도 간혹 아나운서 역을 맡아주었다.

이렇게 온갖 정열을 기울여 '자유의 종' 방송은 스캡 G2를 통해 방송계 제 일인자 민재호(閔載鎬) 씨를 본국으로부터 초빙했다. 월 2백 달러의 보수는 모두 스캡 G2 당국이 부담했다. 그때부터 줄곧 주일대표부 정무부에서 취급하던 방송 프로 편성사무를 민재호 씨를 중심으로 틀이 잡혀 갔다. 그러나 주일대표부로서는 본래의 사무만 해도 산더미같이 쌓인 실정인데 거기에 또 이런 방송작업까지 겹치고 보니 그것은 안팎으로 대단히 힘겨운 일이었다. 그래서 약 1개월 후, 이 '자유의 종'

방송 사무를 정식으로 스캡 G2에 이관시켰다. 이에 따라 실무진은 스캡에 의해 확충되고 그만큼 소기의 성과를 착착 거두어 갔다. 그리하여 이 '자유의 종' 방송은 그 뒤 다시 역사적 필요성에 의해 유엔 동경방송으로 개칭, 오랜 세월 동안 맥을 이어나갔다.

"그 후 20년이 지난 1970년, 내가 민간경제사절단장으로 일본 오키나와에 갔더니, 유엔방송책임자인 미군 모 대령이 나를 찾아와서 귀하가 창설한 동경방송(유엔방송)이 현재 오키나와로 자리를 옮겨 여전히 계속 중이라면서 한 번 창설자로서의 소감을 방송해 달라는 요청이 있어 방송국에 들러봤더니, 거기엔 20년 전 동경서 상종했던 황진남(黃振南) 씨 이하 여러 동지들이 재직하고 있어 우리는 감회 깊은 악수를 뜨겁게 나누었었다."(『풍설시대 80년』 P.143)

전시 매스컴의 역할에 대해 잘 알고 있던 김용주는 '대한방송' 의 '자유의 종' 이 어느 정도 궤도에 오르자 신문에 눈을 돌렸다. 공산침략 하에서 매일매일 불안감에 사로잡혀 뜬눈으로 지새우고 있을 국민들을 생각하자 단 한 줄이라도 더 희망의 소식을 전해주고 싶었기 때문이었다. 그래서 김용주는 '대한(對韓)신문' 을 발간했다. 대한신문은 방송과 달리 북한 땅에 공중 살포까지 되면서 공산체제에 속고 있는 북한주민들을 일깨우는 큰 기여를 했다.

"대한신문은 전지 반절 분량의 한글 4면 주간(週刊)이었다. 당시 일본엔 한글 인쇄소가 단 한 군데, 그것도 멀리 오사카 지방에 있었기 때문에 정무부 직원이 매주 그곳까지 출장하여 교정을 보고 동경까지 수송해 오곤 했다. 이 신문은 자금난으로 아쉽게도 지령 30호 정도에 그치고 말았는데, 발행부수는 매호 2만 부였다. 편집의 중점을 시사해설에 두고 특히 자유우방들의 각종 대한(對韓)원조에 붙이는 열의를 집중적으로 다룸으로써 재일교포와 국내동포들의 대공전(對共戰) 의식 고취에 기여한 바 있다고 생각한다.

이 신문은 일본 안에서는 각 현 민단본부를 통해, 국내에서는 외무부와 공보처를 통해 각각 무료배부 되었는데, 나중엔 스캡의 요청으로 다시 1만 부를 증쇄, 미 군용기편으로 북한에서 공중 살포하여 더욱 진가를 높였다. 주간 대한신문의 발간목적과 그 활약상은 당시 'The stars and stripes 지'(星條紙, 미군의 陣中신문)에도 크게 소개된 바 있다. 하여튼, 이렇게 해외 한국공관으로서 이 정도 규모의 주간신문 발간은 초유의 일이었으며 또한 그 후에도 그 유례를 볼 수 없는 일이었다."(『풍설시대 80년』 P.146)

한편 김용주의 '자유의 종' 방송과 '대한신문' 발간은 경향신문이 광복 30년 기념 특별 시리즈로 연재한 〈비록 한국외교〉(1975.4.28.)에도 상세히 기록되어 있다.

장개석 총통, 2개 사단 파병 제의

6·25 때 가장 먼저 지원군을 보내겠다고 우리 정부에 제의한 나라는 대만의 자유중국이었다. 그러나 우리정부는 자유중국의 제의를 거부했다. 왜 그랬을까? 하루가 다르게 전세가 불리해져 정부마저 전란을 피해 서울을 떠나야 하는 상황에서, 왜 한국 정부는 중국의 전투병 2개 사단 지원을 받아들이지 않았을까? 이 문제에 대해 김용주는 『풍설시대 80년』에서 이렇게 설명하고 있다.

— 6·25가 터지고 전황이 긴박해지자 주한 외국외교사절단 전원은 미 군용기편으로 일단 일본에 피난하여 한국의 전국을 관망하고 있었다. 주한 중화민국대사 사오위린(邵毓麟) 씨도 그 중 한 사람이었다.

1950년 7월 2, 3일 경 그 사오 대사가 나를 찾아 왔다. 그때, 그의 표정은 웬일인지 극도의 긴장감을 감추지 못했다. 사오 대사는 요담에 들어가기에 앞서, 요 며칠 사이에 대만 본국 정부에 다녀왔다면서, 이 대통령에게 보내는 장개석(蔣介石) 총통의 극히 우호적인 안부의 말을 나에게 전달했다. 처음 내 생각으론 사오 대사의 내방 목적이 그것에 그치는 줄 알았다. 하지만 그는 어조도 조심성스럽게, 장 총통이 2개 사단 병력의 자유중국 지상군을 즉각 한국전선에 원군(援軍)으로 파견할 용의가 있음을 밝히고 이에 대한 한국 정부 이 대통령의 동의를 요청했다. 나는 그 말을 듣는 순간, 공산군이 파죽지세로 밀고 내려오는 전국에 비추어 우방의 원군을 얻는다는 기쁨에 마음이 흐뭇했다. 그렇다고 내 일방으로 결정을 내릴 문제는 아니었다. 문제의 중대성에 비추어 내 개인 의견은 되도록 삼간 채, 장 총통의 고마운 뜻을 이 대통령에게 곧 전달하겠다고만 굳게 약속해 놓았었다. 그러나 이미 우리 본국 정부는 서울에서 철수하여 남하하고 있는 중으로 짐작이 가며 따라서 이 대통령 및 본국 정부의 현재 위치가 그 어느 곳인지 이에 대한 정보는 매우 유동적이어서 그 전달 방법을 두고 나는 애가 탔다.

그러던 중, 7월 5일경에 이르러 부산서 이 대통령으로부터 전화가 걸려왔다. 이 대통령의 지시는 당장 스캡(SCAP)에 가서 좋은 최신무기들을 많이 그리고 빨리 보내라고 졸라대라는 것이었다. 그러면서 "우리에겐 애국장정이 얼마든지 있어." 하고 혼잣말처럼 덧붙였다. 나는 그때 비로소 장 총통의 파병의사를 전달했다. 그랬더니, "그 문제는……" 하고, 이 대통령은 잠시 망설인 끝에, "암만해도 그 문제는 맥아더와 숙의해서 결론을 내리는 게 순서겠지. 그래, 그런 문제에 관해서는 맥아더의 의견을 존중하는 게 현명한 길일 거야. 그러니, 김 공사는 곧 맥아더를 만나서 그의 의견을 물어 보고 나를 대신하여 그 의견을 따르도록 해요." 하고 지시했다.

나는 이 대통령의 진중한 말투를 머리에 새기고 곧 맥아더 사령관을 방문했다. 맥아더 사령관은 장 총통의 지상군 한국 파견 문제를 놓고 즉석에서 다음과 같이 명쾌한 결론을 내렸다.

"장 총통의 호의는 고마우나 나는 이에 대해 반대의사를 표명치 않을 수 없소. 그 이유는 자유중국정부가 한국에 지상군을 파견하면 그것을 구실로 중공이 북괴군을 도와 한국전에 개입할 우려가 있기 때문이오. 다시 말해서, 자유중국 지상군 파견이 현실화 되면 결국 한국 전역은 자칫 제2의 중국 전장화(戰場化)할 위험성이 짙어질 것이오. 그래서 나는 장 총통의 모처럼의 호의를 받아들일 수 없소."

나는 맥아더 사령관의 이러한 의견을 받들어 이튿날 아침 한국 정부를 대표하여 정중한 사절(謝絶)의 회답을 할 목적으로 동경소재 중국대표부를 심방, 사오 대사에게 이 대통령과 맥아더 사령관의 의견을 전했다. 기대가 어긋난 사오 대사는 실망의 빛을 감추지 않았다. 어떻든, 이런 경위로 자유중국군의 한국전쟁 참전은 끝내 실현을 보지 못하게 되었다.(『풍설시대 80년』 P.148)

페니실린 없으면
부상병 다 죽는다

김용주는 주일대표부공사 시절, 이 대통령의 부인인 프란체스카 여사로부터 심한 꾸중을 들은 적이 있다. 이유는 한국은행 동경지점이 보유하고 있던 달러를 임의로 사용했기 때문이었다. 그때는 전쟁 중이었기 때문에 달러는 더없이 소중한 전력이었다. 따라서 아무리 특명전권공사라 할지라도 본국 허락 없이는 마음대로 사용할 수 없었다. 그런데 김용주는 임의대로 사용했다. 그것도 1, 2천 불이 아니라 무려 1만 불이나! 왜, 어디다 사용한 것이기에 대통령 영부인이 호통을 친 것일까? 당시 사건 내막을 『풍설시대 80년』을 바탕으로 재구성해보면 다음과 같다.

― 1950년 7월 중순, 대전방위선이 흔들리고 있을 때의 일이다. 대한적십자사 총재인 이기붕(李起鵬, 후에 민의원의장) 씨가 미 군용전화를 통해 김용주에게 전화를 걸어 숨넘어가는 소리를 했다.

"국군부상병이 날로 늘어나고 있는데 필요한 의료약품이 바닥 나 큰

일 났습니다. 지금 부산 시내는 후송 된 부상병들의 살 썩는 냄새가 코를 찌릅니다. 이대로 가다가는 치료도 못 하고 부상병들을 그대로 방치해야 할 것 같습니다. 그래서 무슨 좋은 대책이 없을까, 하여 이렇게 김 공사님께 의논삼아 전화를 거는 겁니다. 전상 장병들을 위한 의약품을 일본에서 대량 조달하여 급송해 주면 고맙겠습니다. 특히 페니실린이 절대 필요하니 우선적으로 급송해 주면 좋겠습니다."

그러고는 잠시 말을 끊었다가 다시 비통한 어조로 다짐을 받았다.

"만약 주일대표부로부터 의료약품 도착이 늦어질 경우, 우리 부상병들은 모조리 죽음을 면치 못할 것이니 그리 아시고 최선을 다해 주십시오. 김 공사만 믿겠습니다!"

그의 말대로라면 국내 부상병 전원의 생사문제는 김용주의 의료품 조달수량 및 그 발송시일 여하에 달려 있다는 뜻이었다. 거기다 이 씨가 요청한 각종 의약품들은 그 수량에 있어 엄청난 대가를 가리켰다. 당시 주일대표부엔 매월 본국 정부로부터 송금해 오는 공사 이하 직원의 월급 이외엔 딴 예산이 전무하여, 그만한 약품을 매입할 만한 자금이 있을 리가 없었다. 그러나 지금 이 시간에도 신음하고 있을, 죽음을 앞둔 본국 부상병들의 운명을 상상할 때, 예산이 없다고 해서 그대로 좌시하고 있기엔 너무도 마음이 아팠다. 김용주는 생각다 못해 한국은행 동경지점 주재 김진형 부총재에게 요청하여 우선 당시 한국은행 동경지점이 보관하고 있는 정부 보유금 중에서 1만 달러를 자신의 책임하에 수령하여 의약품 구입에 충당키로 방침을 세웠다. 그러나 당시는 일본이 연합군 점령 하에 있었기 때문에 페니실린과 같은 주요 의약품

등에 대해 스캡 당국은 허가제로 하여 판매통제를 가하고 있었기 때문에, 이것을 대량구입 하려면 여러 가지 난관을 겪어야 했다. 김용주는 그런 난관을 피하기 위해 일본 적십자사의 시마즈(島津) 총재를 찾아갔다.

인사말이 오간 뒤 김용주는 단도직입적으로 말했다.

"일본 적십자사가 보유하고 있는 페니실린과 여러 가지 전상 필수 약품들을 우리한테 좀 파시오."

김용주의 말에 시마즈 총재가 난처한 표정을 지었다.

"우리 적십자사에도 페니실린은 전무합니다. 그리고 딴 약품은 있습니다만 그것도 팔 수 없습니다."

"아니, 팔 수 없다니! 수많은 전상 군인들을 제때 치료 못하면 어떻게 되는지 당신도 잘 알지 않소?"

시마즈 총재의 야박한 말에 김용주의 언성이 높아졌다.

"그야 저도 잘 알지요. 하지만 우리 적십자사 규정상 돈을 받고 팔 수 없게 돼 있으니 어쩌겠소? 그러니 차라리 필요한 의약품을 기증하도록 하지요."

시마즈 총재의 말에 김용주는 자신도 모르게 그의 손을 덥석 잡고 몇 번이고 감사를 표했다. 비록 페니실린은 없어 빠졌지만 다른 각종 의약품들을 무상으로 기증하겠다니 얼마나 고마운 일인가! 그 돈으로 페니실린을 더 많이 구입할 수 있게 되었기 때문에 김용주는 더욱 기뻤다. 그렇게 의약품 조달 준비는 순조로이 진행되었다. 남은 문제는 정부 보유 달러 사용에 대한 이 대통령의 결재뿐이었다.

이 무렵엔 이미 본국 정부도 정식으로 부산을 임시 수도로 정하고 그곳에 정착한 상태였다. 하지만 본국과의 연락은 여전히 미 군용전화가 유일했고, 그 이용엔 불편이 많았다. 미군총사령부라 미국 각종 신문통신용 전화와 군사적인 국제전화로 인해 미 군용전화는 밤낮 없이 폭주였다. 주일대표부가 그 틈을 비집고 들어가기란 하늘의 별 따기였다. 모처럼 통화신청을 해 놓으면 빨라야 보통 이틀, 늦으면 사나흘이 지나서여 겨우 통화가 이루어지는 판국이었다.

어떻든 김용주는 의약품구매에 따르는 정부 보유 달러 사용문제를 갖고 이 대통령의 승인을 얻을 예정이었다. 그러나 이틀이 지나도 전화를 통화할 수 없었다. 그래서 김용주는 전화는 단념하고 문서로 이 사연을 보고해 놓고 그래도 촌시가 아쉬워, 일본적십자사로부터 기증 받은 트럭 10대분의 각종 의약품과 이밖에 정부 보유달러 1만 달러를 풀어 시마즈 총재의 주선으로 구입한 대량의 페니실린 등을 돈을 주고 빌린 1척의 발동기 배에 적재한 후, 일부러 주일대표부 직원 한 사람까지 동승 관리케 하여 부산으로 급송했다. 이 의약품들은 국군 부상병들의 치료에 크게 이바지했다. 김용주는 이 의약품 구입과 본국 전달에 관한 전후 사연을 상세히 담은 서면보고를 미 군용기편으로 이 대통령께 다시 올린 후 조심스레 그 반응을 기다렸다. 그러나 반응은 얼마 후, 이 대통령에 앞서, 부인 프란체스카 여사의 꾸중으로 비롯했다.

"귀중한 정부 보유 달러를 왜 당신 마음대로 썼지요?"
김용주가 전화를 받자마자 대뜸 노기에 찬 프란체스카 여사의 목소리가 귀청을 때렸다.

"왜 대답이 없어요? 누구 지시를 받고 그 귀한 돈을 썼느냐 말이요?"

"누구의 지시도 아니고, 한국 적십자사 총재 이기붕 씨로부터 국군부상병들의 참상을 전해 듣고 차마 좌시할 수 없어 제 책임 하에 제 단독으로 수행한 것뿐입니다. 자세한 내용은 이미 올린 서면보고 그대롭니다."

김용주는 생각지도 못했던 영부인의 노기 찬 꾸중에 속으로 은근히 화가 나 좀 뚱하게 대답하고는 전화를 끊었다.

3, 4일 후, 이번엔 뜻밖에 이기붕 한국 적십자사 총재가 전화를 걸어와 불평을 해댔다.

"내가 언제 김 공사에게 페니실린을 사 보내라고 했소? 정부 보유 달러는 당신이 마음대로 써놓고 나만 애매하게 욕만 먹었단 말이요!"

이기붕 씨의 말소리는 수화기가 따가울 정도로 흥분에 넘쳐 있었다.

"이 총재님, 흥분 좀 가라앉히시고 자초지종을 말씀해보세요."

"프란체스카 여사께서 불러서 갔더니, 저더러 의약품이니 뭐니 하고 너무 호들갑을 떨어 김 공사에게 페니실린을 사 보내라 하여 김 공사로 하여금 정부 보유 달러를 축내게 한 것이라고 호된 꾸지람을 하지 뭡니까? 제가 언제 김 공사님한테 정부 보유 달러를 쓰라고 했습니까?"

김용주는 어이가 없었다. 전언을 뒤엎는 이 씨의 그 힐문조의 불평과 프란체스카 여사의 일방적 질타에 김용주는 나름대로 할 말이 있었으나 그래도 꾹 참고 말았다. 아니, 김용주는 한 가지 결과만으로 족했다. 죽음에 직면했던 국군부상병들이 자신이 책임을 각오하고 조달해 보낸 그 의약품에 의해 소생의 길을 되찾을 수 있었다는 그 움직일 수 없는 사실 하나만으로 족했다.(『풍설시대 80년』 P.158)

인천상륙작전과 재일교포 의용군

1950년 7월, 하순으로 접어들면서 북괴군의 연이은 진공으로 대전방위선, 호남일대의 방위선 등이 잇따라 무너지고 뒤이어 경남의 주요도시 진주가 함락되자, 성급한 일본의 신문들은 이제 북괴군의 남한 전역 점령은 시간문제라고 떠들어댔다. 그중 몇몇 신문들은 북괴군의 소위 '파죽지세'를 과대평가한 나머지 아직 교전 중에 있는 지점까지도 아무런 확인 없이 지레 짐작만으로 '완전점령'이라고 성급히 허위 보도하여 뜻 있는 사람의 빈축을 사곤 했다. 이 바람에 주일대표부는 그러한 무책임한 기사를 일일이 반박, 시정시키기에 바빴다.

사태가 이쯤 되고 보니 재일한인교포 사회엔 우습게도 난데없이 정치 망명객을 자처하는 무리들이 쏟아져 나오기 시작했다. 이들은 거의 6·25 전쟁 발생 이전에 본국에서 파렴치죄를 범하고 부정루트를 통해 일본에 불법 입국한 악덕한(惡德漢)들이며, 이밖에 여권상의 유효기한이 훨씬 지나도록 일본에 불법체류하고 있던 무리들까지도 그 위법 사실에 그럴듯한 이유를 입히기 위해 덩달아 망명운운을 입에 담아 보는 등 실로 개탄할 기현상을 빚어냈다. 이렇게 일본 천지엔 갑작스레 망명병(亡命 病) 환자들이 득실거리는가 하면 한편으로는 한국전재민 구호를 외치며 주일대표부의 문턱이 닳도록 뻔질나게 드나드는 자칭 자선사업가들이 속출했다. 그들은 으레 주일대표부 촉탁 직함을 원했다. 촉탁으로 임명해 주면 산더미 같은 구호물자들을 하루아침에 아무런 대가없이 거두어들일 수 있다고 한결같이 호언장담했다. 그러나 주일대표부 담당직원이 막상 그들과 몇 마디의 대화를 나누어보면 그들의 불순한 속셈이 그 자리에서 드러나곤 했으며, 개중엔 사기횡령전과 3~4범의 추악한 사실까지도 제풀에 노정됐다. 즉, 그들이 외치는 전재민구호의 명분은 허울 좋은 구실에 지나지 않았으며, 실제 목적은 구호물자 모집에 편승하여 개인의 사리를 추구하는 데 있었다. 여기에 또, 조련은 조련대로 전국의 추세를 업고 적화선전 공작에 광분하고 있어 이 갖가지 현상은 마치 백귀난무를 방불케 했다. 여기에 곁들여, 본국의 전세는 불리에 불리를 거듭하여 적군은 안동, 진주 등지를 함락시키고 낙동강 주변에 전력을 집중하고 있었다.(『풍설시대 80년』 P.164)

그런 상황에서 8월 중순 어느 날, 김용주는 스캡 G2 국장 윌 로비 소장으로부터 면담 요청을 받고 그를 만난다. 그 자리에서 윌 로비 소장은 중요한 사실을 은밀히 부탁한다.

—그동안의 열세에 놓여 있던 유엔군은 이제 반격태세를 확립, 가까운 장래에 한국 모 해안에서 일대 상륙작전을 감행할 예정이다. 여기에 동참할, 간단한 통역과 길 안내를 맡을 수 있는 한국 출신 요원 1천 명

76

을 10일 안으로 갖추어 달라.

— 요원들의 식사, 피복 등의 급여는 미군 사병의 경우와 하등 다를
것이 없으나, 보수만은 앞으로 미군 주무당국이 한국 정부와 협의하여
차후 결정할 방침이다.

김용주는 유엔군이 반격태세에 돌입한다는 소리에 가슴이 콱 멨다.
허구한 날 적에 밀려 후퇴만 하다가 이제 드디어 반격에 나서는구나,
하고 생각하자 너무 감격스러워 눈물이 나올 지경이었다. 하지만 김용
주는 윌 로비 소장의 요구를 즉석에서 결정할 수 없었다. 그는 확답을
보류하고 본국 이 대통령께 긴급 보고로 스캡 G2의 요망사항을 전달
했다. 이 대통령도 이에 대한 전폭적 협력을 지시해왔다. 그 뒷일은 김
용주의 말을 직접 들어보자.

"나는 즉일로 민단과 대한청년단, 한국학생동맹 등 각 단체 임원을
초치하여 요원모집을 협의했다. 그 결과, 일본 각 대학에서 수학하고
있는 한국 대학생들을 주축으로 하여 학력 있는 청년급 1천 명 모집을
결정하고 곧 동경을 위시하여 각 지방 도시로 전기 3단체의 간부들을
파견, 그 모집에 착수케 했다. 그리고 우리는 이것을 재일한교의용군
(在日韓僑義勇軍)으로 이름 붙이기로 했다.

이 사실이 발표되자 일본 전국 각지에서 대한민국계 학생과 애국청
년의 지원이 줄을 이어 불과 5~6일 내에 그 수는 5백여 명에 달했다.
이러한 지원자들을 각자 준비가 되는 대로 동경에 집합시켜 일본 여관
에 투숙시킨 후 미군캠프 입대를 기다리게 했다. 이윽고, 미군 측과의

협의 결과, 2백 명 단위로 입대가 결정되어 마침내 1950년 8월 하순, 재일한교의용군이란 이름의 군 요원 제1진이 동경 교외 미군 '아사까(朝霞) 캠프'에 입대하게 됐다.

그날 이른 아침, 동경의 학생가로 유명한 쓰루가다이(駿河臺) 명치대학 정문 앞 광장은 의용군의 장거를 기리는 환송교포들로 붐비었다. 웅장한 브라스밴드의 취주에 맞춰 애국가의 합창이 자랑스레 퍼지고 주일공사로서의 나의 환송사에 이어 만세삼창이 우렁차게 울리자 그 지대의 일본 주민들은 출정 차림으로 열을 지은 의용군의 모습들을 멀리, 가까이 지켜보며 지난날의 전쟁을 되새기듯 착잡한 표정을 드러내 보였다. 이리하여 의용군 제1진은 10대의 미 군용버스에 분승, 늠름한 기세로 장도에 올랐다."

"그 후, 이 의용군은 뒤를 이은 제2진, 제3진을 포함하여 유엔군의 각 반격작전에서 혁혁한 전공을 세웠으며 더러는 멀리 압록강, 두만강 변까지 진격의 발자국을 남기고 애국일념의 참다운 자세를 정립해 보였다. 그리고 의용군 전사자는 50여 명에 달했다. 나는 당초 이 의용군 모집 비용을 두고 본국 정부로부터의 송금을 기다렸으나 여의치 않아 급한 대로 우선 아우의 회사 동경지사에서 차용해 충당했다. 그리하여 거기에 소요된 약 2만 달러의 비용을 대통령실에 요청하면 대통령실은 국방부로 미루고, 국방부는 외국송금사무는 대통령 부인이 관장하고 있으니 별 도리가 없다고, 이렇게 서로 미루는 바람에 한 푼도 받지 못하고 전액 내 개인부담이 되고 말았다."(『풍설시대 80년』 P.167)

서울수복작전과 문화재 수호

인천상륙작전과 서울수복작전을 목전에 둔 1950년 9월의 한반도 전쟁 상황을 잘 말해주는 비밀문서가 있다. 경상북도 왜관까지 밀고 내려온 인민군 제65기갑보병연대 참모부가 예하 대대장에게 내려 보낸 '대대장 공격전투 명령' 문서가 바로 그것이다. 문서 내용은 다음과 같다.

대대장 공격 전투 명령   극비

제65기보련 76밀리 대대참모부   1950. 9. 2. 지도 1/50,000. 49년 판

1. 패전 당한 적 미군 제1기갑사단 제5연대 잔병들은 주력의 퇴각을 엄호하기 위하여 왜관시를 중심으로 300고지(89.49) 303.2고지(86.47)에서 방어하고 있다.

2. 제65기보련 및 203 땅크연대 부분적 력량으로 *도 중대 2포를 확보하면서 왜관 방향으로 공격하여 그를 해방시킨 다음 대구방향 도로 따라 공격하여 258고지(82.50) 268고지(80.48) 계선을 점령하고 그를 완강히 방어한다.

3. 제65기보련 좌익에서는 제3보병사단이 점촌(89.50) 수창동(89.53) 평창동(81.54) 방향으로 공격하며 우익에서는 제10보병사단이 부분적 계선에서 방어하고 있다.

4. 제65기보련을 76밀리 대대로서 지원하며 120밀리 및 45밀리 포들은 보병에 배속하여 그의 지휘관은 포병부연대장이다.

(『대통령의 욕조』, 이흥환 편저, 삼인, 2015.1. P.202)

이처럼 북한군이 남한 거의 대부분을 점령하고 있는 절대 불리한 상황에서 맥아더 사령부가 있는 일본 동경을 중심으로 미군 반격 상륙작전이 가까워졌다는 소문이 파다하게 떠돌기 시작했다. 그러한 전망은 주로, 전국의 추세에 민감한 군사평론가들의 지상해설에 근거를 두고 있는 것이었다. 이런 소문은 동경 주재 한국 주일대표부에서도 가볍게 흘려들을 일이 아니었기에 김용주 공사는 신경을 곤두세우고 사태를 예의 주시했다. 그리고 그 나름대로 앞으로 예상되는 전황(戰況)을 꼼꼼히 생각해보았다. 그러다 김용주는 깜짝 놀랐다. 태연히 앉아 상황만 지켜보고 있을 수 없다는 급박함을 느꼈다. 자신도 모르게 몸이 떨렸다. 무슨 생각이 김용주를 그토록 마음 급하게 만들었을까? 김용주 회고록 『풍설시대 80년』에 실린 내용을 토대로 재구성한 당시 상황이다.

— 김용주는 동경 항간에 떠도는 소문과 얼마 전 스캡 G2 최고책임자 윌 로비 소장이 말한 바 있는, 그 한국 모 해안 상륙작전 감행 예정설에 대하여 냉철히 추상을 다듬어 보았다.

'현재 남한 깊숙이 파고 든 북괴군의 주력을 분단, 괴멸시키는 데 있어서는 전략상으로나 지리상으로 장차 미군이 택할 대규모 상륙지점은 인천이나 군산 지방이 아닐까? 그리하여 미군은 군산이나 인천에서 서울로 진격할 것이다. 인천이라면 수도 서울과는 근거리의 지역이다. 그리고 아군의 희생을 최소한으로 줄이기 위해서 우선 점령에 앞서 그 점령목적지에 치열한 공중 폭격을 가하는 미군의 재래 전략에 비추어 본다면 이번에도 미 공군은 필시 상륙작전 개시에 앞서 수도 서울에 산재한 모든 북괴군 진지에 대해 전략적 대폭격을 가할 것이고, 북괴군은 북괴군대로 최후의 거점을 서울로 정하고 서울 시내의 대 건물을 토치카로 삼아 최후까지 저항할 것이다. 그러면 미군은 보나마나 서울 시내의 모든 건물을 완전 파괴 소각하는 전법을 쓸 것이다. 그렇게 되면? 서울은 불바다가 되고, 불바다가 되면 우리 경복궁과 남대문은?'

그렇다. 미 공군의 전면 폭격으로 서울에 있는 귀중한 우리 고유 문화재와 사적(史蹟)들이 모조리 파괴될 것은 명약관화했고, 바로 이 점이 김용주의 몸을 떨게 만들었던 것이다. 어쩌면 후손으로서 천추의 한을 남기는 일이 될지도 모른다는 생각에 서둘러 스캡으로 달려가 맥아더 사령관 면회를 요청했다. 맥아더 사령관의 부관은 그날따라 면회의 용건을 물었다. 김용주는 서울수복작전에 관한 것이라고 답해 두었다.

김용주의 방문 의도에 신경을 기울였던지 맥아더 사령관은 참모장 대리인 도일 히키(Doyle Hickey) 장군을 위시하여 수 명의 막료장성들이 함께 김용주를 맞이했다. 참모장 대리인 히키 장군은 참모장 에드워드 알몬드 장군이 한국전선의 10군(軍) 사령관으로 임명된 후 참모장 대리로 기용된 자로 이듬해 봄 맥아더 사령관의 후임으로 연합군사령관직을 맡은 매튜 릿지웨이 대장에 의해 정식 참모장으로 임명된다.

김용주는 맥아더 사령관에게 인사를 건넨 후 본론을 말했다.

"서울수복작전에 대해 드릴 의견이 있어 왔습니다."

"무슨 좋은 의견이라도 있습니까?"

김용주의 말에 맥아더가 의자 등받이에서 몸을 떼며 물었다.

"서울수복작전 시 무차별적인 전면 폭격은 하지 않았으면 좋겠습니다."

김용주의 말에 맥아더는 선뜻 납득이 안가는 듯 빤히 쳐다보며 물었다.

"왜요? 서울이 잿더미가 될까봐 그러는 거요?"

"네, 한 마디로 말해서 그렇습니다."

"그렇다면 김 공사, 그 점은 걱정 마시오. 원래 도시란 천재(天災) 또는 전화(戰火) 등을 한 번 겪고 나면 이전에 비해 몇 갑절 더 크고 좋은 새 도시로 부흥되게 마련이오. 더욱이 이번 한국의 경우에 있어서는 전후 우리 미군이 책임을 지고 재건을 도울 것이니 앞으로 서울은 이상적인 현대 도시로 탈바꿈할 것이오."

맥아더는 미소까지 지어보이며 김용주를 타일렀다. 그러나 맥아더의 말은 김용주의 본뜻과는 거리가 멀었다.

"그 점은 저도 인정합니다. 그리고 서울이 전후 훌륭한 신도시로 복구되는 것을 저도 기대합니다. 하지만 사령관 각하, 저는 서울에 산재해 있는 우리 문화재와 사적이 이번 서울수복작전에 다 타 없어지는 것은 아닐까, 심히 우려됩니다. 우리 한국은 장구한 역사와 고유문화를 가진 나라입니다. 그러나 유감스럽게도 과거 몇 차례에 걸친 외적의 침

82

략으로 찬란한 문화재와 사적들이 소진 또는 파괴, 약탈을 당해 지금 얼마 남지 않았는데, 그것이 대부분 서울 시내에 있습니다. 이번 수복 작전에서 무차별 전면 폭격이 시작되면 그것마저 완전히 소멸될 우려 가 있습니다. 우리 한국 민족은 마지막 남은 그 역사적 문화재와 사적 들에 그지없는 긍지와 뜨거운 민족의 얼을 느끼고 그 보존에 온갖 정성 을 다해왔습니다. 서울에는 그런 문화재, 그런 사적들이 있습니다. 전 후에 생길 이상적 신도시도 좋습니다만 해석여하에 따라서는 우리의 민족감정과 염원은 몇 개의 신도시보다 이 문화재 보호에 더 큰 비중을 두고 있다 해도 과언이 아닐 것입니다. 각하, 그런 뜻에서 서울폭격계 획을 철회하실 수는 없겠습니까?"

김용주는 토하듯 긴 말을 끝낸 뒤 속으로 깊은 숨을 들이마셨다. 그 러면서 맥아더의 표정을 살폈다. 맥아더 사령관은 파이프를 입에 문 채 고개를 두어 번 끄덕였다. 김용주는 그런 맥아더의 표정에서 긍정의 기 미를 느끼고 속으로 안심했다. 그런데 옆자리에 있던 히키 장군이 제동 을 걸고 나섰다.

"이것저것 다 따져서 어떻게 전쟁을 할 수 있단 말이오? 전략상 서울 폭격은 피할 수 없습니다!"

그러자 맥아더 사령관이 참모장의 말을 가로막았다.

"잠깐, 히키 장군! 지금 김 공사는 매우 뜻 깊은 말씀을 했소. 장군은 지금부터라도 김 공사의 의견을 신중히 검토해 보시오!"

맥아더의 명령에 히키 장군도 더 이상 아무 말 못했다. 그는 김용주 를 데리고 다른 방으로 갔다. 벽 전체가 한국지도로 채워져 있는 전쟁 상황실이었다. 여러 참모들이 지도를 보며 의견을 나누고 있었다. 히키 장군은 벽에 붙은 지도 중에서 정밀한 서울시가지 지도 한 장을 떼어 테이블 위에 펼쳐놓은 뒤, 김용주한테 색연필을 건네주며 말했다.

"당신이 말한, 폭격해선 안 될 가치 있는 문화재 위치를 여기에 표시해 보시오."

"좋습니다."

김용주는 색연필을 받아들고 덕수궁, 경복궁, 창덕궁, 남대문, 동대문 등 몇 군데를 중점적으로 가려 붉은 칠을 하다가 동작을 멈추었다. 지도에 문화재 하나하나를 지적하는 것이 무의미하다는 생각이 들었기 때문이었다. 서울시는 대부분이 목조건물이라 한번 소이(燒夷)폭격을 당하면 그 일대 전체가 연소될 게 뻔했다. 김용주는 생각을 바꿔 성동을 기점으로 남대문을 거쳐 퇴계로에 이르는 반월형(半月形)의 지형을 따라 광범위하게 죽 선을 긋고 말했다.

"이 선을 중심으로 북쪽은 모두 폭격 대상에서 제외해 주시오."

참모들이 김용주가 그린 지도를 놓고 면밀히 검토하더니 불가(不可)하다고 딱 잘라 말했다.

"이건 아예 서울수복작전을 하지 말라는 것이오!"

김용주는 참모들의 반발에 어쩔 수 없이 다시 범위를 조금 좁혀 정동에서 을지로, 왕십리에 이르는 선을 그어 보였다. 그러자 그것도 용납할 수 없었던지 히키 장군이 김용주의 손에서 색연필을 받아, 정동에서 청계천으로 비스듬히 구부러진 선을 그어 보이며 말했다.

"이 정도로 최선을 다해 보겠지만, 절대보장은 할 수 없으니 양해하시오."

히키 장군이 그린 선에서 보면 덕수궁은 아슬아슬하고, 남대문은 아예 선 밖에 밀려나 있었다. 김용주는 덕수궁과 남대문 두 지점에 색연필로 굵은 동그라미를 그려 보이며 말했다.

"이 두 지점에 있는 문화재는 한국 최고의 문화재요. 장군이 그은 선으로 볼 때 위치가 위치인 만큼 이 두 지점에 대해서는 특별히 주의를 해주셔야 합니다!"

"알겠소. 최선을 다해보겠소."

히키 장군의 대답에 김용주는 그의 손을 잡고 힘주어 악수했다. 그것은 히키 장군에게 한 번 더 다짐을 받는 김용주의 계획된 악수였다. 김용주는 상황실을 나와서 맥아더 사령관을 다시 만났다.

"감사합니다, 각하! 히키 장군과 충분히 협의를 하였습니다."

"다행입니다. 오늘 김 공사가 좋은 어드바이스를 해 주어 대단히 기쁩니다. 최선을 다하겠습니다."

맥아더 사령관은 김용주의 등을 가볍게 두드리며 친밀감을 표했다.

김용주와 히키 장군과의 약속은 잘 지켜졌다. 미 공군은 서울 폭격 때 두 사람 사이에 정해진 절충안을 진지하게 지켰고, 그 덕으로 서울의 문화재와 사적들은 전화를 모면하게 되었다.

그로부터 5~6년 후 어느 날, 김용주는 이승만 대통령의 개인비서인 미국인 레디 씨를 우연히 만났다. 그는 김용주의 손을 잡고 말했다.

"당신은 서울을 전화에서 구한 공로잡니다. 서울시 문화재 수호에 대한 전략비화를 듣고 감탄했습니다!"

그동안 세월의 흐름과 더불어 그때의 일을 어느 새 망각하고 있던 김용주는 레디 씨의 말을 듣고 다시금 깊은 감회에 젖었다.

그러나 당시 김용주의 건의를 긍정적으로 받아들인 공군 폭격과는 달리 미 해병대 작전은 달랐다. 다음은 2012년 8월 24일 EBS 〈역사채널 e〉에서 방송한 내용이다.

1950년 9월 15일, 미 해병대.

"적 동태를 파악했습니다. 임시 기지로 삼은 덕수궁에 적들이 몰려들고 있습니다."

"당장 덕수궁을 포격하라!"

명령 수행자는 포병부대 중위 제임스 해밀턴 딜.

"덕수궁을 포격하는 것은 양심이 허락하지 않습니다. 오랜 역사를 가진 국가의 유물이지 않습니까? 그런데 포격개시란 말이 떨어지면 단 몇 초 만에 모두 사라지고 맙니다."

"자네 생각이 맞네. 하지만 어쩔 수 없지 않나?"

상부 지시에 고민하던 딜 중위가 이윽고 명령을 내린다.

"적이 빠져나갈 때까지 기다린다!"

한 미군 병사의 양식으로 덕수궁은 살아남았다. 훗날 그는 "그날 그 시점에 내렸던 판단과 행동은 내가 살아있는 한 결코 잊을 수 없는 일이다."라고 말했다.

1996년 한국 정부는 제임스 해밀턴 딜에게 감사패를 전달했다.

(제임스 해밀턴 딜의 '폭파 위기의 덕수궁' 중에서)

일본에는 고철도 안 판다

이 대통령의 반일 감정은 전쟁 중에도 달라지지 않았다. 6·25 전쟁에 투입되는 연합군 군수물자 대부분이 일본에 거점을 둔 군수지원단을 거쳐 조달되는 상황인데도 불구하고 이 대통령의 대일본 기피감정은 조금도 누그러지지 않았다. 그것은 오랜 세월 동안 독립운동 과정에서 가슴 깊이 뿌리내린 적대감에 기인한 것이 원인이었다. 이 대통령의 이러한 반일 옹고집은 전쟁이 한창이던 1951년 2월 초에 열린 한일 통상회담에서도 여실히 드러났다. 그 회담에서 가장 큰 난제는 '한국 고철(古鐵) 대일 수출 금지'라는 이 대통령의 지시사항이었다. 당시 회담을 주도했던 주일대표부 김용주 공사의 증언을 토대로 그때 상황을 재구성해보자.

― 1951년 벽두에 벌어진 '1·4 후퇴'를 전후해서 한국 정부는 대공전 수행에 소요되는 군수물자 및 일반 민생물자에 이르기까지 모든 것을 일본으로부터 긴급 수입해 오지 않을 수 없는 형편이었다. 그래서 한국 정부는 한일 간 정상적인 통상의 필요를 느끼고 회담을 열기로 했

다. 주일대표부공사인 김용주를 회담수석대표로, 상공부 차관 이병호(李丙虎) 씨, 재무부 이재국장 송인상(宋仁相) 씨, 한국은행 부총재 김진형 씨 등을 위원으로 하여 대표단을 구성, 일본 동경서 한일 통상회담을 시작했다. 그런데 회담은 시작부터 난관에 부딪쳤다. 전에부터 한국 정부가 고집해 온 '대일 금수(禁輸)조치' 때문이었다. 회담이 시작되자마자 스캡 해외통상과장이 긴급발언을 통해 이 대일 금수조치를 비난하고 나섰다.

"얼마 전, 한국 이 대통령은 한국전쟁 중에 발생한 고철 등을 일본엔 절대로 수출 않겠다고 수차에 걸쳐 언명한 바 있는데, 만약 한국 정부가 이 대통령의 그런 언명에 따라 앞으로도 계속 고철 금수 조치를 고집한다면 이런 통상회담 같은 것은 열 필요가 없다고 생각합니다."

그의 이런 강경 발언은 회의참석자들을 아연케 했다. 그는 좌석을 향해 연이어 불만을 쏟아냈다.

"현재 한국대공전 수행에 소요되는 미군 군수물자는 주로 일본서 생산보급하고 있는데도 불구하고 거기에 쓰이는 주요 원료인 고철을 한국이 고의로 대일 금수하고 있으니 이런 조치는 곧 병참기지 역할을 도맡고 있는 일본의 입장에 찬물을 끼얹는 것이나 다름이 없으며, 나아가서는 미국의 대공전 수행에 막대한 지장을 주는 것이기 때문에 이 문제를 그대로 두고는 회의를 계속할 수 없으니 중지할 것을 청합니다!"

그는 격하게 말을 쏟아놓고 좌중을 둘러보았다. 김용주는 그의 주장이 회담에 임하는 스캡의 기본입장을 대변하는 것이라면 회담은 좌절을 면치 못할 것으로 판단했다. 그래서 김용주는 분위기를 바꿀 필요를 느끼고 발언에 나섰다.

"이번 회담에 있어 고철 문제 같은 것은 앞으로 교류물자 세목별 토의에서 다루어질 내용이라고 봅니다. 따라서 그 문제를 놓고 개회벽두부터 왈가왈부하여 회의진행에 지장을 주어서는 안 된다고 믿소. 그러니 오늘은 우선 의제와 회의 진행 일정만을 정하고 내일 다시 속개하기로 합시다."

김용주의 말에 모두가 동의해 회담 결렬은 막았지만 회담의 전망이 낙관적이라고 볼 수는 없었다. 고철 문제가 이 회담의 핵심사항이기 때문이었다.

공관으로 돌아오는 차 안에서 한국 대표단 중 통상 주무당국 대표인 이병호 상공차관이 김용주에게 속내를 털어놨다.

"이 회담에 대비해서 그놈의 고철 문제를 둘러싸고 이 대통령 주재 하에 6차례나 국무회의가 열렸었는데, 이 대통령의 대일 고철 금수 방침은 확고했습니다. 이런 탓에 상공장관도 이번 회담에서 그 문제로 의견대립이 생길 경우, 회담을 즉각 중지하고 귀국하라는 지시를 했습니다. 그런데 스캡의 해외통상과장이 저렇게 강경히 고철 문제를 제기한다면 우리는 본국 방침에 따라 회의를 중단하고 귀국할 수밖에 없겠습니다."

이 차관은 말을 끝내고 쩍쩍 쓴 입맛을 다셨다.

"그러면, 대일 고철 금수를 고집하는 이 대통령의 진의는 무엇 때문이라고 생각합니까?"

김용주의 질문에 이 차관은, 이미 이 대통령이 두 차례에 걸쳐 발표한 바 있는 고철 금수 문제에 관한 담화를 상기시켰다. 대충 이런 내용이었다.

— 나는 전쟁으로 얻어진 한국 고철을 되도록 맹방 미국으로 수출하

고 싶다. 지금 우리의 친구 미국은 한국을 도와 고귀한 피를 흘리고 있는 중이다. 우리는 이 사실을 외면할 수는 없다. 이 사실에 대하여 털끝만한 보답의 뜻으로서도 한국 고철을 미국으로 내보내 그 나라의 공업에 이바지하고 싶다. 설혹, 그 가격에 있어 다소 우리에게 불리한 점이 있다 하더라도.

그러면서 이 대통령은 대일 고철 금수 이유에 대해 속내의 일단도 내비쳤다.

— 나는 고철 일본 수출을 원하지 않는다. 만약에 한국 고철이 일본에 수출되어 그것이 일본 무기 제조업자들에 의해 엉뚱히게도 한국 재침략을 위한 갖가지 최신무기로 제조되면 이런 결과야말로 스스로 뒷문을 열어 이리떼를 맞아들이는 격이 되기 때문이다.

김용주는 이 대통령의 이러한 친미자세와 반일 감정은 국가경제의 실리 면에서 냉정히 고찰하면 결과적으로 잘못된 것이라고 생각했다. 1·4 후퇴 후 우리나라 실정은 수입해야 할 민생 필수물자가 한없이 많았으나 일반 무역상이 대체수출물자가 없어서 절치부심하고 있었다.

김용주는 대통령한테 직접 전화를 걸어 세계 고철시장의 현 실태와 앞으로의 전망을 구체적으로 설명한 뒤,

"미국상사가 고철을 매수하면 일본에 가져갑니다. 설령 한국으로부터 고철을 공짜로 얻었다 해도 그것을 미국으로 가져가면 손해를 보기 때문입니다. 상사는 제돈 손해 볼 일은 하지 않습니다. 한국 고철을 미

국인이 매수하든, 한국인이 매수하든, 그것을 일본에 가져가면 결과적으로 한일통상 케이스에 들어가는 거나 다름이 없습니다. 한국 고철을 전량 미국상사에 주어도 좋으나 일본 수출의 길은 터놓아야 합니다. 일본수출이 금지되면 미국상사도 매수하지 않을 것입니다."

김용주는 거의 30분 넘게 이 대통령을 설득했다. 그러자 대통령이 고집을 꺾었다.

"고철 문제는 김 공사에게 맡길 터이니 잘 알아서 해요."

"네, 분부대로 최선을 다해 보겠습니다."

김용주는 실례를 무릅쓰고 수화기를 당장 내려 버렸다. 통화를 길게 끌다가는 모처럼의 번의에 또 무슨 변화가 일어날까 염려스러웠기 때문이었다. 김용주는 보람에 가슴까지 설레었다. 상대가 암만 옹고집과 독선의 대통령이라 할지라도 사리에 비추어 충분히 설득을 하면 올바른 이해를 갖게 할 수 있다는 산 교훈을 터득했기 때문이었다.

회담은 속개되었고, 그 동안의 대일 고철 금수조치 해제를 한일통상회담에 반영시켜 협정이 체결되었다. 이에 따라, 우선 제1차분으로 약 10만 톤의 한국 고철이 미국상사를 통해 일본에 수출되었다. 이를 계기로 한국 고철무역은 아연 활기를 띠기 시작했다.

회담이 체결된 후, 이 차관과 송 국장이 김용주에게 물었다.

"6차례의 국무회의를 거쳐도 좀처럼 통하지 않던 이 대통령이 김 공사의 전화 한 통으로 승인을 하다니 도대체 이 대통령을 어떻게 설득했습니까?"

"충분히 설명해 드린 것뿐이죠, 뭐."(『풍설시대 80년』 P.202)

이 대통령의 반일 감정 극치 '왜관 발언'

고철 대일수출 문제에서도 보았듯이 이승만 대통령의 대일본 감정은 지나칠 정도였다. 동란으로 국가안위가 위험에 처해있는데도 일본이라면 그저 맹목적으로 내치기만 하는 이 대통령 때문에 김용주 공사도 애를 먹기 일쑤였다. 1951년 4월 중순, 언론에 보도돼 국내외에 파문을 일으킨 '왜관(倭館) 발언'도 이 대통령의 반일 감정을 그대로 드러낸 사건이었다. 사건 내막을 자세히 들여다보자.

— 1951년 4월 어느 날, 이 대통령 부처가 부산 육군병원을 찾아 입원중인 전상 장병들을 위문했다. 입원 장병들 가운데는 재일 한국교포 의용군 출신도 몇 사람 끼어 있었는데, 이 대통령은 그들에게도 몸소 위로의 말을 건넸다. 그런데 공교롭게도 그들은 모두 일본 현지 출생일 뿐더러 줄곧 일본에 거주했기 때문에 한국말이 몹시 서툴러 제대로 대꾸를 못했다. 거기다 무의식중에 일본말까지 튀어나와 분위기를 망쳐놓고 말았다. 병원 방문을 마친 이 대통령은 그길로 왜관 주둔 국군 모부대에서 베풀어진 무슨 기념식에 참석한 자리에서,

92

"요사이 유엔군 중에 일본 군병(軍兵)이 끼여 있다는 소문이 들리는데, 그 사실 여부야 어떻든, 만약 앞으로 일본이 우리를 돕겠다는 이유로 한국에 출병을 한다면 우리는 공산군과 싸우던 총부리를 돌려 일본군과 싸울 것이다."

라는 요지의 발언을 했다. 이 발언은 이 대통령이 병원에서 만난 주일한국교포 의용군을 일본 장병으로 오인해 한 말이었지만 지나치게 대일 감정을 드러낸 말이었기에 국내외에 큰 반향을 불러일으켰다. 스캡은 물론, 수십 명의 일본 주재 외국기자들이 김용주 공사한테 몰려와 이 대통령의 발언 진의에 대해 물었다.

"이 대통령의 발언 그대로라면 이것은 결과적으로 한국대공전 수행에 붙이는 자유국가들의 우의와 보조를 흐트러지게 할 우려가 있는데 어떻게 생각합니까?"

"그건 분명 잘못 전해진 것일 겁니다."

김용주는 궁여지책으로 우선 이렇게 대답하고 기자들을 돌려보낸 뒤, 곧 이 대통령에게 전화를 걸어, '왜관발언'의 내용 진위를 물었다.

"유엔군 틈에 왜병들이 끼어 있다는 소문이 들려 그런 말을 한 번 해 본 것이네."

아무렇지도 않게 대답하는 이 대통령의 말에 김용주는 어이가 없었다.

"각하의 그 성명을 전해 듣고 제가 직접 스캡에 알아봤더니 일본 병사는 한 사람도 끼어있지 않는 것으로 밝혀졌습니다. 단지, 현지 미군부대에 편입된 재일교포 의용군 중에 일본 출신으로 한국말을 제대로 못하는 장정들이 더러 섞여 있어 이들이 무의식중에 일본말을 했기 때문에 일본 병사로 착각해 터무니없는 소문을 빚어낸 것으로 압니다."

그리고 김용주는 이 문제를 깨끗이 마무리 짓기 위해, 이번엔 자청해서 외국기자단과 다시 회견을 갖고, 확인 결과 '왜관발언'은 역시 오보(誤報)임이 밝혀졌다고 다시금 그럴듯하게 꾸며댔다. 김용주의 기자회견 내용은 즉각 세계 각국으로 퍼져나갔고, 이 대통령의 발언은 일단 가라앉았다.(『풍설시대 80년』 P.207)

Dodge's Line 정책

Dodge's Line 정책이란 한 마디로 한국의 6·25 전쟁 이전까지 미국이 일본에 대해 유지했던 '일본의 내핍경제정책'을 말한다.

한국의 6·25 전쟁은 패전국 일본에 천재일우의 기회였다. 한국에서 전투가 치열하면 할수록 군수지원 중심지인 일본은 그만큼 경기가 더 살아났다. 한국은 36년간의 식민지에서 겨우 벗어난 지 몇 년이 안 돼 민족상잔의 피투성이가 되어가고 있는 데 반해 우리의 불행이 역으로 일본에 기회로 작용하는 역사의 아이러니였다. 긴자(銀座) 한복판 핫도리 빌딩 4층에서 하루가 다르게 변모해가는 긴자 풍경을 바라보는 김용주 공사의 머릿속은 착잡했다. 본국은 지금 공산군에 밀린 국군이 낙동강에서 최후의 방어선을 치고 있고, 정부는 서울을 떠나 대전에서 대구로, 대구에서 부산으로 치욕적인 후퇴를 계속하고 있지 않은가. 김용주는 6·25 전쟁 이후 달라진 미국의 대일 경제정책이 생각할수록 못마땅했다. 먼저 Dodge's Line 정책이 무엇인지부터 알아보자.

— 6·25 전쟁을 계기로 일본 경제계의 부흥은 경이적인 양상을 보였

다. 6·25 전쟁 직전 일본 경제는 장래의 자립과 안정을 목적으로 소위 'Dodge's Line'이란 철저한 내핍정책 수행에 의해 초조한 답보상태에 빠져 있었다. 즉 1949년 2월 공사의 자격을 가진 미국 경제정책입안자 Joseph Dodge 씨가 1949년도와 1950년도의 일본 정부 예산 편성에 참획하기 위해 '스캡'의 경제담당 고문으로 취임하면서부터 그의 새로운 경제정책 입안에 의해 일본 경제는 극도의 내핍상태에 놓이게 되었다. 세상은 그의 경제정책을 가리켜 소위 'Dodge's Line'이라고 일컬었다.

Dodge's Line의 의의는 대략 다음과 같은 몇 가지에 귀착한다. 즉 과세의 조절강화, 초균형 예산의 실현, 인플레 고진의 철저한 억제, 공공사업, 기초사업의 재편성, 내핍수출주의 채택 등을 들 수 있는데, 이렇게 끈기 있고 보람 있는 전진을 위한 내핍정책 수행과정의 그늘에는 자연 중소기업의 정비가 합리적으로 뒤따르게 되어 여기에 부수되는 인원 정리수도 40만 명에 달했다. 이 Dodge's Line의 결행으로 인해 1950년 3월에는 전년에 비해 생산재 물가지수는 약 32%, 소비재 물가지수는 약 35%로 각각 급락했으나, 그 대신 일부 체화는 증대하고 부도어음 발생건수는 전년의 그것에 비해 엄청나게 늘어났다.

비근한 예로 인견직물의 체화량은 전년에 비해 약 1배 반, 시멘트 같은 것은 약 3배 반의 다량을 가리키고 있었다. 이러한 불경기의 극한상태 속에서 일본 경제는 그야말로 천우신조의 돌파구를 찾아내게 되었으니 그것이 바로 6·25 전쟁이었다. 6·25 전쟁 초기에만 하더라도 일본이 입은 미군 특수혜택은 6·25 전쟁 발생 불과 반년 만에 무려 1억 5

천만 달러에 달했다. 이 특수와 더불어 전략적 의의를 띤 수출도 덩달아 증대해 갔다. 이렇게 일본 경제는 6·25 전쟁이라는 외부로부터 받아들인 기생적 군사적 요인에 의지하여 디플레의 괴롭고 어려운 처지에서 헤어 나올 수 있었던 것이다.

6·25 전쟁 직전까지 쌓였던 일화 1천억 원 내지 1천 5백억 원 상당의 방대한 체화는 단시일에 거의 일소되고, 광공업 생산은 사변직전에 비해 불과 5개월 만에 약 30%의 상승을 보였고, 특히 중공업 부문은 완전회복을 이루었다. 거기에 일본 은행은 사변직후 특수금융의 우우조처를 결정하고 미군의 특수발주에 대처, 업자들의 군수 원자재 수입을 촉진하여 전쟁 특수 경기에 가일층 부채질을 해 갔다. 황량한 유휴상태에 빠져 있던 일본 각지의 공장 굴뚝에서는 특수경기 바람을 타고 새로이 검은 연기가 무럭무럭 기세 좋게 피어오르는가 하면 동경 긴자 일대의 최고급 '바'에선 특수경기에 흥청거리는 일본 실업가들의 너털웃음 소리가 드높았다.(앞의 책 『주일대표부』 P.118)

"나는 맥아더 원수를 통해 연합국의 이런 대일정책 변환결정을 통고받고 착잡한 심경을 어쩔 수 없었다. 그러한 변환조치가 대공전 수행이라는 역사적 과업을 두고 취해진 것이긴 하지만 그동안 제국주의 일본으로부터 막대한 피해를 입었던 여러 약소국가, 약소민족의 입장에서 내다볼 때 그것은 어딘가 석연치 않은 감정을 불러일으킬 문제였다. 우리 한국도, 우리 민족도 그런 감정의 테두리 안에 들 것이다. 일본으로부터 받은 36년간의 억압과 착취를 상기할 때 한국 민족이 입은 그 상흔들은 침략전쟁의 직접피해 못지않게 심각한 성질의 것으로 나타나 있는 것이다. 그러나 나는 당시, 우리의 대일 민족 감정 그 하나만을 내세워 일본이 누리기 시작한 그런 일련의 행운을 무작정 질시하고 비판할 입장은 못 되었다. 6·25 전쟁의 성격이 성격인 만큼, 미국 정부 또는 미군 당국에 의해 부하된 일본의 미묘한 역할을 어느 정도 긍정을 할망정 그 역할에서 빚어지는 일본의 눈부신 경제부흥에 용훼할 입장이 못 되었다. 오직 역사가 돌고 도는 이 현실을 다시금 탄식할 따름이었다.(『풍설시대 80년』 P.209)

특명전권공사 사임

— 내가 주일공사로 재임하던 당시 재외공관과 본국행정부 간의 문서내왕은 주 2차례 파우치 편에 의해 이루어졌는데, 이 파우치의 수령 발송은 대통령실에서 관리하여 그것은 주로 프란체스카 여사 입회 하에 모 씨가 집행했다는 것이다. 그런데, 내가 모 씨에게 주의를 준 직후부터는 어떻게 된 영문인지 동경 임지에서 파우치 편으로 대통령과 외무장관에게 올린 공문서들이 중간에서 없어지기 시작했다. 그리고 결국엔 중요한 문제는 대통령께 직접 전화로 통화했는데 그때부터는 이 대통령과의 직접 통화까지도 불가능하게 됐다. 무슨 중요사건으로 인해 내가 이 대통령과의 통화를 간청해도 중간에서 프란체스카 여사가 당시 자기 개인비서였던 박 마리아 여사(이기붕 적십자사 총재 부인)를 시켜 무슨 구실을 붙여 막아 버렸다.

한번은 대통령으로부터 맥아더 사령부에 대한 어떤 지시서한이 있어 나는 그날로 교섭한 그 결과에 관하여 내 손으로 보고서를 써서 파우치 편에 보냈었는데도 2주일이 지난 후, 뜻밖에 대통령실로부터 지시사항에 대한 보고를 하지 않는다고 독촉이 빗발쳤다. 나는 다시 보고서를 띄웠다. 그러나 그것마저 중간에서 없어지고 말았다. 생각다 못해 변영태(卞榮泰) 외무장관에게 전화로 그 사유를 진언했더니, 변 장관은 재외공관에 대한 사무는 주로 대통령 부인과 그 사람이 하고 있으니 어쩔 수 없다고 했다.

나는 이러한 사실 등을 직접 이 대통령께 진언하려고 본국 출장을 신청했으나 거절당했다. 참다못해 출장 승인 없이 뛰어 나가려고 생각했었으나 나가 봤자 프란체스카 여사가 면회시켜 줄 리가 없고, 이리하여 나와 이 대통령 사이엔 완전히 철의 장막이 둘러쳐지고 말았다. 나의 심중은 착잡했다. 이런 상황에서 그 자리에 내처 앉아 있는 것은 궁극적으로 국가 또는 나 개인을 위해 좋지 않는 일로 느껴져 그만 물러나야겠다고 결심했다.

— 이 무렵, 대통령비서실 모 씨로부터 서신 한 통이 날아들었는데 거기에 따르면, 내가 동경 근교의 경승지인 하야마(葉山)에 별장을 사들여 거기에 일본 첩을 두고 매일 여색에 빠져 공무집행을 게을리 하고 있으며 아울러 그것을 증명할만한, 하야마 해안에서 찍은 사진까지 첨부된 정보가 대통령에게 전달됐다는 것이었다. 하야마 해안에서 찍은 사진! 나는 기억이 났다. 말하자면 무심히 피사 된 그 사진 한 장이 모략의 재료가 된 것이었다.

— 그것은 1951년 초의 일이다. 어느 일요일 석양 무렵, 당시 동경에 체류 중인 천우사 사장 전택보(全澤珤) 씨와 동아상사 사장 이한원(李漢垣) 씨가 관저로 나를 찾아 와, 그동안 줄곧 본국 전쟁으로 인한 제반 격

무에 너무 골몰하여 바깥바람도 제대로 쐴 겨를이 없었을 터이니 오늘과 같은 공휴일엔 공무 같은 것은 잠시 잊어버리고 교외로 산책이나 하자고 권유했다. 아닌 게 아니라 그 권유엔 일리가 있어 보여 나는 두 분을 따라 나섰다.

행선지는 두 분의 말대로 정처 없이 그저 한적한 교외로만 정했다. 우리 일행은 자동차로 고요한 해안지대를 달리다가 하야마 해안에 이르렀다. 휴양지로 이름난 그 일대엔 일왕의 별저(別邸)를 비롯하여 일본 각계 유명 인사들의 별장이 많이 들어서 있어 그런 사실로도 유명한 곳이었다. 우리 일행은 풍광명미한 그 해안선을 끼고 두루 산책을 즐긴 끝에, 전택보 씨가 갖고 온 카메라로 기념 삼아 사진을 한 장씩 찍기로 하여 각기 자기 모습을 한 장씩 찍었는데 내 차례에 와서는 화면에 청유(淸遊)의 인상을 돋우기 위해 '하야마 해안' 이란 푯말이 서 있는 자리를 일부러 골라잡아 나를 그 푯말 옆에 바싹 다가서게 하여 '셔터'를 눌러 주었다. 그러나 그 뒤 나는 완성됐을 것으로 추측이 가는 그 사진을 전 사장의 귀국으로 말미암아 단 한 번도 구경할 수 있는 기회가 없었고 또한 그런 기념촬영 사실의 기억조차 사라져 버렸었는데 놀랍게도 그 사진이 운명의 수레바퀴처럼 돌아 모 씨의 손에 들어갈 줄은 꿈에도 몰랐다. 문제는 여기서 비롯했다.

― 그 사진 속에 뚜렷이 나타나 있는 '하야마 해안' 이란 그 푯말 네 글자가 그의 조작에 안성맞춤의 구실을 하게 된 것이었다. 그리고 이 사진이 전택보 씨의 악의 아닌 사연으로 모 씨의 수중에 들어가게 된 것을 나는 그 뒤에 알았다.

모 씨는 이 푯말 네 글자를 제멋대로 뒷받침 삼아, 현재 김 공사는 별장밀집지로 유명한 하야마 해안에 젊은 일본 첩을 숨겨 두고 그곳에 출입하기에 바빠 공무에 대한 관심은 전혀 없는 모양이라는 등의 허위사실을 조작하여 물적 증거의 하나랍시고 그 사진을 붙여 경무대에 일러바친 것이었다.

얼마 후, 나는 나를 이해하고 나를 아끼는 본국의 몇몇 소식통으로부터 이런 허위사실들을 전해 듣고 어안이 벙벙했다.

— 하늘을 두고 내가 떳떳이 확언할 수 있는 것은 그동안 공무집행에 기울여 온 나의 성실과 근면일 것이다. 내가 유능하든, 무능하든 성실과 근면을 신조로 오로지 그 길에 충실해 왔다고 자부한다. 착임 초부터 나의 공무상 입장과 진로는 6·25 전쟁이란 역사적 풍도까지 겹쳐 착잡하고 꽤 까다로운 난관을 수없이 겪어야 했으며, 그때마다 나는 성실과 근면 그 일념으로 대처, 심지어는 스스로 자기희생까지 각오하고 국가민족에 봉사코자 소신을 굽히지 않았다고 또한 자부한다.

그 조작에 따르면, 내가 하야마 해안에 일본 첩을 두고 거기에 출입하느라고 공무에 대한 관심이 전혀 없는 모양으로 되어 있었지만, 당시 나는 연일 폭주하는 격무에 시달려 연회도 외교관계 이외에는 출석한 일이 없었고, 예의 하야마 해안 산책만 해도 그때가 처음이자 마지막이었다. 그러한 나였다. 그러한 나를 두고, 그것도 같은 외무부 내에서 중상과 모략과 공무방해 등을 일삼고 있으니 나의 공무상의 앞길은 암담함과 좌절을 면할 수 없을 것 같았다.

재일교포 사회의 잡음 같은 것은 다반사로 돌린다 하더라도 같은 외무부 내에서만은 손발이 맞아야 할 것이 아닌가. 이러한 중간 장벽에 막혀 나의 의사는 대통령에게 전달되지 못하고, 심지어 전화마저 중간에서 막아 버리는 실정이고 보면 나는 더 이상 그 자리에 앉아 있을 의의가 없게 됐다.

— 1951년 4월 초, 나는 비로소 사의를 굳히기에 이르렀다. 동시에 부임 시 내가 이 대통령 앞에 스스로 붙였던 조건 – '재임기한 1년'이란 그 조건을 상기했다. 어언 만 1년이 되어 간다. 남이야 뭐라 하든, 나는 그동안 내 할 일에 성실을 다한 것뿐이라는 감개가 우러났다. 그런 감개는 내 속에 쌓인 모든 정신적 부담감을 차츰 씻어 가고 있었다. 그것은 나로 하여금 은원(恩怨)의 정을 넘어 명경지수(明鏡止水)와도 같은, 잔잔하고 고고한 심경으로 접어들게 했다. 그런 평화스런 한 순간이 새삼스레 하도 귀중하게 느껴져 나는 더욱 사의를 굳혔다. 1951년 4월 중순 나는 사의에 따르는 이유와 심경 등을 솔직히 그리고 상세히 적은 친서와 함께 이 대통령 앞으로 사표를 제출했다.

약 3개월 후인 7월 중순, 그 사표는 정식 수리되어, 나에게 전달된 이 대통령의 간곡한 친서 사신과 아울러 후임에 전 국방장관 신성모(申性模) 씨가 발령을 받음으로써, 나의 주일특명전권공사 생활은 비로소 막을 내렸다.(『풍설시대 80년』 P.217)

맥아더 원수와의
특별한 이별

김용주와 맥아더 원수의 이별은 극적이었다. 잘 알려진 대로 맥아더는 투르먼 대통령과 한국전쟁 수행과 관련해 의견 차이를 보였고, 결국 해임되었다.

1951년 4월 11일, 오마 넬슨 브래들리(Omar Nelson Bradley) 미 합참의장은 극동군 사령관 맥아더에게 1급 비밀문서 한 통을 보낸다. 대통령의 지시에 따른 맥아더 해임통보였다. 전문은 단 세 줄이었다.

— 트루먼 대통령으로부터 귀관께 아래 메시지를 전달하라는 지시를 받았음.
대통령으로서 귀관을 연합군최고사령관, 유엔군 총사령관, 미 극동군사령관, 미 극동 육군사령관직에서 해임하는 직무를 수행하게 된 것을 매우 유감스럽게 생각함.(『대통령의 욕조』, 이흥환 지음, 삼인, P.243)

닷새 뒤 1951년 4월 16일, 맥아더 원수가 일본을 떠나던 날, 하네다

(羽田) 공항에서 세기의 전쟁 영웅 맥아더와 한국의 김용주 공사는 백만 명이 넘는 관중과 방송국 중계자들 앞에서 극적인 이별 장면을 연출한다.

— 그날, 사령부에서 하네다 공항까지의 거리엔 1백만이 넘는 일본 각계민중이 운집하여, 재임 6년에 걸쳐 전후 일본 민주화에 기여한 그의 공적을 기리며 석별의 정을 끝없이 기울였다. 하네다 공항엔 5성(星)표를 기수에 붙인 맥아더 원수의 특별기가 주인공의 탑승을 기다리고 있었다. 그리고 그 특별기 승강구엔 동경주재 각국 외교사절단 전원이 일렬로 도열해 있었다. 물론 그 속엔 나도 끼여 있었다. 이윽고, 맥아더 원수와의 석별의 순간이 왔다. 맥아더 원수는 야전에서 입던, 낡아 빠진 면포전투복에 오랜 세월 써내려온 헌 모자를 쓰고 있었으나 어깨엔 5성의 원수장(元帥章)이 유난히 빛나고 있었다. 장군은 부인과 어린 아들을 데리고 외교사절단 앞으로 다가서 한 사람, 한 사람씩 석별의 악수를 나누어 갔다. 그는 악수만 할 뿐, 도시 말문을 열지 않았다. 따라서 한 사람에 대한 소요시간은 불과 수초에 지나지 않았다. 드디어 나와의 차례가 왔다. 맥아더 원수는 여기서 비로소 말문을 열었다.

"오오, 김 공사!"

그는 감개어린 첫 소리와 함께 두툼한 두 손을 모아 나의 한쪽 손을 덥석 움켜잡았다. 나도 남은 한쪽 손을 그의 손등에 뜨겁게 겹쳤다.

"장군, 이렇게 갑자기 떠나시다니……"

나는 제대로 말끝을 맺지 못한 채 두 눈에서 눈물이 흐르며 목이 메었다. 순간, 맥아더 원수의 입가에 뜻 있는 긴장이 감돌기 시작했다. 그는 잡은 손에 불끈 힘을 주었다. 맥아더 원수는 좀처럼 내 앞에서 떠나려 하지 않았다. 두 사람의 악수는 그만큼 길었다. 나중에 알았지만 일본의 NHK 현장실황 방송반은 이 긴 악수를 지켜보며 다음과 같은 감동의 소리를 전파에 실었다고 한다.

— 지금, 맥아더 원수는 한국의 김용주 공사와 서로 손을 맞잡고 감회 어린 표정을 짓고 있습니다. 딴 나라 외교사절과는 그저 형식적인 짧은 악수에 지나지 않은 인상이었으나 유독 김 공사와는 너무나 긴 악수를 계속하고 있습니다. 벌써 약 2분 이상이 경과했는데도 아직도 서로 손을 풀지 않는 맥아더 원수와 김 공사! 이 길고 뜨거운 악수는 과연 무엇을 뜻하는 것일까요?

나와 맥아더 원수, 우리 두 사람은 그렇게 헤어졌다.

(『풍설시대 80년』 P.237)

식산은행원 시절과 청년운동

　김용주는 1905년, 경남 함양(咸陽)에서 태어났다. 김용주의 집안내력에 대해서는 그의 아들 김무성 현 새누리당 대표가 언론에 밝힌 적이 있다.

　"김해김씨 삼현파(三賢派)다. 조선조 무오사화(戊午士禍)의 주인공인 김일손(金馹孫, 1464~1498)이 중시조다. 연산군 때 화를 입고 그 가족이 야반도주했다. 전북 임실에서 숨어 살았다. 복권(復權)이 되어서 다시 서울에 올라가 보니까 집도 없어졌고 비빌 언덕이 없었다. 다시 전라도 장수(長水)에 내려와 살았다. 장수에서 살다가 고을 원님 집안사람들과 묏자리 싸움을 하게 됐다. 당시에 명당 묏자리를 둘러싼 쟁송(송사로 다투는 일)이 많았다. 묏자리 싸움을 하다가 우리 집안의 힘이 센 장사가 부안 김 씨였던 원님 집안사람을 한 명 죽이고 말았다. 그래서 집안이 함양으로 피신했다. 이때가 조선 말기다. 그래서 함양에서 몇 대를 살게 되었지만 집안의 윗대 선산의 일부는 전북 장수에도 있다. 조상 묘가 몇 개 있다. 고을 원님 집안사람을 죽여 피신할 때, 우리는 함양으로 갔지만, 집안의 다른 일파는 대구 근처의 현풍(玄風)으로 도망을 갔다. 현풍으로 피신한 후손이 쌍용의 창업주 김성곤(金成坤) 씨 집안이다. 김성곤 씨와 우리는 윗대로 올라가면 장수에서 같이 살았던 한 집안이다."

(《월간중앙》 201501호, 2014.12.17.)

김용주가 태어난 1905년은 조선 망국의 비운이 이 땅에 서서히 서리기 시작한 해였다. 그해(메이지 38년)는 일본이 당시 세계 5대강국이라는 제정러시아와 싸워 승리를 거둠으로서 한껏 자만심에 들떠있었고, 또 그해 7월 29일에는 일본 총리 가쓰라 다로(桂 太郎)가 도쿄에서 미국 루스벨트 대통령 특사인 윌리엄 H. 태프트를 만나 비밀리에 '가쓰라-태프트 밀약(Katsura-Taft Secret Agreement)'을 체결해 조선침략의 발판을 굳힌 해였다. 여담이지만, 올해로 103년 째 열리는 미국 워싱턴 벚꽃축제(National Cherry Blossoms Festival)도 알고 보면 이 '가쓰라-태프터 밀약'과 연관이 있다. 1912년, 당시 도쿄 시장인 오자키 유키오(尾崎行雄)가 조선 지배를 인정받은 '가쓰라-태프트 밀약'을 기념하고, 미일 우호 관계를 다지는 외교 행위로 3천여 그루의 왕벚나무를 워싱턴 포토맥 강변을 따라 3.2km에 걸쳐 심은 데서 시작되었기 때문이다. 미국이 세계지도에 동해(East Sea) 대신 일본해(Japan Sea)로 표기하기 시작한 것도 이 무렵부터다.(YTN 뉴스, 2015.3.22.)

그런가 하면,

— 일본은 본토를 방어하기 위해서는 조선반도에 일본군 군대를 두어서 조선반도를 굳건히 지켜야만 하고, 조선반도를 방어하기 위해서

는 조선과 땅이 이어진 만주를 지켜야만 했다. 그래서 만주에서의 자신들의 권리를 확실하게 지키고 제대로 이용하기 위해서 1907년(메이지 40년)경에 만주 경영을 시작한다.

(『쇼와사(昭化史)』, 한도 가즈토시 지음, 루비박스, 2010.)

이처럼 일본이 본토 방어 논리를 앞세워 대륙침략 야욕을 노골적으로 드러내는 시기와 맞물려 태어난 김용주는 1923년 부산상고(부산공립상업학교)를 졸업한다. 그리고 식산은행 본점에 취직하면서 일제식민지 사회에 첫발을 내딛는다. 그의 나이 만 18세 때이다. 그때만 해도 김용주의 꿈은 단순했다. 월급으로 돈을 모아 대학에 진학하겠다는 생각뿐이었다.

당시 식산은행은 다른 은행과 비교해 월급이 월등히 높은 편이어서 꿈은 쉽게 이루어질 것 같았다. 하지만 은행에 들어가 얼마 안 되어 자신이 잘못 생각했다는 것을 깨닫게 된다. 식산은행 최 고위직인 두취(頭取,은행장)를 비롯하여 모든 주요한 자리는 물론, 일선 지점장, 과장까지 모조리 일본인뿐이라는 것을 알았기 때문이다. 조선인 행원은 너나 없이 한낱 말단직에만 매달려 있었다. 이러한 상황 속에서 김용주는 날이 갈수록 희망 보다는 회의감이 생기기 시작했다.

취직 동기가 아무리 학비 조달에 목적을 둔 그것이라고 해도 일본인 행원의 그늘에서 차별의 설움을 감수해야 할 처지를 생각해볼 때 절대로 오래 있을 곳이 못 된다는 생각이 들었다. 자연히 어린 시절의 기억– 아버지와 형님이 창호지에 양푼을 엎어 붓으로 동그라미를 그려 만든 태극기를 대문 앞에 달아놓고 눈물을 흘리시던 모습, 괴나리봇짐에 바가지를 매단 엄마아빠의 손을 잡고 허기진 모습으로 어기적어기적 만주 유랑 길을 따라가던 거지아이들 모습을 떠올리며 혼자 생각에 잠기는 시간이 많아졌고, 그럴 때마다 청년 김용주의 가슴 속에는 민족차별에 대한 저항의식이 조금씩 커져가기 시작했다.

본점 근무 6개월 만에 김용주는 경북 포항지점으로 전출된다. 포항지점에서 그의 사회활동은 본점 시절과는 판이하게 다르다. 그는 이미 자신이 무엇을 해야 하는 지를 깨달은, 심지 굳은 청년으로 변해 있었다.

"그 무렵, 한국인 사회에서는 삼일정신의 흐름을 타고 청년운동이 활발히 전개되고 있는 중이었다. 각지에 민족주의 사상을 고취하는 청년회가 잇따라 조직되고, 치열한 민족의식은 대중계몽의 역할을 겸해 일반 대중 속으로 스며들고 있었다. 나도 그러한 시대적 조류에 민감했다. 나의 젊은 피는 내 나름대로 끓었다. 그렇기에 나는 1924년에 이르러 은행재직중이면서도 포항청년회 지육(智育)부장의 직책을 맡아 활동했다.

식산은행 당국의 안목으로 볼 때, 그것은 곧 금기의 대상이 아닐 수 없었다. 그래도 나는 그 시대적 조류에 보다 충실했고 나의 길을 걷는 데 보다 용감했다. 나는 포항청년회원 중에서 열성적인 청년동지 10여 명을 규합하여 '독서회'를 만들어 신문화의 연찬과 민족운동의 전개에 노력했으며, 한편 청년회관에 '노동야학'을 개설하여 문맹을 깨우치는 데 심혈을 기울였다."(『풍설시대 80년』 중에서)

당시 포항청년회의 야학 활동을 동아일보는 이렇게 전했다.

포항노동야학 거일일(去一日)부터 개최

경북포항 영일청년회 주최로 5월 1일부터 노동야학을 개최하고 무료 교수를 하는데 학생 60여 명이 집합하였지만 1일야에 회관에서 개학식만 하고 4일부터 공부를 시작하야 등급은 1, 2, 3급을 분하야 교수하는데 선생은 포항유지 10여 명이 무보수 명예직으로 열심 노력하는바, 그 이름은 여좌하다. 이재우, 이종철, 김용주 등(동아일보, 1925.5.9.)

처음에는 가만히 지켜보기만 하던 일본 경찰이 청년회 활동이 조금씩 자리를 잡고 범위를 넓혀나가자 그대로 좌시만 하고 있지 않았다.

"1926년, 나를 비롯하여 독서회 동지 전원은 이른바 '치안유지법' 위반이란 명목으로 검거되어 검사국에 송치됐다. 그 결과, 동지 두 사람은 실형을 받았고, 나를 포함한 나머지 동지들은 기소유예가 되어 간신히 풀려 나왔다. 이로써 그 사건은 일단락을 지었지만 나의 경우 문제는 아직 남아 있었다. 은행당국이 그러한 사실을 두고 묵과의 관용을 베풀 리는 없었기 때문이었다. 파면, 아니면 권고사직이 뻔했다. 그런데 의외로 은행에서는 그대로 관용을 베풀고 청년회 임원 사임만 요구했다.

그렇잖아도 나는 이 사건을 계기로 심경의 변화가 일어나기 시작하고 있던 참이었다. 그것은 동지들 중에서 일부가 공산당에 관련된 사실이 드러났기 때문이며, 이 사실을 뒷받침하듯 독서회는 차츰 공산주의에 접근하는 성격을 보이기 시작하여, 처음부터 공산주의를 혐오하던 나는 독서회를 해체하고 스스로 그런 조류에서 발을 뺐다. 동시에, 나는 장래성이 희박하고 단조로운 은행원 생활에 본래의 혐오감이 치솟았다. 일생을 일본인 상사 밑에서 피땀을 흘려 근속해 봤자 고작 지점 장대리급에서 그칠 신세임을 의식할 때마다 비관만 무게를 더해 갔다.

그것은 자유의사를 행사할 수 없는, 무거운 굴레에 얽매인 마소와도 같은 인생으로 내다보여, 무슨 일이든 나 스스로의 의사에 의해 가진 바 역량을 끝없이 발휘에 보고 싶은 충동이 용솟음쳤다. 그리고 대학진학의 꿈에 대해서도 회의가 우러나기 시작했다. 설혹, 대학을 졸업한다 하더라도 일본인 밑에서 월급생활을 영위해야 한다면 이것 또한 억압과 차별대우를 끝내 면치 못할 신세이니 차라리 현재의 은행원 생활이나 대학 진학의 꿈 등을 깨끗이 버리고 한 푼어치의 사업이라도 좋으니 자립의 길을 찾아 인생의 대전환을 시도해 보고 싶었다. 이에, 나는 드디어 자립의 용단을 내렸다. 내 나이 23세였다.”

(『풍설시대 80년』 중에서)

포항 삼일상회

  1926년 10월, 김용주는 조선식산은행원직을 사임하고 '삼일상회(三一商會)'라는 간판을 내걸고 사업의 길로 들어선다. 김용주가 첫 사업체 이름을 '삼일상회'라고 한 데는 그 혼자만의 숨은 뜻이 있었다.

  "삼일 민족운동의 정신을 본받는 뜻에서 붙인 것인데, 일찍이 민족의식에 눈떠 청년운동에 열중했던 나의 심혼을 표시한 그 상호는 다분히 의식적이고 민족적인 인상을 풍기었다. 나는 어느 누구에게도 상의하지 않고 스스로의 뜻에 따라 이 상호를 정한 것이었다."

(『풍설시대 80년』 중에서)

  이런 김용주의 굳은 의지가 내포된 사업의 시작은 자신에게는 자립의 첫 걸음이자 일본인들과 경쟁을 선포하는 고난의 출사표이기도 했다. 더구나 그때는 이미 조선이 일본에 강제병합된 지 16년이 지난 뒤라 모든 체제가 일본인 중심이었기에 조선인으로 그들과 경쟁하여 이긴다는 것은 계란으로 바위치기였다.

── 일본 사람들은 입만 열면 자랑을 일삼는다. 일한병합 10년 만에 도로가 여차히 개척되고, 교통이 여차히 발달되고, 도시가 여차히 확장되고, 저축이 여차히 증진하고, 부력이 여차히 향상하고, 무역이 여차히 조장되었는지, 운운하며 조선 사람에게 감사하라는 뜻을 표하며, 이에 감사하지 않으면 조선 사람은 은의를 모르는 야만사람이라, 미개인종이라 하여 매도한다. …… 그러나 그 확장된 도시는 뉘 도시며, 그 발달된 교통은 뉘 교통이며, 그 개척된 도로는 뉘 도로인지 조선 사람은 다 안다. 그 도시는 조선 사람이 집을 지키고 살림하는 도시가 아니라 조선 사람이 집을 팔고 도망하는 도시고, 그 교통은 조선 사람이 의지하여 수입의 원천을 짓는 교통기관이 아니라 편리를 이용하여 조선 사람의 피를 빨아먹고 주머니를 털어가는 교통기관이며, 도로의 개척, 아! 이것은 그 곁에 사는 조선 사람 농부와 상가의 입지를 파서 장지를 만드는 개척이 아닌가?(〈멸망하여가는 경성(상)〉, 동아일보 사설, 1923.3.7.)

사설에서 보듯 1923년에 이미 경성은 물론이고 전 조선 땅이 일본인들의 손아귀에 장악되었음을 알 수 있다. 그러나 우연의 일치인지는 몰라도 김용주가 사업을 시작한 1926년 10월 26일, 동아일보는 '자력에의 자각'이라는 사설을 써 조선인들을 격려한다.

자력에의 자각 '참회와 갱생'

"자력에 자각하라!"
이것이 현재 조선인이 부르짖을 유일한 표어라야 한다. 자력에의 자

116

각은 개인으로나 민족 단체로나 갱생의 유일로다. (중략) 경제적으로 우리는 파멸의 참경에 임하였다고 한다. 정치적으로 우리는 참을 수 없는 울념을 가지고 있다고 한다. 우리의 흉금에는 불만과 원망의 광란노도가 굼실거린다. 그것은 사실이다. 그러나 우리는 경제적, 정치적의 모든 불만과 울념을 누구더러 풀어 달라 하는가? 혹은 외력을 믿고, 혹은 신통력 있는 영웅의 출현을 바라고, 혹은 운수의 요행을 기다리되 아직, "내다! 이 모든 것을 해결할 자는 오직 내다! 내 힘이다!" 하고 자각하는 자가 많지 못하다.(하략)

마치 김용주의 사업 시작을 격려라도 하듯 동아일보는 조선민중들에게 자각과 자력을 호소하고 있다.

하지만 언론의 이런 독려에도 불구하고 김용주가 사업을 시작하면서 회사 이름을 '삼일상회(三一商會)'라고 지은 것은 목숨의 위험도 감수하겠다는 각오가 되어 있지 않고서는 불가능했을 것이다. 왜냐하면 그때까지만 해도 조선총독부는 기미년 삼일독립운동의 트라우마에서 완전히 벗어나지 못해 '삼일정신(三一精神)'이라는 말만 들어도 경찰과 헌병을 동원해 온갖 핍박을 다했기 때문이다. 당시 삼일정신과 관련해 조선총독부가 조선인에 가한 정치적 압박은 1926년 2월 18일자 동아일보 사설 압수사건만 보아도 충분히 알 수 있다.

本報(본보) 二千號(이천호) 發行(발행)에 臨(임)하여

…… 본보는 일찍이 민주주의를 제창하였다. 과거의 조선이 소수 귀

족의 부패타락으로 인하여 최후의 멸망을 초하였을 뿐만 아니라, 국가 구성의 원칙이 그 요소가 전체 인민에게 있는 이상에는 당연히 전체 인민의 의사가 정치조직의 근본을 작할 것이며, 또한 법률제정의 토대가 될 것은 물론일 것이다. 이러한 의미에 있어서 자유정신의 고취와 민주주의 발달을 촉진하여 마지아니하였으며, 둘째는 본보가 과거 삼일운동의 전통적 조류와 정신을 받아서 탄생되었는지라 …… (1926. 2. 18. 본문에서는 한자를 생략하였음.)

이 사설이 신문에 게재되지 못하고 압수된 이유는, '본보가 삼일운동의 전통적 조류와 정신을 받아서 탄생되었는지라' 라는 단 한 줄의 문구 때문임이 분명하다. 이것 말고는 사설 전문 어디를 봐도 총독부의 비위를 건드릴만한 내용이 전혀 없기 때문이다. 이런 사실로 미루어 볼 때 김용주의 '삼일상회' 상호 작명은 실로 대단한 용기가 아닐 수 없다. 그리고 이런 용기의 발로는 아마도 은행원 생활을 하는 동안 일본인들의 차별대우를 통해 나라 없는 설움을 처절하게 깨달았기 때문일 것이다.

'삼일상회' 라는 이름만 보아서는 언뜻 요즘 동네 구멍가게 같은 생각이 든다. 그러나 김용주의 그때 '삼일상회' 는 철도화물 운송(현재의 대한통운과 같은), 수산물 위탁 및 무역 등을 하는, 사업규모가 크고 광범위한 회사였다. 김용주는 상고 출신에 은행원 경력자답게 사업을 차근차근 실속 있게 키워나갔다.

"자립에 기울이는 나의 노력과 정열은 차츰 결실하여 국내 주요 거래

처로는 서울, 평양, 원산, 신의주, 해주, 사리원, 대전, 청주, 전주, 광주, 대구, 부산, 마산 등지를 손꼽을 수 있었고, 멀리는 국외의 일본, 만주, 대만 등지에까지 거래가 미쳤기 때문에 포항 '삼일상회'는 국내외에 널리 그 상호를 떨치게 되었다. 그 당시 '삼일상회'와 밀접한 거래 관계를 가졌던 인사 중에 해방 후에도 나와 서로 연락하며 지냈던 인물로는 평양의 이종현(李宗鉉, 전 농림장관), 원산의 김영근(金永根, 청주대학 설립자), 부산의 장경호(張敬浩, 동국제강 張相泰 사장의 춘부장) 등이 있다."

(『풍설시대 80년』 중에서)

　날이 갈수록 '삼일상회'가 번창하기 시작하자 그렇지 않아도 삼일운동을 연상시키는 '삼일'이란 상호에 알레르기 반응을 보이던 일본은 본격적으로 탄압과 박해를 가하기 시작했다. 만약에 일본인이 '삼일상회'라는 상호를 사용했다면 대수롭지 않게 지나갈 만한 일이었겠지만, 문제는 김용주라는 한국인이 '삼일상회'라는 상호를 버젓이 걸고 사업을 한다는데, 그것도 번창일로로 성장하고 있다는 것이 눈엣가시 같았던 것이다.

　처음에는 이런저런 그냥 지나가도 될 만한 잔잔한 문제들을 가지고 시비를 걸더니 나중에는 경찰고등계까지 나서서 "하필 그 많은 상호 중에서 왜, 무엇 때문에 '삼일'이란 단어를 넣어서 상호를 지었느냐? 혹시 우리 모르게 독립군에게 지원금을 보내는 것은 아닌가?" 하며 생트집을 잡으며 시도 때도 없이 회사를 드나들며 트집 잡기에 혈안이 되었다. 그런 상황에서는 도저히 일을 할 수 없을 지경이었다. 없는 죄도 만들어 애국지사들을 구속하고, 고문하여 죄를 만들어 내는 시절임을 고려하면 한 개인으로서는 여러모로 견디기 힘든 일이었다.

　김용주는 이런 급박한 상황에서도 어떡하든 '삼일상회'를 지키고 싶었지만, 날이 갈수록 일본 경찰고등계의 압박은 악랄해져 갔다. 김용주의 일거수일투족은 그들의 감시망에 들어갔고, 노골적으로 미행하고 있다는 점을 노출시켜 일상생활을 하는 데도 지장을 주었다. 그들이 이처럼 한 것은, 그들의 목적은 '삼일상회'라는 간판을 접게 만드는 것이었다. 김용주는 이런 고통 속에서도 어떡하든 '삼일상회'를 지키고 싶었지만, 마음과는 달리 현실은 눈물을 머금고 간판을 내릴 수밖에 없었다. 그때 느낀 김용주의 좌절감과 비통함은 이루 말할 수 없었다. 나라 잃은 서러움에 가슴이 아려왔다.

　"그 명칭이 비위에 거슬렸던지 무슨 이유, 무슨 뜻으로 하필이면 상호를 '삼일'이라 붙였느냐고 여러 번 트집을 잡았었는데, 그때마다 나는 적당한 방법으로 얼버무려 넘겼었으나, 1943년 태평양전쟁이 치열해지고 일본의 패색이 짙어지자 한국 민족에 대한 강경정책의 일단으로, 일본경찰은 '삼일'이란 그 명칭이 반시국적이고 불온하다는 이유를 들어, 상호를 변경하지 않으면 구속하여 취조하겠다고 위협했기 때문에 어쩔 수 없이 나는, 1926년부터 1943년까지의 18년간에 걸친 삼일상회의 간판을 눈물을 머금고 내릴 수밖에 없었다."(『풍설시대 80년』 중에서)

포항운수주식회사

　김용주는 '삼일상회' 가 한창 성장하던 1930년, '삼일상회' 방계회사인 '포항운수주식회사' 를 설립한다. '포항운수주식회사' 는 경북 포항 거주 조선인과 일본인들의 합작회사였다. 사업은 주로 해륙운송업과 창고업이었다. 회사 출자주식 비율은 일본인 측이 60%, 조선인 측이 40% 정도로 돼있어 사장으로 일본인 나카다니 타케지로(中谷竹三郎)라는 사람이 선임되고, 김용주가 다음 자리인 전무직을 맡는다. 하지만 나카다니 사장은 주로 경성에 머물러 있었기 때문에 회사의 실무는 전무인 김용주가 전담해 처리했다. 임원진은 포항 거주의 대표적인 한, 일 유력자들로 구성되어 있었는데, 임원들 중 일본인들은 김용주를 자리에서 밀어내기 위해 경찰과 결탁해 갖은 방법을 다 썼다.

　"하지만 나는 오사카상선회사 등 외국회사 소속 대형선박들이 포항에 입항할 때마다 그 배의 선장과 고급선원들로부터 미국, 구주 등지의 순항을 통해 얻은 그들의 경험담과 신지식을 낱낱이 흡수했다. 여기에 곁들여 세계경제의 추세에 민감할 수도 있어 그것은 이 회사 운영지침에 많은 참고가 될 뿐 아니라, 운영여하에 따라서는 전국 굴지의 대회사로 비상할 가능성이 내다보여 나는 이를 악물고 현재의 위치를 고수할 결의를 거듭하곤 했다. 아니, 나는 한 술 더 떴다. 나는 상대방의 공세를 배제해 가며 일본인 군소주주들의 주식을 비밀리에 사 모으기 시작한 것이었다.

결과는 성공적이었다. 당초에 내가 가진 이 회사의 주식은 전체의 5% 정도였으며 주주로서의 순위는 10위 이하였으나 나의 주식매입 작업은 주효하여 7, 8년 후엔 나는 드디어 전 주식의 과반수를 점유하게 됐다. 물론, 이만한 단계에 이르기까지엔 많은 고초와 무리가 뒤따랐다. 액면 50원 주식을 200원씩에 사들인 적도 있었다. 이에 나는 사장 나카다니와 진솔한 협의를 서듭한 끝에, 1938년 이 포항운수주식회사를 내 단독회사로 변모시키고 그 사장에 취임했다."

(『풍설시대 80년』 중에서)

'포항운수주식회사' 발행의 선하증권과 창고증권 등은 항시 당시 화폐로 1천만 원대(현 시가 150억 상당)를 상회할 정도로 신용도가 높았다. 김용주는 회사 사업과 관련하여 서울, 대판 등지에서 열리는 각종 회의에 자주 참석했으며 그만큼 회사는 국내외에 넓은 거래를 가져 순조로운 발전을 거듭해 나갔다. 하지만 일본식민지 치하에서 조선인 김용주의 힘은 한계가 있었다. 1941년, 조선총독부는 이른 바 '대동아전쟁(태평양전쟁)' 수행을 위하여 조선의 주요 8개항에 해운통제회사를 설립했는데, 김용주의 '포항운수주식회사'도 거기에 흡수되어버렸다. 그때 김용주가 받은 대가는 새로 생긴 회사 주식 26만 원치가 전부였다.

동해의 정어리 어업

한편 '포항운수주식회사' 설립과 거의 비슷한 시기에 뛰어든 동해 정어리 잡이 사업은 1941년 초까지 많은 어획고를 올렸다. 김용주는 함남의 이원, 북청, 강원도의 통천, 경북의 포항 등지에 도합 4개소의 공장을 설치하여 어유(魚油), 어분(魚粉) 등을 대량 제조했고, 특히 염장한 정어리들을 만주 방면으로 대량 수출했다. 김용주는 동해해역 정어리 사업에서도 일본의 대 어업회사에 뒤지지 않았다. 동해해역의 정어리는 보통 북으론 소련의 오호츠크해역에서부터 남으론 한국의 동해 울산 근해에 이르기까지의 광활한 해역을 정기적으로 오르내렸다.

"이렇게 정어리 어군(魚群)의 서식, 이동범위가 넓었던 만큼, 당시 조선총독부는 이 방면의 어업을 위해 그 어구(漁區)를 2개로 나누어 놓았다. 제1어구는 함경북도 연해였고, 제2어구는 함남, 강원, 경북, 경남을 잇는 연해였다. 이 정어리 어업은 '통'을 단위로 하여 매 1통에 모선 1척, 예인선 1척, 운반선 4~5척, 그리고 육상에 어유 및 어박 제조와 염장 등을 위한 어획물 처리공장 등을 각기 구비해야 하며 1통 당 투자액은 당시 화폐로 약 20만 원(지금의 3억 원 상당) 정도였다. 통의 분포상태를 보면, 제1어구에 1백여 통, 제2어구에 1백50여 통을 헤아렸다. 어획 방법은 보어선에 그물을 적재하고 선두마스트 높이 어군 탐지대를 설치하여 여기서 어로장이 해면을 조망하고 어군을 탐지해내야 하는데 1단 정어리 어군이 발견되면 그 해면을 향해 각 어선들을 전속력으로 몰게 하여 길이 2백 미터가 넘는 어망으로 어군을 둘러싸놓고 서서히 그물을 좁혀서 그물에 싸인 어군을 기계장치로 퍼 올려 대기했던 운반선에 적재하는데, 작업 도중 조류에 말리지 않도록 그것을 예인선으로 예인한다. 큰 어군을 대했을 경우, 한 번 그물에 싸인 정어리 떼의 수량은 운반선 2~3척이 모두 만선이 될 판이었다. 그 대신 어군을 제대로 만나지 못했을 때는 어획고도 전무에 가까웠다. 어떻든, 1년 어기에 있어 1통 당 평균 어획고는 제1어구에서 약 2만 톤, 제2어구에서 약 1만5천 톤 가량이었다."(『풍설시대 80년』P.37)

이 정어리들의 일부는 선어 또는 염장어로 일반 가정 식탁에 공급되기도 했으나 대부분 어유와 어분으로 제조되어 일본, 유럽 등지에 수출됐다. 이 정어리 어업계가 가속도로 호황을 거듭하게 되자 동업자조합에서는 어군탐지의 신속, 정확을 기하기 위해 비행기까지 사용하여 거기에 무전기를 설치했으며, 각 정어리 어선에도 무전설비를 갖게 하여 일단 공중으로부터 어군을 탐지 발견하면 무전으로 각 선에 통보하는 등, 이렇게 과학적 수법을 이용했다.

"당시 이 어군탐지용 비행기엔 훗날 한국 최초의 민간 항공사를 창설하고, 제3대 국회의원까지 지낸 신용욱(愼鏞項) 씨가 조종사로 활약했다. 기상에서 정어리 어군탐지의 반가운 일성이 무전으로 각 어선에 전해지면 그 어구의 정어리 어선과 운반선 수백 척은 일제히 앞을 다투어 그 수역으로 달려가는데, 그 광경은 마치 일대 해전을 방불케 할 만큼 장관을 이루었다. 특히, 야간작업으로 접어들면 해면의 어둠 속에서 자기네 소속 배끼리의 상호연락을 취하기 위해 각 어선마다 장치돼 있는 각종 네온사인의 '마크'가 울긋불긋 다채롭게 빛을 발해 그 네온의 밤바다는 흡사 대도시의 화려한 야경을 연상케 했다."

(『풍설시대 80년』 P.38)

동해해역의 정어리 어업 전성기는 1930년경부터 1941년경까지였다. 그러나 1942년에 접어들면서 태평양전쟁이 점점 치열해지자 선박 유류가 부족한데다 어선들이 일본 군부에 의해 전쟁용으로 모두 징발되어 남방 전쟁터로 끌려가 10여 년간 동해를 누비며 웅대한 활약을 거듭해 왔던 이 정어리 어업계는 점점 사양길로 접어든다.

"동해해역 정어리 어업은 제1어구, 제2어구를 합쳐 모두 2백50여 통으로 형성돼 있었는데 업주의 대부분은 일본인들이었고, 조선인 업주라고는 제1어구에 5~6명, 제2어구에 10여 명 등 이런 미미한 수효에 지나지 않았다. 그 중엔 나도 한 자리를 차지하고 있었다. 나는 사업기반을 포항에 둔 관계로 제2어구에 속해 있었다. 나는 함남의 이원, 북청, 강원도의 통천, 경북의 포항 등지에 도합 4개소의 공장을 설치하여 어유, 어분 등을 대량 제조했고, 특히 염장한 정어리들을 만주방면으로 대량 수출했다.

　이렇게 나는 이 어업에서 업적이 우수하여 일본의 대 어업회사에 뒤지지 않았다. 그러나 종말에 가서는 나도 일본 군부가 감행한 예의 선박징발에 걸려 한 푼의 보상도 없이 소유 선박들을 고스란히 빼앗기고, 따라서 여러 시설들은 유휴상태에 빠지고 말았으며, 그 뒤 소식에 따르면 나의 선박들은 인도양과 뉴기니아 해역에서 연합군공군기에 격침당하고 말았다 한다."(『풍설시대 80년』 P.40)

사립 영흥국민학교 설립

　스물아홉 살 젊은 나이에 김용주는 뜻하지 않던 교육계에 발을 내딛게 된다. 직접적인 동기가 된 것은 첫아이를 보통학교에 입학시키면서다.

　1933년 포항읍 인구는 3만 명이 넘어 도청소재지 대구에 버금가는 경북 제2의 도시였다. 그런 인구와 읍 규모에 비해 읍내 거주 한국학동을 위한 교육기관은 아주 미미했다. 고작 공립보통학교 1교와 기독교회에서 운영하는 사립보통학교 1교 등 고작 2개교에 불과했다. 따라서 포항읍내 취학연령 아동들은 입학난이 심했다. 부득이 시험을 치러 입학시킬 수밖에 없었다.

　김용주의 첫아이(장녀 김문희)도 마찬가지여서 무려 8대 1의 경쟁을 뚫고 입학을 해야만 했다. 하지만 김용주는 기쁘지 않았다. 비록 자신의 딸은 입학했지만 학교 부족으로 인해 제대로 취학 못한 다른 어린이들을 보고 교육당국의 거짓 정책에 분격했다. 교육당국이 입에 침이 마르도록 선전해대는 의무교육 실시방침과 너무나 어긋난 현실 때문이었다. 이런 보통학교 부족은 비단 포항읍의 문제만이 아니었다. 당시 한 언론이 쓴 사설은 그 당시의 조선 내 보통학교 실정을 잘 말해준다.

— 1933년 현재 조선 내 보통학교 수는 1,880여 개로 총 면수(面數) 2,460여 면에 비하면 1면1교제를 완성하기까지 아직 먼 형편이다.…… 1,880여 개 학교 중 조선인 교장 학교는 겨우 56개교요, 조선인 교장 사무취급을 가진 학교도 260개교에 불과하다. …… 봉급도 같은 자격을 가진 교원이라도 일본인 교원한테는 가봉과 사택료를 덧붙여 주는 고로 조선인 교원보다 약 배액을 더 주는 게 되고 …… 조선말도 채 잘 못하고 못 알아듣는 어린이들에게 풍속 습관 감정 언어를 다 달리하는 교사가 그 교편을 잡는다는 것은 여하한 변명의 소지가 있다할지라도 양해가 어려운 점이다.(동아일보 사설, 1933.6.23.)

김용주는 딸의 입학을 계기로 보통학교 교육의 불합리한 실정에 불만이 점점 쌓여 갔다. 그때 경상북도 교육계에 또 하나의 큰 사건이 발생한다. 바로 기독교회에서 운영하던 영흥보통학교를 폐교해버린 사건이었다. 이 사건이 김용주로 하여금 직접 학교를 설립하고 운영하게 만드는 결정적인 계기가 된다.

"경상북도 학무당국은 포항 기독교회에서 경영하는 사립국민학교에 대해 신사참배, 일장기 게양 등을 강요하여 교회 측을 당혹케 했다. 물론 교회 측은 그러한 일련의 강요를 용납하면 그것은 곧 기독교의 계명에 위배되는 일이기 때문에 시종 묵살의 태도를 견지해 왔다. 그러나 도학무당국의 태도는 극도로 경화되어 그 지시에 따르지 않으면 폐교조치를 취하겠다고 위협하는가 하면, 경찰고등계에서 교회책임자를 매일 같이 불러가곤 했었다. 분명히 사학에 대한 강압이며 나아가서는 식민지 민족에 대한 탄압이었다. 그러나 교회 측은 굴복보다는 옥쇄를 택하여 끝까지 계명을 지키기로 하고 자진하여 폐교를 해버렸다. 그 때가 1933년 3월, 바로 내 여식의 포항공립국민학교 입학과 때를 같이 했다."

"학령아동들의 극심한 입학난, 교회 측의 폐교로 인하여 아동들이 배움터를 등지게 되는 이 가슴 아픈 사실들이 나로 하여금 육영사업에의 의욕을 더욱 굳히게 했다. 당시 29세라는 젊은 내 나이도 나이지만 나의 재력 또한 아직 학교를 설립할만한 정도는 아니었다. 그래도 나는 학교설립을 위해 최대한의 노력을 경주할 뜻을 굳혀 설혹 사업에서 생기는 수입을 모두 털어 넣는 한이 있더라도 학교를 운영해 나갈 방침을 세웠다.

나는 우선 가교사 하나를 마련했다. 남은 문제는 사립학교설립허가인데 이 허가를 새로이 받는 데는 막대한 적립금과 더불어 1년 이상의 시일이 요하게 되는 것이었다. 그래서 하나의 방편으로, 교회당 건물 안에서 운영하면 그 학교, 영흥국민학교의 교명과 허가를 인계받는 형식을 취하기로 교회 측과 합의를 보고, 영흥학교의 교명을 그대로 받아 학교를 설립하기로 했다.

원래 구 영흥국민학교는 학교 자체의 독립된 교사도 없이 단지 교회당을 이용하여 평일엔 학교로 쓰고 주일이나 예배 시에는 예배당으로써 왔었다. 그러므로 나는 결국 교회 측으로부터 인계받은 것은 실질적으로 교명과 학동뿐이었으며 이에 새로이 교사 등을 신축하고 보니 사실상 그것은 새로 설립한 학교였다. 이로 인해 당시 내가 여기에 투입한 금액은 내 재산의 반을 넘었었다."

김용주의 사립 영흥국민학교 설립에 대해 당시 동아일보는 다음과
같이 대대적으로 보도했다.(현대 맞춤법으로 고쳤음)

私財 二萬 圓(사재 이만 원)을 던져 私立 永興校(사립 영흥교)를 新築(신축)

慶北 浦項邑(경북 포항읍) 金龍周(김용주) 씨의 美擧(미거)

新春劈頭(신춘벽두)의 快消息(쾌소식)

[포항] 만천하 인류들의 희망과 행복을 가득 실은 경진 새해를 맞이
한 이 해에도 이미 그 자취를 감춘 기묘년 이상의 독지가를 나으리라고
예상되는 이때에, 선두로 자기 사재 이만여 원을 무산아동교육사업에
희사한 독지가 한 분이 있으니 그분은 경북도의회의원으로 지방에서
각 요직을 가지고 내외를 통하여 독특한 활약을 하는 포항 김용주 씨인
데, 금년 사십고개에 있는 대 사업가로 동해안 일대에서 무이한 웅변가
로 이미 그 이름은 모를 사람이 없을만큼 선전되어 있는데, 금번 포항
영흥학교에 거대한 금액을 희사케 됨은, 본시 동교가 포항장로교회 경
영으로 삼십여 년의 역사를 가지고 수많은 무산아동을 교육시켜 오던
중, 사정상 수 년 전에 김 씨와 지방유지들이 인계하여 경영중 매년 천
여 원 이상의 부족경비를 동 씨가 자담하여 금일까지 별무지장으로 내
려오는바 교사가 협착하고 시내 중앙지에 있게 되어 운동장 기타 불편
한 점을 영구해결할 목적으로, 동 김 씨는 신년벽두 첫사업을 영흥학교
에 두고 이만여 원이라는 거액을 던져 교사를 이전신축토록 하였다. 이
신년의 쾌보에 일반은 크게 칭송하는 동시에 그 학교의 장래를 더욱 촉

130

망하였다한다.(동아일보, 1940.1.7.)

김용주는 자신의 인생 공부와 수양을 위하여 학교설립자의 위치에만 머물지 않고 스스로 교장의 직까지 겸해 훈육에 직접 참여하기로 결심한다.

뿐만 아니라, 김용주는 영흥국민학교에 야학을 개설해 배우지 못한 가정부인들을 모아 한글을 가르쳐 자긍심을 높이고 민족의식을 일깨우는 일에도 심혈을 기울였다. 그의 이런 노력은 언론에 보도되어 전국에 알려졌다.

永興學校(영흥학교)**에서 婦人夜學開催**(부인야학개최)

金龍周氏(김용주 씨) **經費自擔**(경비자담)

(동아일보, 1937.10.12.)

【浦項(포항)】'아는 것이 힘이다 배워야 산다.' 라는 표어는 우리가 이미 듣고 실질적으로 절실히 체험하는 바이다. 알지 못하는 것이 얼마나 서러운가! 이런 의미 하에 포항 영흥국민학교에서는 시간적으로나 기타 여러 부자유한 환경에 처하여 비교적 배움과 거리가 먼 가정부인들을 모아, 가갸거겨와 1, 2, 3과 국어를 야학으로 교수한다고 한다. 당국에 정식으로 허가를 신청하였는 바 멀지 않아 인가되리라 하며, 차차 내용을 충실히 하여 급년적(級年的) 기구로 변경하리라 한다. 여기에 소요되는 경비는 현 영흥국민학교 교장으로 있는 김용주 씨가 모두 부담하는 바, 일반인들의 칭송이 자자하다 한다.(한자는 생략)

"사립학교 운영에 따르는 난제도 상당히 많았다. 교원을 새로 채용할 때는 도학무당국의 승인을 받아야 하는데, 이에 대해 도학무당국은 의식적으로 그 승인을 늦추어 수업에 많은 지장을 주기가 일쑤였다. 도학무당국은 신규 채용교원의 신원조사 등을 구실로, 빨라야 2~3개월, 늦으면 반년 이상이나 의도적으로 지연시키다가 겨우 승인을 해 주었기 때문에, 나는 그동안의 수업공백을 메우기 위해 그때마다 '선채용, 후승인'의 수단을 썼는데, 끝내는 이 사실이 들통이 나서 고등계 형사에게 일종의 불법행위로 몰려 매우 난처한 입장에 허덕인 예가 한두 번이 아니었으며, 그때마다 그들을 회유하기 위해 물심양면으로 진땀을 빼곤 했다."(『풍설시대 80년』 P.44)

민족교육 위한 창씨와 한국역사연구회

  학교운영의 어려움은 이뿐 아니었다. 진짜 김용주를 잠 못 들게 만든 일은 그 뒤에 찾아왔다. 바로 조선말과 한글 말살, 창씨개명(創氏改名) 등을 강요하는 조선총독부의 민족문화말살정책이었다.

  "총독부당국에 의해 민족문화말살정책이 최고조에 달하자 고등계형 사들이 날마다 영흥국민학교 주변에 서성거리면서 혹시 통학 시의 노 상에서 학동들이 한국말을 한 마디라도 쓰면 그 길로 그 학동을 내 앞 에 끌고 와 그 책임을 나에게 묻고는 했다. 창씨 문제의 경우만 해도 나 는 본의 아닌 후퇴를 하고 말았다. 하루는 예의 신규 채용교원의 승인 을 촉구하기 위해 도 학무과장을 방문했더니, 그자는 나를 대하기가 무 섭게 "도대체 당신네 학교에선 학동들에게 창씨를 권유하고 있소, 안 하고 있소?" 하고, 첫 마디부터 시비조로 나왔다. 나는 부득이 권유하 고 있는 중이라고 대답할 수밖에 없었다. 그랬더니 그자는 언성을 높여 "여보시오, 교장인 당신 스스로가 아직 창씨를 안 하고 있는데 권유는 무슨 권유란 말이오!" 하고, 핀잔이 대단했다. 그리고 그자는 또 교장인 내가 끝내 창씨를 안 한다면 앞으로 교원 승인 같은 것은 일절 안 해 주겠다고 협박했다. 이 바람에 나는 학교를 위하여 본의 아닌 창씨를 하고 말았다.

태평양전쟁이 발생하기 반년 전부터 고등계형사들은 아예 영흥국민학교에 상주하여 학원 감시를 한층 강화했다. 한국말 말살, 한글 말살, 창씨 강요 등의 한민족 완전 말살교육 강요에 번민한 나는 민족의식 고양작업의 하나로써 은밀히 한국역사연구회를 만들어 저항의식을 북돋우고 그것으로 민족정신을 살리는 방편을 삼았다. 그러나 어느새 소문이 밖으로 새어 나가 나는 도 경찰부 고등과와 대구헌병대 등에 차례로 불려가서 이른 바 '요시찰인(要視察人)'의 낙인이 찍혀 적지 않은 고초를 받기도 했다."(『풍설시대 80년』 P.46)

그러다 김용주는 8·15 해방을 맞는다. 해방 후, 그는 사업상의 이유로 거처를 서울로 옮긴다. 학교운영 재단책임자로만 남아 있던 그는 1948년에 이르러 재단마저 신생 대한민국정부에 헌납한다.

"학교재단을 정부에 헌납한 데는 나름의 이유가 있었다. 내가 사립영흥학교와 같은 민족교육기관을 설립 운영한 것은 그 때가 일제의 민족교육말살시대였던 만큼 그 의의와 보람이 컸기 때문이었다. 그렇기에 나는 나 스스로의 뜻을 좇아 재력과 정열을 육영사업에 경주한 것인데, 8·15 해방 이후의 새로운 시점에 있어서는 일제식민시대의 민족 암흑기와는 내외정세와 여건 등이 판이했다. 우리 민족이 해방을 거쳐 독립국가를 이룩했으므로, 이제는 우리 민족 본래의 염원이었던 민족을 위한 이상교육을 아무런 거리낌도, 강요도, 간섭도, 억압도 없는 자유로운 여건과 분위기 속에서 떳떳이 베풀 수 있는 시대인 만큼, 교육전문가도 아닌 나 같은 사람이 학교운영을 계속하는 것보다는 차라리 이것을 모두 정부에 헌납하여 새로이 교육전문가로 하여금 보다 높은 차원에서 운영, 지도케 함이 시의에 맞는 조치로 여겼던 것이다."

(『풍설시대 80년』 중에서)

사립 영흥국민학교는 정부에 헌납된 뒤, 공립으로 승격되어 현재까지 포항시에서 우수 초등학교의 하나로 존재하고 있다. 이명박(李明博) 전 대통령이 1954년 이 학교를 졸업했다.

정치 저항 위한
도의회의원 출마

30대에 접어들면서 김용주는 보다 큰 문제에 직면하게 된다. 지금까지 개인적인 사업에 분투했다면 30대부터는 급속히 팽창한 일본군국주의의 광란과 맞부딪쳐야만 했다. 이에 김용수는 깊은 고민을 하게 된다. 이 시대를 무엇을 어떻게 하며 살아야 부끄럽지 않겠느냐고!

"그 물음에 대한 해답은 며칠 안에 내 가슴 속으로부터 산울림처럼 터져 나왔다. 민족의 실리를 위한 저항을 국내에서 할 수 있는 방법으로 해보자! 내가 처해 있는 현실이 일본통치권에 속해 있는 이상, 현재로서는 이것이 일단 어쩔 수 없는 기성사실이 아닐 수 없으니 이러한 현실에 묶여 있는 민족의 실리를 위하여 정치적인 투쟁을 해보자는 계획이었다. 해석여하에 따라서는 여기엔 자칫 오해가 뒤따를 법도 하지만, 지배자에 대한 피지배자의 저항엔 환경과 여건에 따라 그 방법도 갖가지일 것이라는 자못 신축성 있는 견해를 세운 것이었다.

그 당시 해외로 망명하여 국가독립을 위해 활동하는 운동은 우리 민족 최고의 활동이고, 반면 지배자의 통치권 내에 웅크리고 있는 사람들에겐 또한 거기에서 할 수 있는 저항방법을 취하는 것이 차선의 활동이라고 생각했다. 이러한 나의 견해를 좀 더 부연하면, 물론 국내에 있어서의 저항방법에도 여러 가지가 있겠지만, 그 중에서도 나는 되도록 합법적 테두리 안에서 주장할 것은 주장하고 설득할 것은 설득하고 싸울 것은 싸워, 그 결과 설혹 소기의 목적은 달성되지 않는다 하더라도 민족의 의지와 염원이 단 한 토막이나마 거기에 반영된다면, 그러한 저항의 시도도 필요한 것의 하나가 아닐까. 그것은 미온적인 저항 방법이라고 핀잔을 받을지 모르지만, 그러나 그러한 저항 자세에 있어서도 일본 위정당국의 적의와 박해가 따를 위험성이 다분히 내포돼 있는 당시의 실정이고 보면, 그것은 그것대로 또한 의의가 있고 동시에 투지와 용기와 인내와 집념이 그만큼 요청되는 일이었다."(『풍설시대 80년』 P.49)

결심을 굳힌 김용주는 그 실천 방법으로 때마침 실시된 경상북도 도의회의원선거에 출마해 당선된다. 시, 도의회의원선거 출마자는 대개 두 부류였다. 하나는 지방 유력자로 명예와 권위를 목적으로 하는 부류였고, 다른 부류는 김용주처럼 민족사회에 도움이 될 정치투쟁을 목적으로 하는 인사들이었다.

"내가 민선 도의회의원이 된 해는 1935년, 약관 31세였다. 국내 최연소 도의회의원이었다. 당시, 경상북도 도의회는 관선(官選) 15명, 민선 25명의 도합 40명으로 구성됐으며, 관선의 경우 도지사가 임명했다. 민선(民選)은 도내 시, 읍, 면 등의 각 의원에 의해 선출되었다. 관선의원은 일본인이 대부분 차지했고 나머지 한국인 관선의 경우 친일적인 도내 유력자가 임명되었다. 그리고 민선의원 중에도 보통 3분지 1정도의 수를 일본인이 차지하여 여기에 관선의원까지 합치면 소위 여당만으로 도의회의 과반수에 달하도록 정책적으로 짜여 있었다. 임기는 각기 4년이었으며 국회가 없는 '식민지조선'에서 '도의회'는 실질적인 지방의 의정기관인 셈이었다."

"나는 첫 걸음부터 그 목적을 위해 순수했고 저항을 위해 과감했다. 도의회의 의정단상에서 연 나의 첫 포문은 역시 교육문제에 관해서였다. 첫째, 도당국의 경제적 혜택을 털끝만큼도 입지 않은 사립학교에 대해 필요 이상의 간섭과 규제를 고집하는 도당국의 태도를 지적하고, 이는 사학특유의 분위기를 해치는 동시, 나아가서는 그나마 몇 교 안되는 한국사회의 사학을 말살하는 결과가 될뿐더러 그 위에 자칫 기본적 인권마저 침해하는 짓이라고 주장, 이에 대한 시정을 촉구했다. 두 번째의 포문은 한국계 공립중학교의 학급증설촉구였다.

당시, 도내 각 공립중학교의 학교실태를 살펴보면 그 수에 있어 한일 각 교는 거의 같은 숫자를 나타내고 있었다. 인구비례 상으로 따진다면 한국계 공립중학교는 일본계의 그것에 비해 10배 이상의 수용력을 갖추어야 옳을 일인데도 사실은 이것이 동수를 가리키고 있어 결과적으로 일본인 입학지원자는 지원서만 내면 사실상 기계적으로 전원입학이 가능했지만, 이에 반해 한국인 입학지원자 측은 무려 10대 1 이상의 경쟁률을 보일 수밖에 없었다. 이런 모순된 실정에서 빚어지는 차별을 타파하기 위해 나는 한일 각 공립중학교의 학급수를 마땅히 입학지원자 비율에 의해 설정할 것을 제안, 이에 따라 한국계 공립중등학교의 대폭적인 신설과 학교증설을 강력히 주장한 것이었다.

나의 이런 주장을 놓고 도당국은 어쩔 수 없이 한국계 중학교에 배정된 당초예산을 늘려 1학급 추가증설이 실현된 일도 있었다."

(『풍설시대 80년』 P.52)

김용주는 이렇게 교육문제를 주로 다루었기 때문에 '교육의원'이라는 별명이 붙었다. 교육문제 외에 그가 의정활동에서 열심히 노력한 분야는 무리한 식량공출의 저지, 토목사업의 지방분산, 관원의 대민행패 금지, 그리고 포항 조선인상공인 보호 등이었다.

총독부의 교활한
사립학교 통치

1936년은 일본이 대륙침략을 본격적으로 시작한 해였다. 그동안 일본은 일본제국, 일본국, 대일본제국 등으로 불렸고, 천황도 국제적으로 황제, 천황 등 여러 가지 명칭으로 불려 용어가 통일되지 않았다. 그런데 1936년(쇼와11년) 4월 18일, 일본 외무성은 일본을 '대일본제국'이라고 부르기로 결정했다.(『쇼와사』, 한도 가즈토시, 루비박스, 2010.8.15.)

그리고 이듬해인 1937년(쇼와12년) 7월 7일, 북경 인근에 있는 노구교(蘆溝橋)에서 총격전을 벌려(노구교사건) 중국 침공의 빌미를 만든다. 이와 때를 같이 해 조선총독부는 1936년 12월 12일, '조선사상범 보호관찰령'을 공포해 치안유지법 위반자나 독립운동 관련 조선인들의 일거수일투족을 밀착감시하기 시작하는 동시에, 1937년 10월 4일에는 이른바 '황국신민 서사(皇國臣民誓詞)'라는 것을 제정해 학생들은 물론 일반 성인들한테까지 강압적으로 실천시킴으로써 조선인의 민족정신 말살에 광분한다. 그러나 조선인들은 일본이 그러면 그럴수록 민족혼 계승에 새로운 활로를 모색해 나갔다. 그 활로는 바로 조선 젊은이들을 한 사람이라도 더 교육시키는 것이었다.

포항에서 사업을 하던 김용주도 영흥보통학교 설립을 계기로 조선인 교육문제에 각별한 관심을 갖게 된다. 1936년은 그에게 조선인 교육과 관련해 또 하나의 커다란 일을 떠안는 해였다. 먼저 그해 4월 21일자 동아일보 사설을 보자.

'全南人士(전남인사)에게 檄(격)하노라' – 高普(고보)를 速(속)히 設立(설립)하라!

전남의 인사여! 우리는 그대들에게 격하노라! 아들이 광주고보에 입학 못 되었기 때문에 그 부친이 지중(池中)에 투신하여 자살하였다는 소식을 그대들이 알아 있을 것이 아닌가? 전남의 청년들은 입학난 때문에 호천소지(呼天紹地)하고 통곡하고 있지 않은가? 내 아들이 죽지 아니하였다고 하여서 흘연히 간과하고 있을 수는 없지 않은가? '입학난' 聲(성)은 전 조선을 흔들고 뒤집어엎는 대 파도이어서 2천만 인의 관심이 이 문제의 해결에 쏠리고 있지 않은가? 그런데 타도의 형편은 어떤가? 금년에 들어서만 하더라도 安岳高普(안악고보)의 60만 원이 수집되고, 경주에서 일개인이 42만 원의 거액을 내서 고보설립에 착수하였고, 웅기중학을 설립하기 위해서 30만 원의 대금이 내던져졌으며, 경성에서는 32만 원의 거액이 一女流特志家(일여류특지가)의 손에서 나오지 아니하였는가? …… 이런 의기충천한 교육운동 가운데 전남인사들은 자고만 있을 것인가! …… 속히 학원의 설립에 힘씀이 있을지어다.

사설에서 언급한 경주 독지가의 고보설립 자금 쾌척은 경주 인근에 살던 김용주도 관심 있게 지켜보던 사안이었다. 그런데 경주고보 설립은 신문에 난 대로 그렇게 간단한 것이 아니었다. 김용주의 회고록 『풍설시대 80년』에 경주고보 설립에 얽힌 조선총독부의 음흉한 간계가 상세히 기록되어 있다.

"원래 이 경주중학은 경주 부농 이채우 씨가 사재 3천 석의 농토를 희사함으로써 사학으로서의 설립준비에 첫 걸음을 보람차게 내디뎠었다. 우선 설립 및 운영을 위한 재단이 구성되고 도당국도 이에 대해 학교법인의 설립인가를 정식으로 내렸다. 당시의 법규에 의하면, 사립중학설립의 경우 일화 30만 원 정도의 자금이 제시돼야 했는데, 이채우 씨가 희사한 그 3천 석의 농토는 곧 30만 원 가치에 해당했으므로 학교법인 설립인가를 비교적 무난히 얻어낼 수 있었던 것이었다.

이런 소식이 세상에 전해지자 한국사회 각계각층에서는 민족의 등불을 기리는 환호성이 일시에 드높이 올랐다. 이 거족적 반향에 힘입어 재단 측은 민족교육의 새 전당을 목표로 총력을 기울여 대규모의 교사 신축에 들어갔다. 이렇게 여기까지는 만사가 순조로운 편이었다. 그러나 교사 신축공사가 절반가량 진척했을 무렵, 도당국은 돌연 이미 내렸던 학교법인의 설립인가 내용과는 달리 공립중학교 경영을 위한 재단으로 고치라는 통지를 보내왔다. 이유는 간단했다. 즉, 당국의 방침이 사립학교설립을 일절 허가하지 않기로 됐다는 것이며, 따라서 재단의 목적을 공립중학교 경영으로 수정하여 새로이 경주공립중학교 설립인가가 내려 왔다."

"이로 말미암아 학교재단측은 진퇴양난의 궁지에 빠져 버렸다. 민족교육을 지향하여 모처럼 사학재단을 만들고 교사 신축에 착수했던 당초의 목적을 버리기엔 땅을 치고 통곡을 해도 그 아쉬움은 천추에 남을 것이며, 그렇다고 도당국의 의사에 따라 재단을 넘기고 '공립'으로 탈바꿈을 해놓으면 뜨거운 성원을 아끼지 않았던 민족사회의 빈축을 살 우려가 있었다.

그뿐 아니라 공립으로 탈바꿈하면 일본 학동을 우선 입학시켜야 할 학교가 되고 마는 것이었다. 그러나 결국 재단 측은 할 수 없이 '공립'으로 세울 수밖에 없었다. 그리고 이와 똑같은 사례가 황해도 안악(安岳)의 김홍량(金鴻亮) 씨가 설립하던 중학의 경우에도 생겨 재단은 사립이고 중학은 공립이 되어 경주와 안악 두 고장에 때를 같이하여 엉뚱하게 사립이 아닌 2개의 공립중학이 서게 됐다."

"조선총독부에서 이러한 정책을 쓰게 된 저의를 살펴보면, 1935년경 경주 이 씨와 안악 김 씨가 그처럼 사재를 바쳐 사립중학 설립에 나서자 그 뜻을 기리는 커다란 환호와 감동이 전국에 소용돌이쳤다. 이를 계기로 각지에 민족교육특지가가 속출할 기운이 무르익어 갔다. 그러한 현상은 곧 한국 민족사회 각계각층에 자못 고무적인 영향을 보다 더 미칠 것 같아 일제당국은 이것을 미리 막기 위해 그런 폭거를 감행한 것이었다.

그런데 이런 경위로 설립된 경주공립중학교 제1차 입학시험에서 매우 아이러니컬한 사실이 빚어졌다. 모처럼 3천 석 이상의 토지를 희사하여 그 학교재단을 만든 이옹의 장손자를 그 입학시험에서 낙제를 시켜 버린 것이었다. 입시성적이야 어떻든 재단설립자의 공로에 비추어서라도 이것은 너무 가혹한 처사가 아닐 수 없었다.

나는 이 사실을 전해 듣고 심한 의분을 느낀 나머지 도 학무당국에 강경한 항의를 제기했다. 그러나 아무런 효과를 거두지 못했다. 이에 나는 내친걸음에 전략을 바꾸어 보다 높은 차원에서 한국사학에 관한 제반 문제를 근본적으로 다루어 보기로 했다."

김용주가 말한 보다 높은 차원의 문제해결은 일본에 건너가 국회의원을 상대로 설득을 하는 것이었다. 그는 결심이 서자마자 일본으로 건너가 당시 일본의 대 야당인 사회대중당 아베 소오(安倍磯雄) 씨를 만난다. 김용주의 이야기를 더 들어보자.

"사회대중당은 창립대회에서 반공산주의, 반자본주의, 반파시즘 등을 지향하는 이른 바 '삼반주의' 정책을 채택한 우향적 무산정당이었다.

— 이렇게 찾아 주시니 고맙습니다. 그러나 모처럼 오신 귀객을 이런 보잘 것 없는 자리에 모시게 되어 죄송하기 짝이 없습니다. 나의 생활신조가 이러하니 양해해 주시오.

나를 맞는 그의 첫 인사는 겸손하면서도 의젓했다. 나는 그의 소탈하고 온화한 성품에 거리낌 없이 의중을 털어 놓았다. 경주중학과 안악중학 사건은 물론 폭넓은 교육문제와 조선총독부의 갖가지 악정 전반에 걸쳐 신랄하게 비판하고 이에 대한 시정을 일본 국회에 반영시켜 주기를 간곡히 요청했다. 아베 씨는 즉석에서 답했다.

— 우선, 일본 국민의 한 사람으로서 한국 민족에게 사과를 드리는

144

바이오. 내 생각으로는, 원래 일본은 한국을 독립국가로 유지시키고 상부 협력하여 동양평화를 도모했어야 옳았을 것을, 도리어 일본은 그런 역사적 사명을 망각하고 온갖 침략수단을 써서 한국을 병탄하는 과오를 저지르고 말았으니, 이것은 당시의 일본 정치가가 범한 큰 과오였소. 앞으로 우리 사회대중당이 정권을 잡게 되면 한국의 독립문제에 깊은 관심과 열의를 기울여 한국 민족의 염원을 받아들일 것이며, 나아가서는 진정한 동양평화의 확립을 위해 최대한의 노력을 아끼지 않을 것이요.

그러고는 잠시 말을 끊었다가 다시 이었다.

— 그것은 그렇다 하고, 경주중학사건 및 조선총독부의 문교행정의 시정을 위하여 앞으로 우리 당에서 조선교육조사위원단을 보내 현지에서 그 실정을 조사케 하겠으니 선생은 귀국 즉시 경주중학사건 및 조선총독치하의 전반에 걸친 문제점 등은 물론 조선총독부의 여러 가지 악정에 관한 자료까지도 종합하여 이를 정식서면으로 상세히 보내 주시오.

아베 씨의 적극적인 말에 김용주는 가벼운 흥분마저 느꼈다. 그러나 이 일로 김용주는 쓰라린 회한만 남기게 된다.

"나는 조용한 흥분 가운데 아베 씨의 요청을 쾌락했다. 사무적인 대화에 일단 매듭을 지은 아베 씨는 한국의 지우 송진우(宋鎭禹), 김성수(金性洙) 양씨의 최근 동정을 물어보기도 했으며, 예전에 한국여행을 한 번 한 일이 있었지만 앞으로도 기회를 만들어 송, 김 양씨도 다시 만나고 금강산도 구경할 겸 다시 한국여행을 해 볼 의사를 비쳤다. …… 일본에서 돌아온 나는 아베 씨에게 다짐한 그 자료수집을 서둘렀다. 그리고 한편, 나는 협력을 구하기 위해 막역지우의 한 사람인 당시의 경상북도 참여관(參與官) 이창근(李昌根) 씨를 찾아 갔다. 이창근 씨 역시 경주중학 사건에 관해서는 처음부터 나와 의견을 같이 해 온 사람이었기에 나는 그에게 아베 씨와의 면담내용을 넌지시 전해 봤다. 그러나 이창근 씨는 내 말이 끝나기가 무섭게 표정을 굳히며 고개를 절레절레 내흔들었다. 그는, '이 사람아, 지금 어느 때라고 감히 그런 생각을 갖는가?' 하고 강경히 반대의사를 표명했다. 만약 내가 아베 씨와의 그 약속대로 자료들을 보내면 그날로 감옥에 갇힐 것이니, 해외망명이나 감옥살이를 각오한다면 모르되 그러지 않을 바엔 아예 꿈도 꾸지 말라고 간곡한 충고를 덧붙이기까지 했다.

집에 돌아와서 곰곰이 생각해 보니, 이창근 씨의 그 강경한 반대의사는 그의 도참여관이란 입장보다 나의 친우로서의 의견임에 틀림없었다. 미상불, 그 자료를 제공하면 나는 그 날로 고등계 경찰에 잡혀 갈 것이 뻔했다. 해외망명도, 감옥살이도 각오할 수 없는 나 자신의 처지가 스스로 한스러웠으나 그렇다고 손수 묘혈을 팔 수도 없는 일이었다.

나는 통분을 머금고 그 자료제공을 단념했다. 이렇게 나는 아베 씨와의 굳은 약속을 저버렸다. 한낱 젊은 객기와 흥분과 즉흥과 허술한 관념만으로는 이루어질 수 없었던 그 약속!

나는 한동안 실망과 자학 속에 묻혀 있다가 아베 씨에게 간곡한 편지를 써서 용서를 빌었다. 이렇게 그 일은 비록 불발로 그쳤지만 그러나 그 추억만은 지금껏 싱그럽게 남아, 그것을 회고할 때마다 나는 무슨 좌우명이라도 대하듯 옷깃을 여미고 싶은 감명에 잠기며, 아울러 성자에 가까운 아베 씨의 인격과 생애에 대해 그지없는 존경을 표하곤 한다."(『풍설시대 80년』 P.60)

천조신궁에 단군묘도 함께 모시자

1940년, 김용주는 경북 도의회의원으로 재선된다. 재선으로 그는 도의회 내에서 그의 정치적 기반은 전에 비해 한결 굳건해진다. 이를 바탕 한 용기일까, 그는 의회 단상에서 폭탄발언을 하게 된다.

"현재 조선에는 일본의 황조 천조대신(天照大神)을 모시는 소위 신궁(神宮)은 있어도 한국 민족의 시조 단군을 모시는 신묘는 설치되지 않고 있다. 당국 스스로 내선일체를 부르짖고 있는 이 마당인 만큼 차별의 인상을 불식하기 위해서도 마땅히 단군묘(檀君廟)를 각지에 건립해야 할 것이며 아니면 조선신궁에 단군과 천조대신을 합사(合祀)하는 길이라도 열어야 옳은 것이 아닌가! 그러니, 타도는 차치하고 우선 우리 경상북도 관내만이라도 내선일체(內鮮一體)의 정신을 내외에 제시하는 뜻으로 대구신사에 단군과 천조대신을 합사할 것을 제안한다!"

(『풍설시대 80년』 P.61)

물론 김용주는 처음부터 이런 당돌한 주장이 도당국에 받아들여지리

148

라고는 추호도 기대하지 않았다. 단지 속 다르고 겉 다른 당국의 내선일체론을 비꼬기 위한 발언일 뿐이었다. 하지만 그의 발언이 불러온 화는 컸다. 이튿날 바로 도 경찰부 고등계과장 가와무라(河村)에게 호출당했다.

"천조대신과 단군의 합사운운에 대한 말이 도대체 무슨 말이요?"

"도의회에서 발언한 내용 그대로요."

김용주의 짤막한 대답에 가와무라 과장이 책상을 탕 쳤다.

"이것은 황실에 대한 불경죄다! 일본의 황조 천조대신을 황공하게도 식민지 조선인 시조 단군과 동일시한다는 것은 대역부도한 범죄다! 황실불경죄로 정식 고발조치하겠다!"

이 문제로 김용주는 1주일 넘게 고초를 겪다가 일본인 도지사의 중재로 가까스로 구속을 면한다.

"약 1주일간 험악한 사태가 계속된 끝에 당시의 경북지사 다카오(高尾) 씨가 무척 애를 써서 몸소 고등계과장을 달래고 타이르는 한편, 나의 도의회발언을 취소케 하여 의사록에서 그 대목을 제거하는 조건으로 형사입건은 정지됐으나, 이 일을 계기로 나는 배일(排日) 민족주의자로 낙인이 찍혀 주변에 고등경찰의 감시망이 쳐지고 태평양전쟁이 발발하기 반 년 전부터 많은 고초를 받게 됐다."(『풍설시대 80년』 P.62)

사장 취임도
거부하는 일본경찰

도의회의원 활약을 통해 '배일 민족주의자'로 낙인찍힌 김용주에 대한 간섭과 박해는 태평양전쟁을 계기로 한층 심해진다.『풍설시대 80년』에 그가 자술해놓은 회사 사장 취임 거부 내막을 보면 일본경찰이 얼마나 김용주를 못 살게 굴고 비굴한 방법으로 사업을 방해했는지 알 수 있다.

— 1942년에 전시 수송 작전을 위해서라는 명목 하에 조선총독부는 '조선항만 통제령'을 발포한다. 조선 내 주요 10개 항(부산, 인천, 마산, 포항, 여수, 목포, 군산, 진남포, 원산, 청진)의 항만운송과 하역업을 1항1사로 통제하기 위해서였다. 이에 따라 포항지구는 당시 김용주가 경영하던 포항운수주식회사와 조선미곡창고 회사를 비롯하여 일본인 경영 3개사 등 모두 5개사가 1사로 통합하게 되었는데, 5개사의 재산평가 결과 김용주가 통합재산의 60%가 넘어 사장으로 내정되었다. 그러나 일본 경찰국은 그가 사장에 취임하는 것을 용납하지 않았다.
총독부 해사국장이 김용주를 불러 은근히 말했다.

"해사국 입장에서는 당신이 사장이 되는 것이 당연하다고 생각하지만……."

"무슨 일입니까?"

해사국장의 말투에 의아심을 느낀 김용주가 그의 표정을 살피며 물었다.

"수일 전 경상북도 경찰부장이 내방하였는데 이 양반이 말하길……."

해사국상이 다시 말을 끊었다가 민망한 표정을 지으며 말을 이었다.

"포항항만회사장에 '불온사상을 지닌 김용주가 취임하면 그를 체포 수감 하겠다.'고 했습니다. 그러니 당신이 경북 경찰부에 적당히 양해를 구해주면 좋겠소."

김용주는 해사국장의 말에 깜짝 놀랐다. 혹시나 하고 걱정하던 일이 현실로 닥쳤기 때문이었다. 사장으로 내정되면서부터 김용주는 일말의 불안을 느끼고 있었다. '민족주의자'로 낙인찍힌 사람이 일본군의 작전계획의 일환으로 창설되는 중요한 회사에 사장으로 취임하는 것을 그냥 보고만 있을 경찰국이 아니었기 때문이었다. 더구나 새로 설립되는 전국 10개 항만회사 중에 조선인 사장은 자신뿐이라는 사실도 걱정을 보탰다. 하지만 김용주는 합법적인 선출방식에 의해 내정된 사장이었기 때문에 터무니없는 방법으로 자신을 압박하지는 않을 것이라 생각했다. 그런데 그렇지 않았다. 법은 일본인들에게나 적용되지 조선인들에게는 있으나마나 했다.

김용주는 속에서 화가 치밀어 올랐지만 어쩔 수 없었다. 코앞까지 밀어닥친 위험과 맞서기에는 자신의 힘이 너무 미약했다. 김용주는 눈물을 머금고 해사국장한테 말했다.

"총독부 경찰국과 싸우면서까지 회사 사장 할 생각은 없습니다. 대신, 사장은 제가 추천하겠습니다!"

김용주는 총회서 일본인 중 가장 원만한 사람을 추천해 사장에 앉히고 자신은 뒤로 물러났다.(『풍설시대 80년』 P.65)

김용주의 신변위험은 이뿐이 아니었다.

조선인 학살계획과
총살 대상 1호

일본 패색이 짙어진 1945년 정초, 김용주는 포항시내 일본요정에서 있었던 지방 각계 대표인물의 신년연회 석상에서 섬뜩한 이야기를 듣는다. 자신이 총살 대상 제1호라는 소식이었다. 그의 말을 직접 들어보자.

"조선총독부는 미군이 상륙하면 조선의 민족주의자들이 미군에 붙어, 일본에 항거하여 내란을 일으키는 등 조선 독립운동이 치열해지는 동시, 이에 호응하여 중국에 있는 대한광복군이 대거 침투해 올 것으로 전망했다. 이에 대한 방비방책으로 조선 전토에 걸쳐 조선의 민족주의와 이러한 운동에 나설 수 있는 주요 인물들을 사전에 모조리 살해, 제거한다는 방침을 세워 그 대상에 오른 인물이 약 3천 명이라는 풍문이 1944년 여름부터 은밀히 서울에 나돌기 시작했다. 이와 때를 맞추어 조선 내의 일본군 사령부는 조선 전토를 여러 군관구로 나누어 각기 지구경비사령부를 설치했다. 내가 거주하던 포항에는 동해지구 경비사령부를 두어 경남 울산에서 강원도 삼척에 이르는 8개 군을 담당케 했다."

"이 지구경비사령부의 임무는 미군이 상륙하면 이를 격퇴하기 위한 것이라 했지만, 그 실제 내용은 미군이 어느 지구에든 한번 상륙만 하면 즉각 전 조선에 계엄령을 선포하여 군정을 펴기 위한 사전준비였다. 포항에 있는 동해지구사령부의 사령관은 대구에 있는 제80연대장의 겸무이고, 부사령관엔 포항 거주 후쿠지마(福島) 대위였다. 이 자는 원래 예비역 군인이었는데 태평양전쟁 당시 현역에 복귀되어 남방 전선을 전전하다가 귀환한 자였다. 평소 나와는 사업상의 라이벌이 되어 감정이 좋지 않았고, 그 위에 성격이 매우 난폭하여 술에 취하면 광란을 일삼는 그런 위인이었다."

"이 후쿠지마 대위가 8·15 해방 전년인 1944년 말, 포항 경비사령부의 간부 망년회석상에서 술에 만취한 끝에, '이것은 극비사항이지만, 이번에 나는 상부로부터 중대지시를 받았다. 앞으로 미군이 조선지역에 폭격을 시작하면 곧 전토에 계엄령이 발포되는데, 계엄이 발포만 되면 즉시 지역 내에 거주하는 특정 조선인 8명을 체포 총살하라는 지시가 왔다. 그 명단 중에 제1호가 바로 포항의 김용주다. 평소 우리는 그 자 때문에 사업상에서나 공직선거에서나 많은 고배를 마셔왔고, 그래서 우리 일본인은 그 자를 항상 증오해 왔다. 이번이야말로 그 자를 없애 버리는 천재일우의 호기가 아니겠는가.' 하고, 자못 살기등등한 발언을 했다는 것이다."

"내가 후쿠지마 대위의 그런 발언 사실을 전문하게 된 것은 며칠 뒤인 정초, 내가 신년연회를 마치고 돌아갈 무렵, 바로 며칠 전 경비사령부의 예의 망년회에 시중을 들었던 일본 기녀 한 사람이 나에게 긴요한 이야기가 있으니 별실에서 꼭 좀 기다려달라는 귓속말을 건네왔다. 처음 나는 그녀의 말을 대수롭지 않게 귓등으로 흘려보내려다가 어쩐지 그날따라 그녀의 표정은 너무 진지해 보였으므로 부질없는 농담은 아닌 것 같아 별실에서 기다려 봤다. 이윽고 그녀의 말에 의하면, 예의 경비사령부의 망년회에 시중을 들었을 때의 일인데 술을 가지러 방 밖에 나갔다가 돌아오는 도중에 복도에서 엿들었다고 하면서 후쿠지마 대위의 발언 내용을 넌지시 전해 주었다. 평소 그녀와 나는 연회 때 자주 만나는 사이였다. 몸가짐이 얌전한 여자로 서로 담담한 호의를 가질 정도였을 뿐, 그 이상의 특별한 관계는 없었는데 자신의 위험을 무릅쓰고 그러한 중대사를 나에게 일러준 그녀의 호의와 의협심을 지금껏 잊지 못하고 있다."

김용주는 그녀의 말이 끝나기도 전에 등골에 오싹 찬 서리가 흘렀다. 가슴을 때리는 커다란 충격으로 전신에 맥이 풀리며 현기증이 일어났다. 작년 가을 서울에서 들은 바 있는 조선 요인 3,000명 대학살계획의 그 풍문이야말로 한낱 풍문이 아닌, 움직일 수 없는 엄연한 사실이었음을 알게 되었고 또한 그 속에 자신이 들어 있었다는 사실에 다시 한 번 놀란 것이다.

"일본의 패망은 시간문제로 전망되긴 하나 패망 전야에 일으킬 조선인 대학살이 과거 중국에서 있었던 것과 같이 참혹하게 벌어지리라고 자꾸 추상되어 온몸은 공포에 떨렸다. …… 나는 가족을 포항에서 1백리 가량 되는 산중으로 소개시키고, 당시 이화전문에 재학 중인 여식과 경북중학에 재학 중인 남아에게는 자전거를 한 대씩 사주어 만일의 경우에 도피할 노정표까지 작성해 주었다. 그리고 나 자신은 홀로 서울, 부산, 대구 등 대도시로 전전하며 변성명까지 하고 외부인으로 하여금 거처를 확인치 못하게 했다. …… 정신적 쇼크와 더불어 심한 위장병이 겹쳐 식음을 먹지 못해 몸은 극도로 쇠약해 갔다. 이러한 가운데 8월 6일 일본 히로시마(廣島)에 원자탄이 투하되고, 뒤이어 일본이 전면 항복함으로써 그 한국인 대학살계획은 수포로 돌아갔고, 따라서 나도 간신히 생명을 건질 수 있었다. 나는 이렇게 살아남은 것이었다."

(『풍설시대 80년』 P.67)

이때의 상황을 김용주의 큰아들 김창성(金昌星, 84세)은 이렇게 증언했다.

"그때 나는 대구에서 중학교에 다니고 있었다. 하루는 아버지가 나를 부르시더니 제법 두툼한 치부책을 한 권을 주시면서, '이걸 잘 간직하고 있다가 내가 연락을 하면 바로 치부책에 적어놓은 곳으로 달아나라. 내 이름을 대고 아들이라고 하면 하루 정도는 먹여주고 재워 줄 거다.' 라고 하셨다. 노트에는 전국 각지에 있는 아버지 친구 분 성함과 주소 그리고 찾아가는 길까지 상세하게 기록되어 있었다. 남한은 물론이고 청진, 평양, 해주 등이 적혀 있던 걸 지금도 기억한다. 하지만 그땐 도대체 그런 게 왜 필요한지 몰랐다."(2015년 3월 10일 녹취)

새로운 통치자 미 군정과의 줄다리기

— 김용주의 해방정국

해방 조국을 위한
새 진로 설정

1945년 8월 15일 정오.

한국과 일본 두 나라는 동시에 뒤집혔다. 일본은 패전으로 인한 울분과 할복 광란으로 뒤집어졌고, 한국은 해방으로 인한 축복의 함성에 뒤집어졌다. 한날한시 정오라는 한 시점을 기준으로 이렇게 두 나라의 희비가 극명하게 엇갈린 경우는 유사 이래 흔치 않은 일이었다. 이런 민족적 환희를 우리의 힘으로 우리 스스로 취득했으면 얼마나 좋았을까! 분명 그 환희는 몇 천, 몇 만 배 더 컸을 것이다. 하지만 아쉽게도 해방은 연합군이 일본에 승리함으로써 부수적인 결과물로 우리에게 찾아왔다. 그래서 어떤 이들은 해방을 두고 '도둑 같이 뜻밖에 왔다(함석헌)'고 하고, '아닌 밤중에 찰시루떡 받은 격(박헌영)'이라고까지 했다. 히로히토 천황의 항복방송을 듣기 전까지 몇몇 정치인(송진우, 여운형 등)을 빼고는 아무도 일본의 항복을 모르고 있었으니 그런 소리가 나올 만도 했다.

그날 경성중앙방송국의 일본인 직원들은 울음을 터뜨리면서도 조선 내 일본인들의 생명을 지키기 위해, 일본 내에 있는 250만 조선인을 거론하며 호소 겸 경고방송을 밤 9시부터 2시간마다 반복해 방송했다.(『한국현대사 산책』, 강만길, 인물과 사상사, P.27)

하지만 조선인들은 처음부터 보복은 생각조차 안했다. 오히려 8월 15일 이후에도 계속 치안을 맡고 있던 일본경찰들에 의해 조선인들의 피해가 늘어났다.

'뉴욕타임스' 지는 1945년 9월 12일 기사에서 "8월 15일 이래 한인 35명이 일경에 의하여 살해된 반면, 알려진 한도 내에서는 한인에 의하여 살해된 일인이 단 한 명도 없었다."라고 보도했다.(『한국전쟁의 기원』, 브루스 커밍스, 김자동 옮김, 일월총서, 1986, P.115)

해방 직전까지 경북 포항에서 일본군에 의해 총살 제1호로까지 지목되었던 김용주도 해방을 맞아 죽음의 공포에서 간신히 벗어났다. 그러나 그도 대부분의 조선인들이 그랬던 것처럼 그동안 헤어졌던 가족들과 다시 만나 기쁨을 나누기에 바빴지 복수 같은 일은 생각할 여지도 없었다. 우선 기쁜 마음을 주체 못해 춤추기에 바빴다. 그러면서도 앞으로 할 일에 대한 설계로 바빴다. 당시의 심경을 김용주는 회고록 『풍설시대 80년』에서 이렇게 밝혀놓았다.

"나는 피신중인 이산가족들에게 연락을 취하여 모두 포항 본가로 귀환시켰다. 한 자리에 모인 온 가족들! 특히 두 자녀와는 죽었다가 재생한 것과도 같은 감격과 기쁨을 뜨겁게 나누는 가운데 우리 전 가족은 일시에 환성을 올렸다. 그리고 나는 이에 못지않은 또 하나의 기쁨에 설레었다. 그것은 다름 아닌 영흥학교의 전체 학동 및 전 교직원들과 나누게 되는 기쁨이었다. 나는 그들의 건재한 모습을 지켜보며 하늘의 축복을 따사로이 느꼈다. …… 나는 오랜만에 다시금 조회의 단상에 올랐다. 나는 아침 햇살 속에 가슴을 펴고 하늘의 도움, 교직원들의 감투, 학동들의 새싹과 같은 모습에 뜨거운 감동을 금치 못했다. 나는 그들과 함께 목청껏 대한독립만세를 부르고 또 불렀다."

김용주는 마냥 해방의 기쁨만 즐기고 있을 수 없었다. 이제 떳떳한 조국을 갖게 되었으니, 그 조국을 위해 무엇이든 스스로 일을 찾아 더 열심히 해야만 했다.

"이제 내 나이도 불혹의 40대(1945년 현재)에 접어들었으니 말하자면 인생으로서 장년기를 맞이한 셈이다. 이제까지는 오로지 사업계에 전심전력을 기울여 왔으나 앞으로 남은 생애에 있어서는 국가, 사회를 위해 국가가 필요한 부문에 일비지력이라도 바쳐야겠다는 생각이 간절해졌다. 이에 나는 일단 정계에 발을 들여놔볼까 했었으나 한편 다시 생각하니, 정치 방면엔 나 아니라도 많은 사람이 나갈 것으로 보였다. 그렇다면 나는 과연 무슨 길을 택해야 옳은가를 며칠을 두고 다시 곰곰이 생각한 끝에, 나에게 가장 절절하고 효과적인 길을 뜻 깊게 골라잡게 됐다. 그것은 바로 국가적 '해운건설'이란 과업이었다."

그때까지만 해도 조선에는 해운사업의 경험과 지식을 갖춘 사람이 극히 드물었다. 그런 점에서 김용주는 그 방면의 경험이 풍부했고, 그의 국가적 '해운건설'이라는 진로 선택은 그의 능력으로 볼 때 가장 적절한 것이었다고 볼 수 있었다. 진로가 결정되자 김용주는 모든 개인 사업을 동생과 조카 등에게 맡기고 그 길로 매진한다.

"나는 첫 순서로, 해방 직후 8월 25일, 국내에 산재한 고등해기원과 과거 일본인 경영의 각 해운회사에 근무하던 한국인 사원 유지들을 규합하여 '조선해운건설협회'를 창립하고 초대 회장에 선임되었다. 그로부터 나는 해운건설을 위해 동분서주하던 중, 미군진주 후 9월 하순경에 미 군정청으로부터 적산 '조선우선(郵船) 주식회사'의 관리를 위촉받아 선박운영에 착수했으며, 다음해 3월에 가서는 당사 사장에 정식 취임하여 선박운영을 궤도에 올려놓았다." (『풍설시대 80년』 P.76)

부산호와 광제호 태극기

지난 2010년 8월 12일, 연합뉴스가 김용주와 관련 있는 의미 있는 뉴스를 보도했다. '근대식 군함 광제호 태극기, 인천에 보존' 이라는 제목으로 최정인 기자가 보도한 기사 내용은 다음과 같다.

― 구한말 우리나라 근대식 군함 '광제호(光濟號)' 에 게양됐던 대형 태극기가 올 가을 인천항 근처에서 개관하는 근대최초사박물관에 영구 전시된다. 광제호에 2등 항해사로 승선했던 고(故) 신순성(愼順晟) 씨가 1910년 한일합방 전일 배에서 거둬들여 몰래 간직해오던 태극기를 3대째 전해오다 이번에 공개하는 것이다. …… 광제호 태극기는 신 씨의 아들이자 인천 최초 의학박사인 고 신태범(愼兌範, 1912~2001) 박사에 이어 그의 아들인 신용석(愼鏞碩, 68) 인천아시안게임조직위원회 부위원장에게 전해져 3대째 보관되고 있다.(인천, 연합뉴스)

광제호는 일본 가와사키(川崎) 조선소에서 1904년 11월 건조한 대형 선박으로 1천56톤급의 군함이었다. 대한제국에 인도된 뒤 인천항을 모

항으로 하고 바다를 누비고 다니다가 경술국치 때 일본에 빼앗겼다. 당시 광제호 선미에는 가로 145cm, 세로 82cm의 대형 태극기가 게양되어 있었다. 연합뉴스에서 언급한 태극기가 바로 이 태극기다. 그렇다면 이 광제호 태극기와 김용주 사이에는 무슨 인연이 있었을까? 그의 이야기를 직접 들어보자. 『풍설시대 80년』 77쪽에 있다. 그가 말하는 의사 신(愼) 모 씨가 바로 신순성 씨의 아들 신태범 씨다.

"조선우선회사는 일찍이 조선총독부의 국책회사의 성격을 띤, 일인 운영의 대표적 해운회사였으며 소유 대형선박만도 20척이 넘었으나 전쟁 중 이 대형선박들이 거의 군용선으로 징발되어 종전 후엔 모두 그 운명을 헤아릴 길이 없는 실정이었다. 그러나 단 한 척, 2천 톤급 화물선 '부산호'가, 그것도 전상을 무참히 입은 채 인천항에 묶여 있었다. 미군 당국은 내가 조선우선의 관리를 맡기가 무섭게 이 '부산호'를 움직여 삼척 등지의 석탄을 인천항으로 운반해 오라는 지시를 내렸다. 나는 우선 기술진을 동원하여 부산호의 수리를 서둘렀다. 수리가 끝나고 부산호의 출항이 3일 후로 다가왔을 무렵, 나는 신문을 통해 이 소식을 전해 들었다는 신(愼) 모 씨라는 한 중년신사의 내방을 받았다."

"그는 내의를 밝히기에 앞서 한 장의 태극기를 내 앞에 펼쳐 보였다. 나는 의아한 시선으로 그 태극기를 눈여겨보았다. 그 태극기는 모직으로 만들어져 있었으며 품질도 좋았고, 넓이도 상당한 대형이었다. '이 태극기는 저의 선친께서 오래도록 남몰래 간직했던 것인데요.' 하고, 신모 씨는 그 태극기가 지닌 내력을 감개어린 어조로 이야기하기 시작

164

했다.

그의 말에 따르면, 그는 현재 인천시에서 병원을 경영하는 의사이며, 그 태극기는 일정 시 그의 부친이 임종을 앞두고 손수 물려준 것이라고 했다. '선친께서는 이 태극기를 물려주시면서 저에게 유언을 내리셨습니다. 이 태극기를 고이 간직하고 있다가 우리 민족 앞에 광복의 날이 오면 이것을 적당한 장소에 게양하라고!' 나는 그의 두 눈에 핑그르르 몇 방울의 이슬이 맺히는 것을 지켜보며 다음 말을 기다렸다. '선친께서는 구한말 군선(軍船) 광제호의 선장직을 맡고 계셨는데 이 태극기는 바로 그 때의 선기(船旗)입니다.'

1910년, 일본이 한국을 병탄하자 따라서 군선 광제호는 일본에 접수되고 이와 때를 같이하여 신 선장도 초야에 묻히는 몸이 됐는데, 신 선장은 광제호를 등질 때 마스트에서 손수 걷어 내린 선기인 이 태극기를 임종 직전까지 일정의 눈을 피해가며 가보로 고이 몰래 보관해 왔었다. 이 태극기에 기울이는 신 선장의 단성과 애착은 그지없어 가족들에까지 일절 비밀에 붙이는 가운데, 기면의 훼손을 막기 위해 1년에 한 번씩 태극기를 남몰래 햇빛 속에서 조심스레 손질해 왔었다. 그런 태극기였다. 민족의 수난기를 거쳐 온, 존엄한 역사가 깃들인 태극기였다."

"나는 그 유서 깊고 존귀한 태극기 앞에 옷깃을 여미고 감격의 충동을 금치 못했다. '그래서 말씀입니다. 오늘 제가 선생님을 뵈러 온 것은 이 태극기를 며칠 후 인천항을 출항한다는 귀사의 부산호에 달아 주셨으면 해서요. 귀사의 부산호야말로 대형선박으로서 해방 후 처음으로 출항하는 민족의 첫 배가 아니겠습니까. 저는 이 점에 커다란 의의를 느끼는 바입니다.' 즉, 해방 후 민족의 제1선으로 면모를 새로이 한 부산호에 그 태극기를 드높이 게양한다면 생전에 바다와 인연이 깊었던 그의 선친의 경력에 비추어 그 태극기는 가장 타당한 게양의 때와 장소를 얻게 되는 셈이며, 이로써 또한 신 의사 자신도 선친의 유언을 지킨 보람을 누릴 수 있게 된다는 것이었다. 나는 그의 부탁을 경건한 감동 속에 받아들였다."

"1945년 10월 27일 정오, '부산호' 출항식이 인천항에서 거행됐다. 식장엔 당시의 군정청 해사부장 이동근 씨와 조선우선 주재청문관인 미군인 카스텐 중령 등을 비롯하여 관계자 전원이 참석했다. 그리고 이 가운데 예의 신 의사도 참석했다. 그 태극기는 바닷바람을 헤치며 서서히 '부산호'의 마스트를 타고 올라가서 제자리를 잡았다. 햇빛 쏟아지는 맑은 가을 하늘에 기폭은 활짝 펴질 대로 펴지고 태극의 기표가 영원한 생명력을 떨치듯 선명하게 드러났다. 순간, 우리는 일제히 경건한 마음으로 애국가를 부르며 눈시울이 뜨거워졌다. 참석자 일동은 이미 나를 통해 그 태극기의 유래를 알고 있었기 때문이었다. 그 중 한 사람인 고문관 카스텐 중령도 비록 이방인일망정, 그러한 사연이 서린 태극기를 해방 후 민족의 첫 배에 게양하게 된 그 의의에 높은 평가를 붙이며 그것은 자기의 50평생에 가장 뜻 있고 감명 깊은 장면이었다고 두고두고 술회를 되풀이했다.

어쨌든 이 역사적 태극기를 우리나라 첫 대형선의 출항식에 사용한 것만으로도 우리로서는 그지없는 영광이 아닐 수 없었다. 그러므로 이 태극기의 존재를 더욱 빛내기 위해서는 그 유래에 비추어서라도 장차 우리나라에 해군이 창설되면 그것을 해군당국으로 하여금 보존케 하는 편이 뜻 깊고 올바른 처사로 믿어져 그런 뜻에서, 그 뒤 나는 그 광제호 선기였던 그 태극기를 신 의사에게 도로 돌려보냈다."

(『풍설시대 80년』 P.79)

한편, 김용주의 조선우선의 사장 취임과 '부산호'에 대해, 최재수(崔在洙) 전 해양대 교수는 이렇게 밝혔다.

— 그는 일제치하에서 주로 일본인들의 자금에 의하여 운영되었던 조선우선에 주목하였다(김용주도 소액이기는 하지만 조선우선의 주주였다). 해방 직후 미군정은 미군정법령에 의하여 종전 당시 한국수역에 있던 선박과 일본인(개인과 법인포함)의 재산은 모두 국유화하기로 하였다. 많은 사람들이 이 적산(敵産)에 눈독을 들여 서로 앞다투어 인수하려고 활동하였다. 조선우선도 예외는 아니어서 많은 사람들이 조선우선을 인수하려고 덤벼들었다.

한편 미군정에서는 당장 시급한 서울의 연료문제를 해결하기 위하여 동해안으로부터 무연탄을 운송해오기 위하여 조선우선에 선박을 확보하여 무연탄을 운송하라면서 6명의 관리위원을 임명하여 조선우선관리위원회를 설치하고 조선우선의 운영을 일임하였다. 이 6명의 위원 중 해기사 출신 한 사람을 제외한 나머지 5명이 얼마간의 돈을 출자하여 고장으로 인천항에 계선 중이던 '부산호'(조선우선 소속의 당시로서는 유일한 선박)를 수리하여 무연탄 운송에 투입하기로 한 것이다. 그러나 돈을 출자하기로 한 사람들이 하나같이 출자를 꺼리므로 결과적으로 필요한 자금 200만 원을 김용주가 혼자 출자하였다.

그 결과 관리위원회는 유명무실하게 되어 김용주가 조선우선 사장에 취임했고, 위원회는 해체되었다. 이것이 1946년 3월의 일이다. 200만 원은 당시로서는 거액인 바, 혼자 주인도 없고 사실상 국유인 조선우선에 선뜻 출자한 것은 김용주의 경영자로서는 용단이었다고 할 것이다.

《월간 해양한국》 422호, 2008.10.28.)

대한상공회의소와
한국무역협회 창립

김용주의 해방정국 활동은 그의 이력에 걸맞게 경제영역에 집중된다. 1946년 4월에는 미 군정청 상공부의 권유에 의한 대한상공회의소 창립에 김용주는 적극적으로 참여한다.

"민규식(閔圭植), 이동선(李東善), 이항종(李恒鐘), 최두선(崔斗善), 최순주(崔淳周), 김명하, 전항섭(全恒燮), 이정재(李定宰), 김용주 등이 설립위원이 되어 창립함으로써 한국경제계는 대한상공회의소를 중심으로 뭉쳐지게 되었다. 미 군정청당국은 당시 국내에 수많이 일어난 정당이나 단체가 서로 좌우로 갈려 치열한 투쟁을 벌이고 있었으므로 어느 단체도 상대하기 어려워 결국 당시의 민간단체 중에 상공회의소를 가장 착실하고 권위 있는 단체로 인정, 여기에 붙이는 기대가 컸다. 상공회의소 또한 그 기대에 부응코자 여러모로 앞장서서 활동을 거듭했다. 그러므로 국내의 모든 행사 등은 상공회의소가 중심이 되어 거행했다.

그 중 특기할 일은 메논 박사가 이끄는 유엔한국위원단이 서울에 와서 한국 정부 수립에 대한 전망 및 그 가부 등을 놓고 의견을 모으기 시작할 때, 상공회의소가 각계의 핵심이 되어 유엔한국위원단의 각국 대표위원들을 개별적으로 설득하여 마침내 그들로 하여금 남한 단독정부수립으로 찬의를 모으게 했으며 특히 인도 출신 단장 크리쉬난 메논 박사에 대한 교섭과 설득에 있어서는 가장 힘을 기울였다."

(『풍설시대 80년』 중에서)

대한상공회의소가 창립하고 약 6개월 뒤 또 하나의 경체단체인 한국무역협회가 창립하게 되는데 김용주는 이 단체 창립에도 적극 참여해 부회장까지 지낸다.

"무역협회의 창립취지는 한 마디로 말해서 해방 후 한국무역업계의 질서 확립과 업계 발전을 위해 무역업자의 협동을 꾀하는 데 있었다. 김도연(金度演), 이활(李活), 김인형(金仁炯), 이한원(李漢垣), 김익균(金益均), 전용순(全用淳), 김용주 외 사람들이 발기인이 되어 창립을 이룩한 것이며, 초대 회장에 김도연 씨, 상무이사에 이활 씨 등이 각기 앉았고, 그외의 발기인은 모두 이사로서 협력했다. 정부가 수립되자 회장 김도연 씨는 초대 재무장관으로 전출되어 이활 씨가 후임회장으로 선임되었고, 나는 6·25 전에 부회장이 되기도 했다. 그러나 그 뒤 나는 주일전권공사로 부임하게 되어 부득이 그 자리를 물러났다."

(『풍설시대 80년』 중에서)

신생 한국경제의 물꼬를 트다

새로운 투자

"태평양전쟁이 1942년 늦가을로 접어들자 일본은 지금껏 강행해 온 무모한 전선확대와 그 전력에 초조한 한계를 보이기 시작하여 전국은 앞으로 일본의 전면패퇴로 역전될 가능성마저 아울러 내비치기 시작했다. 일본 군부는 심상치 않은 전세에 당황한 나머지 전력증강을 목적으로 필요한 것은 무엇이든 징발해 갔는데, 이 바람에 나의 어선과 운송선 등 선박도 모조리 징발되어 그것들은 모두 남태평양 해역으로 끌려갔다. 가뜩이나 연료유가 부족하여 어업계는 극도의 불황상태에 빠져 있던 그 마당인데 어선과 화물선들마저 빼앗기고 말았으니 나는 부득이 어업과 해운업을 포기하지 않을 수 없었다.

이와 때를 같이하여 일본 당국은 모든 민간 기업에 대해 전쟁수행과 관련하여 통제와 정리를 가하게 되어 민간 기업은 거의 폐쇄상태에 놓이고 말았다. 나의 여러 사업은 중단되고 따라서 내가 거기에 투입했던 거액의 사업자금들이 회수되었다."

"그런데 문제는 그 회수된 자금을 앞으로 어떻게 다시 운용하느냐에 있었다. 마땅한 사업이 없어 그 유휴자금을 은행에 예금해 두자니 극심한 인플레이션 때문에 화폐가치가 날로 떨어지고 있는 현실이므로 그것은 현명한 조치가 아니었다. 토지, 건물 등의 부동산을 매입하자니 소위 9·28 정지가격에 걸리게 되므로 따라서 법망에 걸릴 위험성이 있고, 그 위에 당시 나의 신변환경은 무엇이든 트집만 생기면 일본관헌에게 잡혀 무슨 고초를 당할지도 모를 판국이고 보니 이것저것 생각한 끝에 나는 일류회사의 유망주식을 사들일 방침을 세웠다. 한동안 이 주, 저 주를 폭 널리 사들이다가 이왕이면 경영진에 참여할 수 있는 가능성이 있는 회사의 주식을 집중적으로 매입해 볼 생각이 들었다."

"이에, 나는 증권거래소에 상장되는 주식들을 통해 그러한 가능성이 엿보이는 업체를 조사해 본 결과 '국산자동차주식회사'를 골라잡게 됐다. 당시 이 '국산자동차주식회사'는 자본금이 250만 원이었으며, 식산은행계열에 속한 업체이기 때문에 식산은행에서 1,500만 원의 거액 융자를 얻어 인천 부근의 부평에 자동차조립공장 건설을 진행시키고 있었다. 건설 도중의 이 부평공장은 부지 6만여 평에 건평이 2천여 평이었으며 여기에 이미 일부 최신기재 등이 도입되어 일부가동에 들어가는 한편 평양 및 함경북도의 '자동차통제회사'와 북중국소재 '화북(華北)교통회사' 등 자동차노선회사까지도 가지고 있었다.

나는 이 회사주식의 대량매입에 착수하여 1943년과 1944년의 두 해 동안에 모두 약 120만 원어치의 주식을 사들였다. 처음엔 방편 상 익명으로 사들였으나 1945년 초에 이르러 모두 내 이름으로 정식 명의변경

172

을 해 놓고 비로소 식산은행당국을 상대로 경영참여에 관한 교섭을 벌였다. 그때 내가 가진 주식은 총자본의 46%에 달했다.

나의 실질적 교섭상대자는 당시 식산은행의 부두취(부총재) 격인 일본인 야마구치(山口) 이사였다. 야마구치 이사와의 교섭 결과, 1945년 10월에 '국산자동차주식회사' 임원 전원 임기만료와 더불어 임원개선이 있을 것이므로 그때 내 측에서 2명의 임원을 내게 하여 이로써 새로운 경영진을 개편하기로 합의를 봤다."(『풍설시대 80년』 P.94)

미 국무성과 담판

그러나 김용주의 경영 참여 기회는 10월이 되기 전에 찾아온다. 야마구치 부두취와의 합의가 있고 몇 달 되지 않아 태평양전쟁에서 패한 일본이 무조건 항복을 선언해버렸기 때문이다. 전쟁에 패한 일본은 그 순간 모든 권리를 잃게 되었고, 김용주는 예상보다 빨리 일본인 사장으로부터 자동차 회사의 운영권을 넘겨받는다. 하지만 한국자동차산업의 미래를 위해 힘차게 출발하는 김용주에게 뜻하지 않은 시련이 찾아온다.

"한국에 진주한 미군이 자동차주식회사의 부평공장을 적산이란 이유로 미군 당국이 접수해버렸다. 나는 곧 이 회사의 전체주식 중 한인 소유주가 48%에 달한다는 사실을 들어 미 군정장관을 상대로 접수의 부당성을 지적하며 즉시반환을 요구했다. 여러 차례의 반환 교섭을 거듭한 끝에 나는 다행히 6개월 만에 부평공장을 되찾았다. 나는 이 공장에서 스프링과 슬리브 등의 자동차 부속품을 생산하기 시작했는데 그러던 중, 무슨 영문인지 46년 겨울에 가서 또 미군 자동차부대에 재접수 당하고 말았다.

나는 다시금 미 군정청에 교섭을 벌여 반환을 요구했으나 이번엔 결과가 여의치 않았다. 생각다 못해 나는 당시 식산은행 주재고문으로 있던 미국인 골든 스미스 소령(변호사 출신)의 협력을 얻어 워싱턴 미 국무성에 항의서를 제출하고 이에 대한 선처를 촉구했다. 미 국무성에 대한 나의 주장은 다음과 같았다.

국산자동차주식회사의 자본구성은 한국인 소유주가 48%이며 여기에 식산은행소유주의 16%를 합치면 과반수가 훨씬 넘는 64%에 달하며, 또한 그동안 이사회를 형성하고 주주총회를 열어 주주권을 행사하는 등의 합법적 경영을 해 온 회사이므로 당사를 적산시하는 것은 부당한 처사라고 지적했다. 그러나 군정청에서는 식산은행을 적산으로 간주하고 적산주식 52%, 한국인 주 48%로 평가, 적산회사로 규정했다.

결국 쟁점은 식산은행의 적산여부였다. 주한 미군 당국은 식산은행을 단순히 한낱 적산으로 간주해 버리고 있었지만 이에 대한 나의 해석은 달랐다. 즉 8·15 해방 이전부터 한국 내에 등기되어 있고, 소수라도 한국인 주주가 끼어 있는 것은, 한국 내에 본점을 둔 회사는 일본인이 가진 주식은 적산이나 회사는 한국법인이므로 그 회사를 적산으로 간주해서는 안 된다는 것이 나의 논거였다. 어떻든 미 국무성 당국은 양측의 엇갈린 견해를 놓고 오랫동안 신중히 검토한 끝에 마침내 나의 주장을 받아들였다.

1947년, 조치를 주한 미 군정장관에게 시달했다. 이로써 모든 '귀속' 회사는 일제히 탈바꿈을 하고 그 회사 속의 일본인 소유주식만이 이른 바 적산 귀속주로 취급을 받게 됐다. 이렇게 이 어려운 문제가 해결을 보게 된 것은 국산자동차회사가 겪은 사례를 계기로 나의 대 미 국무성 항의가 주효했기 때문이었다. 어떻든, 미 국무성의 이러한 새로운 조치는 해방 후의 한국기업계에 재건의 활로를 열어 준 셈인데, 이를 계기로 경전(京電, 한국전력의 전신)을 위시하여 은행, 기타 유력업체들은 잇따라 새 이사진을 구성, 독자운영의 첫 걸음을 내디뎠다."

(『풍설시대 80년』 P.95)

국산자동차주식회사의 사례는 해방 후의 한국기업계에 재건의 활로를 열어 준 결정적인 동기가 된다. 이를 계기로 경전(京電, 한국전력의 전신)을 위시하여 은행 기타 유력업체들은 잇따라 한국인으로 새 이사진을 구성, 독자운영의 첫 걸음을 내디딘다. 이는 조선에 있던 일본 유력기업들이 명실공히 한국인의 회사로 거듭나게 됨으로써 민족자본형성의 물꼬를 트는 계기가 된다. 하지만 정작 국산자동차주식회사를 되찾은 김용주는 이후 여러 가지 악조건으로 인해 모든 것을 잃어버리는 불운을 맞는다.

"나도 국산자동차주식회사를 1948년 초에 되찾고 다시금 운영을 해나갔다. 그러나 한국의 모든 기계공업이 여러 가지 악조건으로 부진상태에 빠져 있던 그 시절이어서, 나의 국산자동차주식회사도 경영이 순탄치 못했을 뿐 아니라 거기에 예의 6·25 전쟁이 겹쳐 부평공장은 모조리 전화를 입고 말았다. 이로 인해 나는 조업을 단념할 수밖에 없었다. 따라서 나는 1943년경부터 국산자동차주식회사에 투자했던 당시의 돈 120만 원을 고스란히 날려 버린 결과가 되고 말았는데, 1943년 전후의 120만 원을 우리나라 자산평가방법으로 따지면 그것은 만석꾼 재산에 해당하며, 1980년 현재 화폐 가치로 따진다면 무려 백억이 넘는 거액이었다."(『풍설시대 80년』 P.97)

태평양전쟁 징발선박 반환 교섭

1946년 1월, 김용주는 눈이 번쩍 뜨이는 정보 하나를 입수한다.

'조선우선 소속 대형선박들이 태평양전쟁 중 거의 다 격침당했지만, 그 중 10여 척이 아직도 일본에 남아서 운항되고 있다.' 는 정보였다.

김용주는 즉시 서류를 만들었다. '조선치적선박반환요구서(朝鮮置籍船舶返還要求書)' 라는 서류였다. 그는 이 요구서를 조선우선사장 직분으로 미 국무장관 및 재일 연합군총사령관 맥아더 원수에게 각각 제출했다. 결과는 대만족이었다. 스캡이 김용주의 요구를 받아들여 '제1차로 소속기선 5척의 반환을 수락하고 '함경'(咸鏡, 3,204총톤), '앵도'(櫻島, 1,281총톤), '천광'(天光, 2,221총톤) 및 '일진'(日進, 780총톤)호를 반환하고 (최재수 전 한국해양대학 교수) 나머지 선박들도 소재가 밝혀지는 대로 곧 반환하겠다는 뜻을 알려왔기 때문이다.

김용주는 회신을 받자마자 지체 없이 선원들을 일본 현지에 파견하여 그 선박들을 무난히 인수해 왔다. 그리고 나머지 배들도 반환할 것을 계속 요구했다. 그러나 그것이 끝이었다. 아니, 끝이 아니라 일이 엉뚱하게 틀어져버렸다. 소재가 밝혀지는 대로 모두 반환하겠다던 스캡이 6개월쯤 뒤 느닷없이 처음 방침을 번복하고 나머지 선박의 계속 반환을 거절할 뿐 아니라, 이미 반환한 그 5척까지도 도로 돌려보내라는 공문을 보내왔기 때문이다. 김용주는 어이가 없었다. 자칫하다가는 손 안에 들어온 배 5척까지 되돌려줘야 할 판이었다. 하지만 김용주는 재일한국대표부 공사 시절 스캡을 많이 상대해본 경험이 있었다. 그는 그의 방식대로 밀어붙였다.

"나는 스캡의 진의가 과연 무엇인지 그것을 헤아리기가 무척 힘들었지만, 어떻든 나는 스캡의 그 새삼스런 요구를 거부하기로 하고, 나는 나대로 한 술 더 떠 나머지 선박들의 조속한 반환을 회신으로 거듭 촉구했다. 그로부터 약 2년 후, 대한민국정부가 수립되자 나는 초대 법무부장관 이인(李仁) 씨와 법무부장관 고문 미국인 법무관 스코트 씨를 방문, 재일 잔여선박반환을 논의했다.

결과, 스코트법무관의 노력으로 재일 맥아더사령부와 선박문제 교섭을 위한 회담을 열기로 합의를 보고, 우리 정부는 선박반환요구를 관철키 위한 교섭사절단을 스캡에 보내기로 결정, 곧 그 사절단을 구성했다. 그 사절단의 멤버는 단장에 김용주 그리고 위원으로 홍진기(洪璡基) 법무국장, 황부길(黃富吉) 해운국장, 수산국대표 오진호 씨 등이며 그밖에 어문담당으로 정인섭(鄭寅燮) 박사가 선출되었다. 일본 현지에서 스캡과의 교섭은 1주일에 걸쳐 벌어졌다. 스캡 측의 수석대표는 스캡 관재처장 모 준장이었고 그 외에 4~5명의 법무관이 열석했다."

"그들은 회의벽두부터 새로이 선박의 속지주의(屬地主義)를 고집, 스캡의 처사를 합리화시키기에 급급했다. 스캡을 대표한 그들의 주장은 군정법령 제2호에 근거를 두고 있었다. 그 법령에 따르면 1945년 8월 9일 현재, 일본인 회사인 조선우선 소속의 선박들은 일본 수역에 정박 중이었기에 이는 속지주의에 의거 마땅히 일본에 소속돼야 하므로 따라서 한국에 반환할 수 없으며 이미 돌려보낸 5척도 다시 반송하라는 것이었다.

이에 대해 나는 스캡이 당초에 나의 치적주의(置籍主義)를 아무 이견 없이 받아들인 엄연한 사실을 지적하는 한편, 조선우선회사는 전전부터 조선에 있던 법인으로 일본에 속할 성질의 것이 아님은 물론, 조선우선의 주주만 하더라도 비록 그 수에 있어 일본인이 많은 것은 사실이었으나, 그 중엔 조선인 주주들도 얼마간 있었다는 점을 환기시키고, 나 자신 조선인 주주의 한 사람이었음을 밝혀 놓은 동시, 요컨대 조선 내에 본사가 등기되어 있는 법인은 일본 법인이 아니고, 그것은 어디까지나 조선 법인인 만큼 그러므로 속지주의에 해당될 수 없다는 결론을 내걸고 강경히 대항했다.

이런 상황으로 여러 날을 끌다가 최후에 스캡측은 '선박은 곧 무기요. 우리 스캡은 전략상 한국에 더 이상 선박을 보낼 수 없소. 이것은 맥아더 총사령관의 명령이란 말이오. 그래도 불평불만이 있으면 워싱턴에 가서 담판하구려!' 하고, 엉뚱한 고집을 부렸다. 속지주의와 맥아더 총사령관의 지상명령! 이로써 1주일 만에 회담은 결렬됐다."

(『풍설시대 80년』 P.109)

제3장 새로운 통치자 미 군정과의 줄다리기 | 179

스캡 측의 새삼스런 '속지주의'와 한국 측의 '치적주의'가 대립하는 가운데 맥아더 총사령관의 지상명령이란 것까지 곁들여져 결국 회담은 결렬되고 한국 사절단은 그대로 돌아간다. 그러나 김용주는 일행을 한국으로 돌려보낸 뒤 혼자 미국으로 향한다. 워싱턴으로 가서 실낱같은 희망이지만 미 국무성의 온정에 매달려볼 심산이었다. 과연 그의 '국가적 해운건설'에 대한 집념은 무서웠다.

"나는 워싱턴에 도착하자마자 당시의 주미 한국대사 장면 씨와 주미 참사관 김세선 씨의 협력 아래 미 국무성 관계부서에 뻔질나게 출입하며 호소와 더불어 선처를 요망했다. 그러나 미 국무성 담당관은 나의 호소에 어느 정도 이해를 기울이면서도 정작 결정적 판가름을 내릴 단계에 이르러서는 우왕좌왕하며 시원스런 확답을 회피했다. 왜냐하면 일본이 아직 연합국군정 관리 하에 놓여 있다는 사실에 비추어 일선사령관의 처사를 부정할 수 없다는 그런 지배적 의견 때문이었다.

그렇게 시일만 한 달 가량 헛되이 흘러 나는 지칠 대로 지쳐버렸다. 나는 생각다 못해, 미국 대심원판사를 지낸 바 있는 어느 저명한 변호사를 찾아 이 문제에 대한 의견을 물어봤다. 그러나 그 변호사의 의견에 따르면, 일본이 무조건 항복을 했기 때문에 이런 문제 같은 것은 재래의 국제법으로는 쉽사리 다룰 수 없으며 따라서 맥아더 총사령관의 조치를 철회시키기는 어렵다는 것이었다. 그 변호사의 의견을 마지막으로, 그때서야 나는 쓰디 쓴 체념을 안은 채 귀국길에 오르고 말았다. 그 뒤, 나는 그놈의 속지주의란 말만 들어도 속에서 신물이 치밀어 오르곤 했다."(『풍설시대 80년』 P.110)

신물이 날만큼 속지주의란 말이 싫었지만, 또 그만큼 속지주의 때문에 실패한 선박반환 건은 김용주의 머릿속을 떠나지 않았다. 그러던 어느 날, 김용주는 문득 한 가지 생각이 떠올라 곧바로 행동에 옮긴다. 그리고 속지주의를 주장하는 스캡에 통쾌하게 한방 날린다.

"어느 날 나는 은근히 뜻하는 바가 있어 부산 소재 선박급수회사의 과거 급수일지들을 차근차근 조사해 봤다. 나는 이 조사를 통해 지난날 조선우선소속선박의 하나였던 평안환(平安丸, 2천 톤급)이 1945년 8월 9일 현재 부산항에 정박했다가 그 후 일본으로 건너간 사실을 새로 밝혀냈다.

스캡의 속지주의에 따르면 이 평안환은 마땅히 한국에 반환되어야 할 대상이었다. 그래서 나는 맥아더 총사령부에 이 사실을 통보하는 동시, 강경한 재교섭을 벌인 끝에 스캡도 이를 승인할 수밖에 없어 비로소 '평안환'의 반환이 실현되었다. 그런데 이 '평안환' 반환의 경우에 있어서도 유감스런 방해공작이 곁들여졌다. 즉, 종전 직후 일본에 돌아간 전 조선우선 일본인 중역진이 우리 측의 반환요구에 당황하여 평안환의 소재를 이리저리 옮겨 감추는 바람에 부득이 우리 측은 독자적 조사를 통해 그 소재를 포착하고, 그 선체를 압류하여 우리 선원에 의해 한국으로 옮겨놓는 데 2개월이란 시일이 걸렸다.

어떻든, 스캡의 속지주의도 이런 일로 인해 한번쯤은 날벼락을 맞은 셈이라고나 할까. 그 수는 비록 한 척일망정 나로서는 그토록 어려운 상황 속에서 그 정도만이라도 성과를 거두었기 때문에 처음으로 쾌재를 불렀다."

(『풍설시대 80년』 P.111)

최초 남북교역선 앵도호(櫻島號)

1948년, 한국 정부수립을 몇 달 앞둔 어느 날, 김용주는 화신산업사장 박흥식(朴興植) 씨로부터 하나의 중요한 제의를 받는다. 내용은 '남한에서 면포와 전선 등 여러 가지 잡화를 북한에 보내고, 북한에서 질소비료를 반입해 올 계획인데, 북한 관련 기관과는 이미 양해가 성립되었으니 적당한 화물선 한 척을 운항해 달라.'는 것이었다.

김용주는 박흥식 씨의 요청에 얼른 대답을 못했다. 상대가 다름 아닌 공산당이기 때문에 그들의 수법인 기만, 배신, 강탈에 희생될 우려가 컸기 때문이었다. 그러나 며칠 뒤 김용주는 박 사장의 요청을 받아들이고는 2,000톤 급 화물선 앵도호(櫻島號, 사쿠라지마호)를 보낸다. 그러나 우려했던 대로 배와 선원은 억류되고 그는 엄청난 고통을 당한다.

공산당의 수법을 잘 알고 있는 그가 왜, 무엇 때문에 위험을 무릅쓰고 배를 보냈을까? 그가 자신의 회고록 『풍설시대 80년』에서 밝혀놓은 이유는 이렇다.

한 동포라는 믿음

"위험한 일이었지만, 애써 생각을 돌리면 한 줄기의 희망이 없는 것도 아니었다. 그것은 '한 핏줄로 엮어진 한겨레' 라는 사실에서였다. 비록 외세의 영향으로 남북이 단절돼 있긴 하나 아무리 포학무도한 공산당일망정 그래도 동포로서의 핏줄은 같을 것으로 생각이 드는 동시, 그러한 시도는 남북 동족간의 민생문제 해결에 도움이 되기 때문이었다. 이 점으로 미루어 북괴 측도 그다지 이의는 없을 것으로 내다보일 뿐더러, 또한 나아가서는 그런 방법의 순수한 경제교류를 계기로 행여 각종 남북교류에 길이 폭 널리 열리게 된다면, 우리 민족사회를 위해 경하할 만한 일이라 생각했다.

나는 화신 박 사장에의 확약을 일단 다음 날로 미루고 미 군정청의 지휘를 받는 남조선 과도정부 당국에 의견을 묻는 한편 신뢰할만한 한 중견사원 최현진(崔現鎭) 군을 비밀리에 평양으로 파견, 북한 괴뢰정권의 무역대행기관인 조선상사와 접촉시켰다. 그 결과, 그 사원은 선박 및 운항의 안전을 보장하는 협정서를 갖고 돌아왔으며, 남조선정부 또한 거기에 의거하여 출항을 정식으로 허가했다. 여기에 이르러 나도 비로소 마음을 놓을 수 있었다. 솔직히 말해서 나는 싣고 가는 남쪽의 물자보다도 자칫 잘못하다가는 억류될지도 모를 우리 선박의 운명에 신경이 쏠릴 수밖에 없었던 것이다. 어떻든 나는 그때서야 박 사장에게 승낙의 말을 건넬 수 있었다.

화신과의 정식계약 아래 내가 출항시킨 배는 조선우선소속 2,000톤급 선박 앵도호였다. 목적 항은 북한의 흥남항. 거기서 이쪽의 적재화물을 풀고 그 값만큼 질소비료를 선적할 예정이었다. 그러나 앵도호가 흥남항에 입항하기가 무섭게 그들은 비료는커녕 이쪽의 화물과 선박 및 선원들을 고스란히 삼키고 입을 싹 씻어 버렸다. 남한의 대형선박이 북한공산당에 의해 억류되기는 이 앵도호가 처음이다."

(『풍설시대 80년』 중에서)

헌신짝이 된 동포애

"이렇게 우리의 앵도호는 북한공산당에 의해 불법적으로 억류되고 말았다. 사태가 이쯤 악화되고 보니 선박 귀환 여부와 선원들의 안위 여부가 문제였다. 나는 우선 억류 선원들의 가족들에 대해 내가 취할 수 있는 모든 적절한 조치를 게을리 하지 않았다. 그리고 앵도호 반환과 억류선원석방 교섭을 위해 몸소 평양으로 가보려 했으나, 이북 측은 나의 그런 요구조차 받아 주지 않았다. 결국 선박 귀환은 끝내 실현되지 못했으나 몇 달 후 억류선원들의 석방만은 실현되어 전원 무사히 귀국하기에 이르렀다. 나는 억류선원의 전원 귀환에 일단 한숨 돌리기는 했으나 억류선박에 대한 애착과 집념은 여전히 남았다.

때마침 홍콩(香港)과의 정기항로 개설 교섭 차 홍콩에 갈 기회가 있었는데 이북 무역대행기관인 조선상사 부사장 김정수가 그곳에 주재하고 있다는 소식을 듣고 선박 반환 교섭을 겸하여 1949년 1월 나는 홍콩으로 떠났다. 나는 홍콩서 조선상사 부사장 김정수라는 인물을 만나려고 10여 일을 헤매었으나, 소재를 극비에 붙여 거래상사에서도 유숙처를 알지 못하는 형편이었다. 그러던 중, 나하고 친분이 있는 조선통신사장 김승식(金承植) 씨가 김정수와 왕래가 있다는 것을 알고, 김 씨를 찾아 김정수와의 면회알선을 부탁했더니, 김 씨도 처음에는 불가능하다고 거절했으나 내가 워낙 부탁을 하니 2~3일 시간을 달라 하고 상대방과 교섭을 시작했다.

그 결과 수일 후에 비밀거처에서 김정수라는 인물을 만나게 됐다. 김정수라는 인물은 인품이 대단히 온화하고 단정한 것으로 보여 나는 거리낌 없이 흉금을 터놓고 담판을 시작, 이제 남북은 물자교류를 통해서라도 남북동포의 민생부지가 필요한 것이며, 더욱이 앵도호 사건은 사전에 이북 당국과 조선상사가 우리와 선박 안전귀환을 협정한 것인데도 불구하고, 이러한 배신행위를 감행했다고 그 배위를 힐난하며 선박의 즉시 반환을 요구했다. 이에 대해 김정수는 시종 담배만 피우며 묵묵히 내 말만 듣고 있다가 내 말이 끝나자 짤막한 한 마디로 다음과 같은 반응을 비쳤다.

'······잘 알았습니다. 그러나 내 하찮은 신분으로선 이 자리에서 무엇이라고 확답을 드릴 수는 없습니다. 하지만 내가 평양에 돌아가면 상부에 건의하여 최선을 다해 보겠습니다.'

김정수와의 면담은 이것으로 끝났다. 나는 그의 언약을 액면 그대로 믿지는 않았지만 그래도 행여나 하고 한 가닥의 기대를 걸었던 것만은 사실이었다. 그러나 그 뒤 세월만 헛되이 흘렀을 뿐, 앵도호 그 배는 영영 돌아오지 않았다. 앵도호는 지금 나의 머릿속에 한낱 환상의 배로 아련히 남아 있을 뿐이다."(『풍설시대 80년』 중에서)

대한해운공사 창립

정부수립 이듬해인 1949년 9월 20일, 대한민국 국회는 대한해운공사법을 통과시킨다. 이날 상오 10시 30분, 김동원(金東元) 국회 부의장 사회로 열린 임시국회 제2차 본회의에서 두 번째 의제로 상정된 '대한해운 공사법'은 제2조(정부자본금 4억 이상 출자 가능)와 제37조(대한해운공사가 대한우선회사를 흡수한다는 내용)를 추가한 뒤 국회를 통과했다. 이 법이 통과됨으로써 김용주의 새로운 나라를 위한 야심찬 '해운건설'의 꿈이 한 발짝 가까워진다.

"1948년 8월, 대한민국정부가 수립되자 모든 적산기업체를 민간에 불하할 방침을 세웠다. 이에 따라 내가 관리 운영해 온 조선우선도 그 불하대상의 하나가 되어 나는 응당 조선우선을 불하받을 수 있는 입장에 서 있었다. 그럼에도 불구하고 나는 이 조선우선에 대한 불하수속을 망설였다.

그 이유는 원래 해운사업이란 막대한 자금이 필요하며 더욱이 국가를 대표할만한 대선박회사라면 적어도 미화 수천만 달러가 소요되는

186

것이라 일개인으로서는 경영할 수 없는 성질의 것이어서 마땅히 반관영인 회사를 만들어 국가의 뒷받침으로 경영해야 된다는 의견을 나는 평소에 갖고 있었기 때문이었다. 이리하여 나는 반관반민(半官半民) 회사 설립을 구상하고 있던 차, 때마침 국회에서 정부직영 해운사업을 놓고 대정부 논란이 벌어졌다."

"논란의 이유인즉, 교통부 해운국은 과거 미 군정청 소속이었던 대소 선박 20여 척을 대한민국 수립과 동시에 빌려 받아 이것을 해운국 소속으로 1년 가까이 직영해 왔으나 그동안의 결손이 무려 30억 원이란 숫자를 가리켰기 때문에 이 점이 국회에서 문제가 된 것이었다.

당시의 교통부장관은 허정(許政) 씨였다. 허 장관은 국회에 불려 나가 심한 논란의 화살을 받을 수밖에 없었다. 궁지에 빠진 허 장관은 그 대책을 나에게 물어왔다. 그리고 해운국 소속의 그 선박들을 조선우선회사가 인수 운영하여 달라는 부탁을 덧붙였다. 여기에 있어 나는 상술한 바와 같은, 한국 해운계에 붙이는 포부와 지론을 바탕으로 반관반민의 성격을 띤 해운회사의 설립을 허 장관에게 건의했다. 허 장관은 내 뜻을 받아 들여 이에 정부출자 4억 원, 민간출자 1억 원의 도합 5억 원 자금의 주식회사 대한해운공사를 창립하기에 이르렀다. 그리고 초대 사장으로 내가 취임했다.

한국 해운계를 대표하는 해운회사인 대한해운공사는 이렇게 발족하여 내가 관리 경영하던 조선우선회사와 교통부 해운국에서 운영하던 여러 선박들을 한데 합치고 다시 미국으로부터 볼틱선 6척을 빌어 상당 규모의 해운회사로 등장하기에 이르렀다."(『풍설시대 80년』 P.103)

김용주의 대한해운공사 창립에 대해 전 해양대학교 최재수 교수는
이렇게 평가했다.

　　― 조선우선은 김용주가 거금을 투입하여 경영정상화를 통해 흑자경
영을 실현하고 있었다. 당시 우리나라에 그런 기업이 거의 없는 상황에
서 이 회사를 거의 무상으로 쾌척하여 새로운 국영기업체를 창립하자
고 하니 누구든지 이 제안을 환영하고 감사하는 것은 당연하다. 이러한
그의 결심과 제안은 해방의 감격 속에서 김용주가 해방된 조국을 위하
여 자기의 여생을 어떻게 보낼 것인가를 놓고 고심하다가 그 목표를
'해운건설'에 두었음을 전술하였다. 조선우선의 경영정상화가 그의 결
심에 대한 첫 번째 결실이었다면, 조선우선을 쾌척하여 대한해운공사
를 설립한다는 결정은 두 번째 맺은 커다란 결실이었던 것이다.

(『최재수의 해운 이야기』 '한국해운을 만든 사람들' 중에서)

홍콩 정기항로 개설

대한해운공사 초대 사장에 취임한 김용주는 첫 목표를 홍콩 정기항로 개설에 둔다. 8·15 해방 이래 마카오와 홍콩은 한국 대외무역의 창구 구실을 하고 있었다. 하지만 무역을 뒷받침할 만한 선박은 몇 척 되지 않았고 그나마 제 구실을 하지 못하는 선령이 높은 배들뿐이었다. 거기다 설상가상으로 해기원들의 기능이 제대로 갖추어져 있지 않아 홍콩 정기항로를 개설하기엔 당시로서는 애로가 많았다. 그러나 어렵다고 쉽게 포기해버릴 김용주가 아니었다. 그는 해방 직후 자신의 모든 것을 바쳐 '해운건설'로 국가에 헌신하겠다고 목표를 세운 사람이다. 자연자원이 부족한 우리나라에 민생을 확보하고 국내 산업을 발전시키는 데는 대외무역만이 정답이라고 판단한 그는 과감한 도전에 나선다.

"나는 무조건 홍콩으로 날아가 홍콩정청과 부딪쳤다. 현지에서 1개월에 걸쳐 대리점 설치, 항로개설에 관한 기본협정체결 교섭, 화물조사 등 이 모든 어려운 절차를 마치고 마침내 홍콩정기항로 개설을 실현시켜 1949년 1월, 제1선으로 5,000톤급 금천호가 취항했다. 이로써 월 1

왕복의 정기운항을 하게 되었다. 이리하여 우리나라의 대 홍콩 무역은 한국선 정기취항으로 비약적인 발전을 하게 되었다."

(『풍설시대 80년』 P.105)

한국 군함 제1호 백두산호

백두산호(白頭山號)는 건국 초기 국민들의 많은 관심과 기대를 한 몸에 받은 우리나라 최초의 군함이다. 이 배가 미국에서 구입되어 수리를 마치고 태평양의 푸른 파도를 헤치며 우리나라로 항해하는 모습을 언론은 중계를 하듯 연일 보도했다.

그러나 이 백두산호가 어떤 과정을 거쳐 우리 해군이 갖게 되었는지, 그 내막을 아는 사람은 그리 많지 않다. 원래 이 배는 2차대전 때 독일 잠수함 격퇴용으로 건조되었다가 퇴역하고, 미국 해양대학교 실습선으로 사용하던 화이트 헤드(White Head)호이다. 그런데 우리나라가 구입해 무장을 다시 하고 배 이름을 '백두산호'로 바꾼 것이다. 그럼 우리나라 최초의 군함 백두산호 구입과정을 보자. 김용주 회고록『풍설시대 80년』에 그 내막이 소상히 드러나 있다.

"1949년 7월 어느 날, 나는 이승만 대통령으로부터 전화로 중요한 지시를 받았다.

'미국 정부가 중고 해안경비정 1척을 싼값으로 매도할 의사를 전달

해 왔으니, 당신이 한국 정부를 대표하여 그 배의 성능과 가치를 자세히 살펴보고 빨리 알려주시오!'

당시 나는 앞서 이야기한 대일 선박반환요구 교섭 건으로 미국 국무성과 절충하기 위해 워싱턴에 머물고 있었다. 나는 즉각 배 소재지부터 파악했다. 그 경비정은 뉴욕 근처인 킹스 포인트 해양대학 구내에 매여 있었다. 나는 주미대사관의 김세선(金世旋) 참사관을 데리고 뉴욕 킹스 포인트로 가서 해양대학장을 만나 그 경비정을 직접 조사했다.

한여름의 밝은 햇빛 속에 스마트한 선체를 드러내고 있는 그 경비정을 대하자 나는 첫 눈에 구미가 당겼다. 그 배는 엔진이 3천 2백 마력이나 되는 5백 톤급 쾌속정이었다. 그 정도의 성능을 갖춘 배라면 당시 요람기에 있는 우리 해군의 연안훈련에 가장 알맞은 군함으로 보였다.

나는 그 자리에서 그 배의 가치를 약 50만 달러로 추정했다. 그런데 미국 정부관계 당국은 한국해군을 위해 정책적 견지에서 최대의 호의를 베풀어 단돈 4만 달러로 양도하겠다는 의사였다. 세 배나 다름없는 경비정을 4만 달러라면, 그것은 호의에서 우러난 한낱 형식적인 금액임이 분명했다. 나는 마치 공것이라도 생긴 것처럼 기뻐하며 즉각 이 대통령께 보고했다.

'4만 달러면 비싸! 2만 달러로 깎아 봐!'

나는 어안이 벙벙했다. 대통령의 그런 지시 내용을 미국 당국에 체면상 차마 말할 수도 없고 그저 난감할 뿐이었다. 거기다 그런 값이 상대방한테 통할 리도 없을 뿐만 아니라 자칫 미국 정부의 모처럼의 호의를 짓밟는 결과를 초래시킬지 모른다는 점도 염려되었다. 나는 어떡하든 이 대통령을 설득하는 수밖에 없다고 생각했다.

나는 4만 달러란 값은 공것과도 같은 싼 값임을 거듭 강조하고, 만약 정부에서 그 값에 구입할 수가 없으면 내 개인으로라도 그 선박을 매입하겠다고 요청했다. 그랬더니 그때서야 이 대통령도 내 뜻을 받아 들여 그 배의 구입을 정식 결정했다."(『풍설시대 80년』 P.117)

"이것은 뒷이야기지만, 당시의 손원일(孫元一) 해군참모총장 일행이 미국 현지에 와서 그 배를 정식 인수하여 파나마운하를 거쳐 태극기를 선두에 달고 하와이 호놀룰루에 기항했을 때, 하와이 거주의 모든 한교들은 눈물겨운 환성을 드높이 올리며 연일연야 극진한 환영을 베풀었다 한다. 이 바람에 그 배는 부득이 당초의 출항 예정을 늦출 수밖에 없었으니, 몽매에 그리던 태극기가 달린 우리 군함을 처음 대한 하와이 한교들의 감격과 환영이 얼마나 컸던가를 가히 짐작할 수 있다.

한국의 새로운 보금자리를 찾아 든 그 배는 '백두산호'로 명명되어 우리 군함으로서 제1호의 역사적 자리를 차지하는 기록을 길이 간직하게 됐다. 백두산호가 우리 군함으로 취항한 지 반 년이 못되어 6·25 전쟁이 발생하자 '백두산호'는 부산 근해에 침공해 온 북괴의 상륙정을 격침하는 등, 주로 동해해역을 누비며 북괴군의 해상침공을 분쇄하여 많은 공을 세웠다."(『풍설시대 80년』 P.118)

백두산호가 하와이를 거쳐 우리나라에 오는 동안 경향신문과 동아일보는 연달아 소식을 전하며 국민의 관심을 끌었다. 다음은 그 당시 경향신문의 보도내용이다.

白頭山號武裝完了 (백두산호무장완료)

不遠間布蛙發入港 (불원간포와발입항)

　미국에서 구입하여 우리 해군이 운행하여 오다가 방금 하와이 호놀
룰루에서 무장 중에 있는 우리 군함 백두산호는 무장도 거의 끝났으므
로 머지않아 호놀룰루를 출발하여 우리나라로 들어오게 되었다.

(軍檢畢 군검필)(경향신문, 1950.3.16.)

　백두산호 구입을 주선하고 1년 후, 김용주는 이 대통령의 특명으로
주일대표부전권특명공사로 부임하게 된다. 그리고 전술한 바와 같이
6·25를 맞아 유엔군사령부(SCAP)를 상대로 피말리는 외교전을 펼
친다.

제4장

독재와 무질서가 부른 4·19와 5·16

— 김용주의 정치 경제

대통령 측근의 외압과 모략 | 대한해운공사 사장 사임 | 신한학술연구회 창립 |
참의원 당선과 민주당 원내총무 | 대한중석 1백만 달러 커미션 사건 | 대일청구 5억
달러 논의 | 5·16 전야의 민주당 최고회의 | 혁명 총성과 미 대사관 방문 | 김용주가
본 내각책임제와 정당정치 | 주한 유엔군 총사령관 데커 장군과의 해후 | 일본
정계요인들과의 모임 | 용문중·고등학교 설립 | 김용주와 호남과의 인연 | 대한방직
협회 회장 | 한국경영자총연합회 회장

대통령 측근의 외압과 모략

1951년 8월, 김용주는 약 1년 반에 가까운 주일대표부전권특명공사를 사임하고 본국에 돌아와서 다시 대한해운공사 사장 자리에 복귀한다. 대한해운공사 사장 자리는 물을 떠났던 물고기가 제 물을 다시 찾은 안도감을 안겨주었다. 그러나 그 자리에도 어느새 타의에 의해 장해가 일기 시작했다. 어느 날, 해운공사 사무실에 이 대통령 부인 프란체스카 여사의 미국인 비서가 찾아왔다.

"이건 프란체스카 여사의 뜻입니다. 현재 스웨덴(瑞典)에 있는 'CI타이프' 중고선박 2척을 스웨덴 모 선박회사에서 1척당 120만 달러에 매도할 계획이라고 하니, 이것을 대한해운공사에서 매입하도록 하라는 전갈입니다. 그리고 이 일은 샌프란시스코(桑港) 주재 한국총영사 주영한(朱榮翰) 씨가 알선한 것이라는 것도 알려주라고 했습니다."

김용주는 즉석에서 거부했다. 이유는 간단했다.

"당시, CI타이프 중고선박의 시가는 고작 60만 달러에 지나지 않았으며 인수 장소도 멀리 스웨덴까지 갈 필요 없이 근거리의 일본 항구에서 얼마든지 매입할 수 있기 때문이었다. 프란체스카 여사의 뜻에 따라 스웨덴의 그 선박 2척을 매입할 경우, 그 선박이 중고선인 만큼 스웨덴 현지에서 어느 정도 손질을 하고, 그것을 다시 한국까지 운항해 오는 데, 그 소요경비가 1척당 약 20만 달러로 추산되어, 결국 1척당 도합 140만 달러의 대가를 지불해야 하는 셈이 되는 것이었다. 나는 그 비서 에게 주 영사가 선박에 대한 지식이 없어서 그런 터무니없는 가격과 인 수 장소 등의 제 조건을 액면 그대로 받아들이려 한 것이라고 지적해 두었다."(『풍설시대 80년』 P.246)

  하지만 이 일로 김용주는 프란체스카 여사의 심기를 불편하게 만들 고 말았다. '감히 누구의 부탁을 거역한단 말인가?' 하고 프란체스카 여사가 노여워했다는 이야기를 후에 전해 듣는다. 설상가상 그런 판국 에 공교롭게도 불미스런 사건 하나가 겹쳐진다.

  "하루는 해운공사 직원으로부터 긴급보고가 들어왔는데 사연인즉, 일본 요코하마(橫濱)에서 부산으로 귀항한 대한해운공사 소속 선박 속 에 부산에 있는 모 미군 중령 앞으로 보내 온 화물이 들어있는데 보기 에 그 화물은 암만해도 밀수품 같은 인상이 짙으니 선처를 바란다는 것 이었다. 나는 곧 대한해운공사 주재 미 고문관을 시켜 세관에 통고케 하고, 그 화물 내용을 엄밀히 검사시켰다. 그 결과, 그 화물은 당시 돈 으로 10억 상당의 시계와 기타 귀금속 등임이 밝혀져, 그 미군중령의 신병은 CIC로 넘겨졌고 화물은 전부 몰수됐다. 여기까지는 좋았다. 아 니, 대한해운공사 사장으로서의 나의 긴급조치는 그야말로 '특상' 감 이라 해도 과언은 아닐 것이다."(『풍설시대 80년』 P.247)

대한해운공사 사장 사임

"그러나 사태는 엉뚱한 방향으로 빗나가고 말았다. 여기에도 조작과 중상이 곁들여진 것이다. 이것은 약 2년 후에야 비로소 내가 알아낸 사실이지만, 당시 소관당국 모 최고 책임자와 나 사이엔 평소 공무상의 마찰로 일종의 감정대립을 보여 오고 있었는데, 그는 이 밀수사건을 기화로 평소의 감정을 앞세워 이 대통령에게 얼토당토 않은 보고를 올렸다고 한다. 그 진상에 따르면, 대한해운공사 소속 선박에서 10억 원이란 정부수립 이래 최고액의 밀수사건이 적발됐다는 보고를 하는가 하면, 그 자리에서 이 대통령이 해운공사의 사장은 김용주이지, 예 그렇습니다. 하는 식으로 문답이 오가고, 마치 대한해운공사 자체가 그 밀수사건을 저지른 양 그런 인상을 풍기게 하여 나에 대한 이 대통령의 심증을 일방적으로 흐려 놓고 말았다는 것이었다.

하루는 당시 경무대 비서실장인 고재봉(高在鳳) 씨가 나를 찾아와, '대통령 각하 말씀이, 최근 해운공사에 무슨 불미스러운 중대사건이 발생한 것 같다는데……' 하고, 은근히 책임추궁과도 같은 심상치 않은 태도를 보이며 각하께서 사표를 내라는 분부시니, 그렇게 해 달라는 말을 건넸다.

　내 생각으로는 미국 군인이 저지른 그 밀수사건 처리에 대해서는 오히려 내가 포상을 받아야 할 입장이었다. 나는 고 실장의 그 말이 하도 갑작스럽고 뜻밖이어서 대관절 그 중대사건이란 무엇이냐고 물었더니, 고 실장은 자신도 그 내용을 모른다는 대답이었다. 어떻든 나는 사표제출분부를 놓고 충격과 더불어 마음이 착잡했다. 솔직히 말해서 대한해운공사 사장직을 떠나야 하는 사실이 나에겐 큰 실망과 슬픔을 안기는 일이었다. 그것은 그 자리가 탐이 나서가 아니라 처음부터 한국의 해운건설을 위해 일생을 바치겠다는 결심으로 대한해운공사를 설립하여 그 자리에 앉았던 나로서는 어쩐지 공든 탑이 무너지는 것 같은 삭막한 느낌을 억제하지 못했기 때문이었다.

　그러므로 나는 다시 고 실장에게 이 대통령을 직접 만나 뵙고 그 중대사건의 내용이나 알아본 후 그때 가서 사표를 내는 것이 순서가 아니겠느냐고 말했다. 그러나 고 실장은 각부 장관들도 사임 시엔 우선 사표를 내고 그런 연후에, 비로소 이 대통령과의 면회가 허용됐다는 지금까지의 상례를 들어 보이며, 내 경우에 있어서도 먼저 사표를 내고 나서 면회를 신청하도록 권고했다. 이에 나는 사표를 내고 말았다.”

(『풍설시대 80년』 P.249)

신한학술연구회 창립

이승만 대통령은 장기집권과 독재정권 기반을 굳히기 위해 전쟁 중 임시 수도인 부산에서 5월 25일 계엄령을 선포한다. 나아가 폭력을 동원하여 강제로 국회의원을 연행, 구속까지 한다. 이런 사태는 7월 7일 제1차 개정헌법을 공포할 때까지 계속되는데, 이를 부산정치파동(釜山政治波動)이라고 한다.

이 기간 동안 정국은 극도의 혼란과 암담한 좌절에 빠지고, 민심은 흉흉하고 민주주의는 위기에 직면하게 된다. 시정엔 백골단, 땃벌떼 등 여러 폭력단체가 관권 옹호 하에 횡행했다. 김용주도 이런 정국에 휘말려 신변 위협까지 받게 된다. 국가의 전도를 바로 잡기 위한 뜻에서 정부의 탄압 대상인 야당에 거액의 자금을 지원했기 때문이다. 결국 김용주는 위험을 감당 못하고 망명에 가까운 심정을 안고 일본 동경으로 몸을 피하지 않을 수 없었다.

"이역 동경에서 멀리 조국의 하늘을 바라보니 거기엔 검은 요운(妖雲)만 서려 있는 것 같아 국가와 민족의 전도에 절망만 느낄 따름이었다.

나는 절망감을 배제할 한 줄기의 희망을 세워 볼 심산으로 동경 현지의 뜻 있는 인사들을 규합하여 '신한학술연구회(新韓學術研究會)'를 창립했다. 1952년 10월의 일이다. 창립의 중심인물은 나를 비롯하여 권일(權逸, 변호사 후에 국회의원), 김삼규(金三奎, 전 동아일보 편집국장), 김정주(金正柱, 사학자), 김용린(경성방직 임원) 등이었으며, 회원으로 일본 각 대학 대학원에 유학중인 한국 학도들을 망라했는데, 학생 측 주역은 조만제, 김현곤, 김원경 등이었다. 회원은 30여 명에 이르렀고 회장으로 내가 선임됐다.

창립 목적은 진정한 학술연구를 통하여 한국의 민주주의 발전에 기여코자 함이었다.

나는 매월 학생회원들에게 각기 정액의 연구비를 보조하는 한편 매월 1회씩 일본의 저명한 학자를 초청하여 학술연구 세미나를 열었고, 그 위에 회원 간의 학술연구발표도 있었으며, 연 1회 연구논문집을 정기 발행했다. 지금까지 이 회를 거쳐 나온 회원 중에는 박사학위를 얻은 인물이 50여 명이고, 본국에 돌아와서 대학교수, 국회의원, 실업가, 고급공무원 등의 요직에 앉은 사람은 수십 명에 달한다.

이 회는 지금까지 24년의 역사를 꾸준히 이어왔는데, 현재도 일본 현지의 대표적 학술연구단체로서 재일 한국학도에게 조국 혼을 심어주며, 선배지도층 및 학도 130여 명의 회원 진으로 학술연구에 정열을 기울이고 있다. 이 신한학술연구회 출신으로 본국에 돌아와 있는 회원은 백여 명이 된다."(『풍설시대 80년』 P.272)

김용주가 주선해 창립한 '신한학술연구회'는 그 후로 한국의 각종 학술발전에 많은 공헌을 한다. 동아일보는 '신한학술연구회' 회원 5명을 특별 초청해 강연회를 개최하면서 다음과 같이 소개했다.

— 본사에서는 기보(既報)한 바와 같이 '한국과학기술진흥협회'의 후원으로 재일 '신한학술연구회' 회원을 초청하여 학술 강연회를 열게 되었다. '신한학술연구회'는 재일한국청년단체들의 학술연구회인데, 그동안 8차에 걸쳐 연구논문집 『신한학보』를 발간한 것은 물론, 연구발표회, 강연회 등을 개최해 왔는데, 박사학위를 가진 회원만도 20여 명에 이르고 있다. 이번 귀국 강연회는 이들 회원 중 다섯 명을 초청한 것인데, 이역에서 연구를 계속하고 있는 이들의 의욕을 돋우고, 아울러 외국 학계의 동향을 알아보는 데도 크게 도움 될 것으로 생각되고 있다.(동아일보, 1960. 12. 2.)

참의원 당선과 민주당 원내총무

6·25가 휴전으로 끝나고 2, 3년이 지난 1956년 무렵은 자유당 정권의 전성기였다. 비대할 대로 비대해진 자유당은 무소불위(無所不爲)의 권력을 휘두르며 정치적 폭주를 계속했고, 거기에 발맞추어 행정부 또한 부패의 극을 이루고 있었다.

그러던 중, 1958년에 이르러 국회의원총선거가 가까워지자 김용주의 고향인 함양(咸陽)의 유지들이 그를 찾아와 국회의원 출마를 간곡히 권유한다. 하지만 그는 일언지하에 거절한다. 그런데 선거가 임박해서야 그는 느닷없이 출마를 결심한다. 왜일까? 해방 이후 '주일대표부 공사'라는 외도를 1년 남짓 한 것 말고는 해운건설이라는 목표에 매달려온 김용주가 생각지도 않던 정치를, 그것도 선거일이 코앞에 닥쳐서야 출마를 결심하게 된 이유가 무엇일까? 그가 『풍설시대 80년』에서 스스로 밝힌 사연은 다음과 같다.

"당시 나는 모 실업가와 방직회사 하나를 공동경영하고 있었는데, 상대편 그 사람은 갑자기 심경에 변화를 일으켜 자기의 투자지분을 자유당 이기붕 씨에게 양도할 심산이었다. 그 계획이 실현되면 결과적으로 그 방직회사의 수입은 자유당의 재정수입의 일부가 되는 것은 물론 그렇잖아도 자유당과 서로 등을 지고 있는 나의 처지로 미루어 결국은 자유당의 권세에 몰려 그 회사마저 통짜로 빼앗길 가능성이 내다보였다.

나는 상대편 그 실업가를 여러모로 달래고 타일러 뜻을 돌리도록 온갖 노력을 기울였으나, 내 권고를 받아들일 기미는 끝내 보이지 않았다. 이에 나는 국회 출마를 결심했다. 어차피 회사가 조만간 자유당의 손아귀로 넘어갈 운명일진대 내 스스로 정계에 진출하여 국회의원의 신분으로써 투쟁할 것을 결심한 것이었다.

나는 선거일을 불과 20여 일 앞두고 정식으로 출마를 밝히는 동시 황급히 선거구 함양으로 내려갔다. 당시 함양에서는 이미 자유당과 민주당 공천의 입후보자가 각기 오래전부터 치열한 선거운동을 벌이고 있어 뒤늦게 무소속으로 출마한 나의 활동엔 음으로 양으로 애로가 많았다. 그러나 뜻있는 군내 유지들은 적극 나를 도와 선거 중반전 2강의 전망으로서는 나의 당선이 확실시 되어 가고 있었지만 개표결과 나는 자유당 공천의 박상길(朴相吉, 후에 청와대 대변인) 후보에게 42표라는 근소 차로 패배하여 낙선의 고배를 처음으로 경험했다."

이렇듯 국회의원 선거에서 고배를 마신 김용주는 2년 후 일어난 4·19 혁명 과도정부가 제정한 '민의원'과 '참의원' 양원제 총선에서 민주당 공천으로 출생 고향인 경상남도에서 참의원 의원선거에 출마해 당선된다. 그리고 이어서 곧 참의원 민주당 원내총무로 선임된다. 당시 김용주와 같이 활동한 참의원 의원은 백낙준(白樂濬, 참의원의장), 이인(李仁), 이범석(李範奭), 여운홍(呂運弘), 송필만(宋必滿), 이범승(李範昇), 안호상(安浩相), 고희동(高羲東), 최희송(崔熙松), 오위영(吳緯泳), 소선규(蘇宣奎), 이효상(李孝祥), 전용순(全用淳) 등이었다.

대한중석 1백만 달러 커미션 사건

5·16 군사혁명이 일어나기 약 2개월 전, '중석(重石)수출계약사건'이라는 것이 터졌다. 이 사건은 일본 상사와 계약한 한국중석수출계약을 둘러싸고 민주당 최고 간부급의 모 인사가 일본 상사로부터 계약 커미션조로 미화 약 1백만 달러를 받았다는 내용이었다. 미화 1백만 달러란 엄청난 커미션과 더불어 계약 당사자가 정부운영의 국영회사였기 때문에 국민의 분노는 빗발치듯 민주당으로 집중했다.

1961년 3월 17일자 동아일보 사설 '현 내각의 위기와 장면 총리의 위치'라는 글은 당시 이 사건이 정치와 사회를 얼마나 크게 뒤흔들었는지 가늠케 한다.

— 世稱(세칭) 重石輸出契約事件(중석수출계약사건) 등으로 張勉內閣(장면내각)은 甚(심)한 危機(위기)에 봉착하게 된 것 같다. 昨報(작보)된 바에 의하면 重石輸出事件(중석수출사건)에 관하여 政治的(정치적) 責任(책임)추궁의 對象(대상)이 된 朱(주)요한 商工部長官(상공부장관)은 지난 14일 張

總理(장총리)에게 辭表(사표)를 제출했다고 하며…….

민주당 참의원 원내총무를 맡고 있던 김용주는 곧바로 당내에 진상조사위원회를 구성해 조사를 하고, 조사결과 및 처리방안을 발표한다.

"조사결과, 대략 다음과 같은 사실이 밝혀졌다. 당시 한국중석의 장기매매계약을 놓고 미국계 회사, 영국계 회사, 일본계 회사 등이 삼파전을 벌였었는데, 매도자 측 대한중석회사로서는 매도조건에 있어 일본 상사를 택하는 편이 매우 유리하므로 오랫동안 심의를 거듭한 끝에 일본상사와의 계약을 성립시켰다. 그런데 대한중석회사는 원래 자유당 시절부터 그 당시에 이르기까지 국내 고리채를 줄곧 써내려 왔기 때문에 거기에 지불되는 이자만 해도 매월 5천만 환이 넘는 실정이었다.

그래서 대한중석회사는 이번 중석 대일 수출을 전기로 운영의 정상화와 원활을 기하기 위해 계약상대편 일본상사로부터 선수금 신용장으로 미화 1백만 달러를 미리 받아 그것으로 고리채를 깨끗이 변제했다. 그 선수금조 1백만 달러의 입수경위를 내가 자세히 조사해 봤더니 한국은행 동경지점을 통해 정식으로 선수금신용장이 와서 대한중석회사는 그것을 한국은행 본점에서 한화로 교환 추심했으며, 그리하여 그것으로 고리채 변제를 마친 사실 등이 전부 밝혀졌다.
이러한 사실이 와전되어 1백만 달러 커미션 수수설로 번졌다고 보는데, 그러나 문제는 여기에 그치지 않고 다시 엉뚱한 방향으로 비약했다. 즉 조사결과 사실무근으로 밝혀진 이 커미션 수수설이 단순히 항간의 일부 주책없는 호사가들의 의혹과 억측에 의해 유포된 것이라면 당시의 무책임, 무질서한 세태로 미루어 능히 있을 법도 한 일로 돌려지기도 하겠지만, 천만 뜻밖에 그것이 민주당 자체 내에 얽히고설킨 각파 간의 파쟁에 기인하여 바로 민주당 자체 내에서 조작된 허위사실임이 그 뒤 조사에서 드러남에 이르러, 민주당 전체의 체면과 위신은 크게 실추되고 말았으니 말하자면 민주당으로서는 제 손으로 제 얼굴에 흙칠한 결과를 초래한 셈이었다.

어떻든 민주당은 이 사건으로 말미암아 국민 앞에 너무나 추악한 인상을 남겼을 뿐 아니라 집권당으로서의 민주당의 명맥도 머지않아 끊어질 것임을 실감케 했으며, 나아가서는 스스로 5·16 군사혁명 발생의 큰 근원의 하나를 만들었다 해도 과언은 아닐 것이다."

(『풍설시대 80년』 중에서)

대일청구권 5억 달러 논의

민주당 정권시절인 1961년 4월 말경, 일본 국회의원단 일행이 내한한 일이 있었는데, 이들은 일본의 집권당인 자민당 내 8개 파(派)의 대표들로 이루어진 대규모였다.

"방한의원단의 구성멤버를 훑어보면, 단장에 노다 우이치(野田卯一), 부단장에 다나카 가쿠에이(田中角榮), 그리고 다나카 다쓰오(田中龍夫), 후쿠다 하지메(福田一), 다나카 에이치(田中榮一) 등 지난 날 대신(大臣, 장관) 직에 있었거나 또는 대신 급에 속하는 일본 정계 거물들이었으며, 여기에 일본 외무성의 이세키 유지로(伊關祐二郞) 아세아 국장과 마에다 도시이치(前田利一, 후에 주한대사) 동북아 과장 등 현직 중견 외교관 몇 사람이 수행했다.

그들의 내한 목적은 당시 결렬상태에 빠져 있는 한일회담 문제를 타개의 길로 이끌기 위한 사전모색에 있었다. 과거 이승만 대통령 집권시 근 10년에 걸쳐 거듭했던 한일회담이 끝내 아무런 성과를 이룩하지

210

못한 사실을 거울삼아, 이제 한국의 정권도 교체되어 새로이 민주당이 정권을 장악했으므로 한국정계의 분위기도 일신되었으리라 짐작되어, 이를 계기로 한국정계요인들과의 접촉을 통해 한일 양국 간의 의견접근을 시도하는 한편, 아울러 한국의 국정과 민의도 살펴보려는 의도였다. 당시 한국 정부는 그들 방한의원단 일행의 영접을 국회에 일임했다.”

(『풍설시대 80년』 P.294)

국회는 원내 여야각파에서 대표를 내어 영접위원을 선정하고 김용주는 위원장이 된다.

일본 국회의원단 방한사실에 대해 당시 한 언론은 이렇게 보도했다.

일본 노다 우이치 대표단장이 방한인사에서, “한국은 아시아의 반공제일선에서 확고한 지위를 보지하고 있다는 사실에 마음에서 경의를 표합니다. 나아가서는 자유와 민주주의 정의에 기초하는 평화 실현을 위해 제휴할 결의를 굳게 하는 바입니다.”라고 말했고, 한국 측 대표인 참의원의 김용주 민주당 총무는 환영사에서, “한일 양국 국교정상화에 대해서 우리는 양국 정치인들의 정치적 절충해결이 필요하다고 생각하므로 우리는 일본 의원단이 이러한 사명을 띠고 방한하여 주신 데 대해 환영하는 바입니다. 우리와 일본은 앞으로 아시아의 반공우방으로 공동책임을 지고 협력하여 줄 것을 희망합니다.”라고 말했다고 보도했다. (경향신문, 1961.5.6.)

일본 국회의원단을 맞아 한국 측 대표 김용주는 서울 시내는 물론,

판문점을 비롯한 38선 일대를 두루 안내해 공산군과 대치하고 있는 우리 국군의 물 샐 틈 없는 방위태세를 목격케 하여 공산당의 침략위협이 어떠한 것인가를 자신들의 눈으로 직접 보고 실감하도록 했다. 그렇게 한 까닭은 38선을 접경으로 북괴군과 대치하고 있는 국군장병들의 용자(勇姿)와 노고를 통해 한국의 38선 방위가 곧 일본의 방위에 연결된다는 점을 깨닫게 하기 위해서였다. 그렇게 해야 앞으로 곧 재개될 대일 청구권(對日 請求權) 협상에서 큰 양보를 받아낼 수 있다고 판단했기 때문이었다. 아무튼 김용주는 방한기간 6일간에 걸쳐 그들로 하여금 한국의 실정을 올바로 인식하도록 하는 데 온갖 정성과 노력을 기울였고, 그들은 그들대로 진지하게 받아들였다.

"특히 부단장 다나카 가쿠에이(후에 총리) 씨는 한결 부드러운 반응을 보였다. 이번 방한 직전까지만 해도 자신은 한국문제에 대해 항상 강경파로 자처해 왔으나 이번 방한을 계기로 친한파의 선구로 전향하게 됐다고 심경의 변화를 솔직하게 말하기도 했다. 이번 방한의원단 멤버들은 일본 정계를 주름잡는 거물급들인데, 내가 보기에 그중에서도 부단장 다나카 가쿠에이 씨는 그의 인상을 통해 두뇌가 명석하고 결단력이 강한, 가장 뛰어난 인물로 비쳐졌으며 이미 30대에 대신을 지낸 그의 경력에 나는 수긍이 갔다.

그들이 체한하는 동안 우리는 한일회담재개 및 그 타결을 위해 몇 차례 비밀 절충을 벌였는데, 그 결과 과거의 한일회담에서 한국 측의 청구권을 겨우 6천만 달러 정도 밖에 인정 안했던 일본 측 종래의 고집과는 대조적으로 그들은 매우 양보적인 태도를 보였다. 우리는 사전에 그들을 수행해 온 외무성 아세아 국장 이세키 씨와 과거 북(北)중국에서 일본외교관을 같이 지낸 바 있는 한통숙(韓通淑) 참의원의원으로 하여금 그런 연고의 이세키 국장을 통해 그들의 내의를 모색케 하는 동시에 우리 측이 희망하는 청구권은 최저 6억 달러 이상이라야 된다는 뜻을 넌지시 통보해 두었던 것이다."

"양국 국회대표의원으로서는 쌍방이 모두 이것을 직접 공식적으로 논의할 입장이 아니어서 하나의 방편으로 이렇게 이세키 국장을 통해 서로 사견을 주고받은 것이었는데, 결국 무상 3억 달러, 유상 2억 달러, 계 5억 달러 정도로 의견이 접근되어 이 사실을 장면 국무총리에게 알렸더니, 장 총리도 그 정도의 선이라면 추진시켜 보자고 의견을 모았다. 이로써 한일 양측은 이 문제를 시급히 구체적으로 추진시키기 위해, 5월 23일에 한국 국회대표단을 파일(派日)하기로 일본 측과 합의를 보고, 5월 6일 일본 측 방한의원단은 예정대로 6일간의 체한일정을 마치고 돌아갔다.

그 뒤 한국 측은 민주당, 신민당, 무소속 등 원내 각파에서 8명의 방일 대표를 선출하여 출발준비를 서둘렀는데, 그 대표단의 명단을 보면 민주당에서 나와 홍익표(洪翼杓), 이태용(李泰鎔), 신민당에서 양일동(梁一東) 외 2명, 무소속에서 김봉재(金奉才), 이재옥 등 8명이었다. 그러나 출발 며칠 전에 5·16 군사혁명이 발생하여 실현을 보지 못하고 말았다."

(『풍설시대 80년』 P.290)

5·16 전야의
민주당 최고회의

4·19 혁명 이후의 사회상은 극도로 혼란스럽고 무질서했다. 먼저 당시 한 신문 사설을 보자.

…… 그렇다면 우리는 지난해 四一九(사일구) 이후 만 1년 동안에 이런바 第二共和國(제2공화국)의 품 안에서 해놓은 일이 무엇인가? 매우 짧은 時日(시일) 같으면서도 무척 긴 歲月(세월)처럼 倦怠(권태)가 나는 三百六十五日間(삼백육십오일간)이 흐르는 사이에 實地(실지)로 '바로 잡아진 것'과 '좋아진 것'이 과연 몇 가지나 되는가? 善(선)과 惡(악)은 여전히 뒤바뀐 位置(위치)에서 '適者(적자)'보다도 '不適者(부적자)'가 더 生活(생활)의 潤澤(윤택)한 恩典(은전)을 받으며 잘 살아가게시리 됐다. 마치 溫順(온순)한 羊(양)의 무리가 식욕에 가득 찬 狼(낭)의 떼와 한 울 안에서 사는 것과 같은 不安(불안)의 反復(반복)으로 筍生(순생)을 이어가는 우리 國民(국민)이 아닌가.(《4·19 첫돌과 국민의 새 각오》, 동아일보 사설, 1961.4.19.)

이런 혼란한 상황에서 민주당 정부는 다가오는 4·19 혁명 1주년 기념일을 몹시 염려했다. 급진적인 학생단체는 현실에 대한 불평불만을 노골적으로 드러냈고, 그러한 학생층의 불평불만에 편승한 일부 좌경 세력의 공작도 첨예화하여 이대로 나가다가는 4·19 혁명 1주년 기념을 기화로 무슨 불상사가 벌어질지도 모를 만큼 사태는 심각했다. 그래서 민주당 정부는 4·19 혁명 1주년에 대비하여 총력을 기울여 사회질서유지에 부심했다. 하지만 정작 민주당정부를 무너뜨린 것은 사회혼란도, 학생들의 불평불만도 아닌 군인들의 총칼이었다. 민주당 정부는 군사혁명 발발을 까맣게 모른 채 5월 15일 밤 자정까지 시국대책 회의를 했다.

"다행히 4·19 1주년 기념행사 등을 비교적 평온하게 마치게 되어 정부는 일단 숨을 돌렸다. 돌이켜 보건대, 당시의 사회정세가 그토록 혼란에 빠지게 된 것은 한 마디로 말해서 당시의 민주당 정부가 국민에게 지나친 자유를 부여했기 때문이었다. 그러나 민주당 정부가 국민에게 그러한 지나친 자유를 베풀어 준 동기에는 일리가 있었다. 과거 12년 간에 걸친 이승만 대통령의 독재정치에 억압되어 진정한 자유를 누리지 못했던 국민은 4·19 혁명을 거쳐 비로소 억압을 벗어날 수 있었기 때문에, 신생 민주당 정부로서는 모처럼 획득한 국민의 그 자유를 아끼고 감싸 주는 견지에서 매사에 무작정 자유부여 일변도의 정책으로 기울어질 수밖에 없었다.

하지만 국민은 그 자유의 진가와 진의를 올바르게 받아들이지 못하고 끝내는 반사적으로 무책임한 방종을 일삼게 되어 거기서 파생되는 갖가지 부작용들이 뭉치고 뭉쳐 그것은 마침내 사회질서 혼란의 요인으로 번지고 말았다. 그러나 염려했던 4·19 1주년도 무사히 넘겼고, 또한 그 무렵부터는 일부 뜻있는 국민들 사이엔 자유와 방종을 분리할 수 있는 이성과 양식을 되찾아 보려는 움직임도 엿보여 이를 계기로 정부 및 여당에서는 새로이 시의에 알맞은 정책전환의 필요성을 느끼게 됐다.

그래서 민주당은 1961년 5월 15일 밤, 그 새로운 정책수립을 위해 당 최고기구인 기획위원회를 반도호텔에 소집했다.

그 회담엔 장면 총리를 비롯한 민주당의 최고 간부 전원이 모였고, 나도 기획위원의 한 사람으로 참석하여 진지하게 의견을 나눈 끝에 강력한 행정추진의 정책을 결정하고 자정께 귀가했는데, 바로 몇 시간 뒤인 이른 새벽에 5·16 군사혁명의 총성이 울려 퍼져 정세는 돌변하여 만사휴의로 돌아가 버렸다. 실로, 하늘만이 예견할 수 있는, 야릇한 운명의 판가름이었다."(『풍설시대 80년』 P.298)

혁명 총성과 미 대사관 방문

1961년 5월 16일 새벽, 김용주는 고요를 깨뜨리는 갑작스런 총소리에 놀라 잠에서 깼다. 총소리는 차츰 가까워졌다. 암만해도 사태가 심상치 않았다. 그는 자리를 차고 황급히 일어났다. 부랴부랴 전화로 몇 군데 수소문한 결과 김용주는 군사혁명이 일어난 것을 알았다. 민주당 최고의결기관인 기획위원회 위원이었고 또 참의원 원내총무이던 김용주는 '혁명'이란 비상사태를 좌시만 하고 있을 입장이 아니었다. 제일 먼저 그의 머릿속에 떠오른 생각은 당시 내각수반 장면 박사의 거취와 그의 신변안전 문제였다. 김용주는 빨리 그를 만나 시국에 대한 수습책을 강구해 보고 싶었다. 하지만,

"장면 박사 거처로 전화를 걸었더니 받는 사람이 없었다. 나는 다시 여기저기 전화를 걸어 장면 박사의 동정을 물었으나 그의 행방조차 알 길이 없었다. 나는 혹시나 하고 주한 미국대사 관저로 전화를 걸었다. 당시 미 대사는 정무협의차 귀국 중이어서 경제담담 참사관인 엘버트 E. 파파노 씨가 대신 전화를 받았다. 나는 파파노 참사관과의 통화를

통해 장면 박사의 행방을 물어 보려다가 그런 기밀에 속하는 일을 전화를 서로 문답하기엔 제3자의 귀가 두려워 그날 상오 10시 미국대사관에서 면담하기로 약속하고 전화기를 놓았다.

나는 정각 상오 10시에 심종석(沈宗錫) 참의원 의원과 함께 미국대사관에 닿았다. 나는 파파노 참사관을 만나 장면 박사의 피신처를 물어봤다. 그때까지만 해도 나는 장면 박사가 혹시 미국 대사관 안에 피신하고 있을 것 같은 일말의 희망을 은근히 품고 있었다. 그러나 파파노 참사관의 대답은 나의 기대에 반했다. 그는 대답하기를, 자기네들도 장면 박사의 행방을 몰라 매우 초조하다고 하면서 여러 정보를 종합해 본 결과 아직 혁명군에 붙잡히지는 않았을 것으로 추측이 간다고 덧붙였다.

나는 또 그때, 지대한 관심거리의 하나인 제1군(軍)의 동정을 그에게 물었더니 아직 아무런 움직임이 엿보이지 않는다고 했다. 나는 다시, 이런 비상사태에 대해 미군은 어떠한 행동으로 대처할 것인가를 다그쳐 물었더니, 그것은 한국 정부의 책임자와 모종 합의가 이루어지지 않는 한 어떻게 할 도리가 없다는 것이었다.

우리는 이 정도로 대화를 마친 끝에 어느 쪽이든 장면 박사의 행방이나 피신처를 먼저 파악하는 대로 즉시 서로 알리기로 약속하고 헤어졌는데, 그 무렵엔 벌써 혁명군은 서울의 각 주요기관들을 모두 점거하고 있었다."

사태가 이렇게 진전되자 김용주는 수습책의 하나로 먼저 혁명군과 정치협상을 장면 박사에게 권고해 보기로 했다. 장면 박사를 만나면 민주당은 정권을 깨끗이 포기하는 동시에 혁명군 수뇌진과 진지한 협의

218

를 거쳐 현재의 내각책임제에 일대개혁을 단행하도록 하는 안이었다.

"그러나 나는 이틀 동안이나 장면 박사를 찾아 헤맸지만 끝내 그를 만나지 못하고 나의 의도는 수포로 돌아가 버렸다. 그것은 그렇다 하고, 그날 나의 미국대사관 방문사실이 혁명군에게 발각됐더라면 반혁명의 오해를 사서 나는 어떠한 처분을 받았을지, 지금 생각해도 가슴이 섬뜩해진다."(『풍설시대 80년』 P.303)

김용주는 이렇게 5·16 군사혁명을 계기로 정계를 떠나 유랑 아닌 유랑 길에 오른다. 역사에 가정은 없다고 하지만, 만약 4·19 민주혁명 이후 들어선 장면내각이 몇 년 만 더 지속되었더라면 우리 정치는 훨씬 더 빨리 민주화가 이루어졌을지 모른다는 아쉬움이 있다.

김용주가 본 내각책임제와 정당정치

"정작 참의원 의원으로서 실제 정치생활에 몸을 담고 보니 이상과 현실은 너무나 대조적이란 실감이 들어 어느새 나는 정치풍토에 환멸을 느끼기 시작했다. 여야 정당의 대립은 날이 갈수록 심각해 가고, 정책을 둘러 싼 상호간의 의견 차이는 악의와 시기로 더욱 폭을 넓혔으며, 심지어는 국가민족을 위해 필요불가결한 정책임을 속으로 인식은 하면서도 그것을 정부 여당이 제안하면 야당은 무조건 반대하는, 그런 무책임한 현상이 끊임없이 일어났다.

때로는 여야를 막론하고 각기 자당 내에 있어서도 여러 갈래로 파가 갈라져 '당' 전체보다는 '파' 그것에 비중을 더 두게 되는 경향까지 생겨, 이렇게 정당은 국가민족을 위하기보다 오로지 자당 자파만의 이익과 입장을 위해서 존재하고 있는 것 같은 불미한 인상을 국민 앞에 드러냈다. 그러므로 여야 각 정당은 기회만 있으면 서로 상대방을 헐뜯고 방해하여 자당 자파를 위한 실리추구에만 급급한 나머지, 일반 국민의 여망을 망각하기가 일쑤였다."

(『풍설시대 80년』 P.284)

이상은 4·19 혁명 후, 참의원 의원에 당선된 김용주가 민주당 원내 총무로서 원내 활동을 하면서 느낀 소감을 술회해놓은 것이다. 당시 그의 정치이념은 대의에 입각한 일종의 이상주의를 바탕으로 오로지 국가, 민족본위의 정치를 지향하고 있었다고 고백한다. 그런데 현실정치는 그렇지 않았던 것 같다. 그의 정치 소감을 더 들어보자.

　"이러한 성당 대 성당, 파 대 파의 적대의식은 우습게도 그것이 바로 정치인이 가져야 할 기본자세인 양 착각되어 하나의 정책을 둘러 싼 선의의 토론 및 해결의 방향추구를 짐짓 도외시 하고 오로지 상대 당, 상대 파를 헐뜯고 억압하는 것이 곧 정치의 본도인 것처럼 오인하는 정치인이 많았는데 나는 그런 사실에 적이 놀라지 않을 수 없었다.

　한 가지 실례로 국가보안법 개정문제의 경우를 들어 보기로 한다. 4·19 혁명 후 과도정부시절의 국회는 과거 자유당 시절에 제정했던 국가보안법을, 단지 짓밟힌 민권을 되찾게 한다는 목적과 아울러 자유당계 국회의원들의 과거에 대한 개과천선의 뜻이 거기에 작용하여 결국 너무나 미온적으로 개정해 놓고 말았었는데, 그 개정된 국가보안법으로써는 김일성 예찬연설을 하고 친공 데모를 벌여도 처벌할 수 없었고 설혹 경찰과 검찰에서 체포 송치해도 재판에서 무죄 방면 되는 실정이었다."

　"그렇기 때문에, 친공분자의 활동은 날로 격화하고 특정좌익계 신문의 대중선동기사는 민심을 더욱 자극하는가 하면, 일부 학생층은 학생층대로 38선에서의 남북회담을 제창하여 여기에 호응하는 대중의 데

모행렬이 날마다 백주 대로를 누볐고, 야간엔 또 횃불데모까지 생겨나는 판국이어서 정세는 소란의 극에 달해 있었다. 이에 민주당에서는 방공강화와 데모규제의 필요를 절감하고 거기에 알맞도록 또다시 보안법 개정을 입안했다. 그 내용은 공산주의를 예찬하고 민중을 선동하는 행위를 금할 것, 데모의 경우 주거 인가로부터 15미터 지점 이내엔 데모대의 침입을 금할 것, 야간 횃불데모를 일절 금할 것 등으로 되어 있었다."

"나는 당 정책입안자의 한 사람으로서 이 보안법 개정 입안에 강경한 주동역할을 하여 드디어 민주당 당의를 거쳐 이것을 민의원에 상정시켰다. 나는 이 개정안이 민의원을 무난히 통과하여 참의원에 상정될 줄 알았다. 비록 4·19 혁명으로 독재의 쇠사슬은 끊겼다 하더라도 반공의 국시엔 아무런 변화가 없었기 때문이었다. 하물며 친공분자들의 횡포가 날로 극심해 가는 그 시국이었으니까. 그러므로 민의원은 이 제안을 놓고 여야를 초월하여 일제히 찬의를 표할 줄로 굳게 믿었었다. 그러나 뜻밖에도 이 제안은 민의원 야당세력의 치열한 반대에 부딪히고 말았다. 그러나 여당은 원내의석수가 과반수를 약간 넘었기 때문에 근소한 차나마 그 수를 믿고 결의를 강행할 방침이었다.

이에 대해 야당 측은 만약 여당이 결의를 강행한다면 국회단상에서 유혈투쟁을 하겠다고 버텼다. 이렇게 여야가 팽팽히 맞서는 가운데 어느덧 4·19 혁명 1주년이 눈앞에 다가오고 있었다. 그런 뜻 깊은 기념일을 앞두고 신성한 의정단상에서 유혈극을 빚는다는 것은 국민에게 죄송할뿐더러 정계의 체면을 위해서도 고려할 문제였기에, 결국 민주당은 쓸쓸히 결의 강행을 단념하고 말았다."

　"이로써 국회는 일단 평온을 되찾았지만, 친공분자들의 연이은 난동으로 말미암아 사회질서가 극도로 문란해진 그런 시국인 만큼 보안법 보강은 야당 측에서도 국가를 위해 절대 필요한 조치임을 내심 절실히 인식하면서도 이것을 결사반대한다는 그 저의가 문제였다.

　즉, 야당 측은 보안법을 개정 강화하여 사회질서가 틀이 잡히면 민주당 정권이 힘을 얻어 정권을 순조로이 유지할 수 있으므로, 민주당 정권을 붕괴시키기 위해서는 만사 제쳐놓고 그 보안법 개정을 반대해야 된다는 점에 목표를 두고 있었다. 그러나 그 야당 자체도 막상 정권을 잡으면 역시 정권유지를 위해서도 응당 이 보안법을 개정 보강할 것이 뻔했다. 어쨌든 당시 우리 정치풍토 위의 모든 현상을 두루 살피면 이른 바 내각책임제 정당정치란 것은 애국애족보다 자당자파의 이익을 앞세우는 경우가 많다는 것을 통감케 했다."(『풍설시대 80년』 P.288)

주한 유엔군 총사령관
데커 장군과의 해후

김용주가 주일한국대표부 공사로 부임하고 얼마 안 되었을 때의 일이다. 6·25가 일어나기 직전인 1950년 6월 중순, 이승만 대통령으로부터 김용주에게 전화 한 통이 걸려왔다.

"김 공사, 조지 H. 데커 미 육군 소장이 곧 전역한다니까 김 공사가 그를 한번 만나 봐요. 20일쯤 일본 요꼬스카(橫須賀) 해군기지에 들를 거라니까."

"……."

"만나서 한국 정부 군사고문으로 맞고 싶다는 내 뜻을 전하고, 취임할 수 있도록 잘 종용해봐."

"잘 알겠습니다, 각하! 최선을 다해보겠습니다!"

김용주는 곧 바로 요꼬스까의 미 해군기지 사령관에게 전화를 걸어 데커 소장이 기지에 들리는 날짜를 확인했다. 6월 22일이었다. 그날 김용주는 요꼬스까로 가서 데커 소장을 만나 이 대통령의 뜻을 전하고 군사고문 취임을 교섭했다. 그는 단번에 한국 정부의 희망을 받아들였다. 그러고는 김용주를 향해 빙긋 웃으며 말했다.

"실은, 내가 지금 예편 당할 사람이 아닌데 이렇게 예편이 된 이유는 현재 미국 민주당 정부가 나를 공화당(야당) 계열의 인물로 간주한 때문이요."

데커 소장은 일단 미국으로 돌아가서 제반소속을 끝마치고 약 1개월 후에 한국으로 건너가 군사고문으로 정식 취임하겠다고 거듭 약속했다. 그러나 3일 후에 6·25 전쟁이 발생하여 제반 상황이 달라지는 바람에 그의 군사고문 취임은 실현을 보지 못했다. 그리고 7~8년의 세월이 흘렀다. 그동안 많은 것이 변했다. 김용주의 신변도 우여곡절 크게 달라졌다. 그러나 데커 장군의 한국 인연은 끊어지지 않았다.

"세월이 흐르는 동안 나의 신변에도 이것저것 변화가 있었고 또한 그의 소식도 전해 듣지 못했었는데, 어느 날 나는 신임 주한 유엔군 총사령관으로 '데커'라는 장군이 착임했다는 소식을 듣고, 그 이름이 같아 혹시 지난날의 데커 소장이 아닌가도 싶었으나, 그 사람은 이미 예편된 것으로 알고 있는 나였기에 그것을 동명이인이라 생각했다. 그러던 어느 날, 나는 우연히 서울 컨트리클럽 골프장에서 지난날의 그 데커 씨를 다시 만나게 됐다. 나는 그와의 해후를 반가와 하며 그의 현황을 물어 본 끝에, 그때서야 나는 그가 바로 신임 유엔군 총사령관 데커 대장임을 알게 됐다.

유엔군 총사령관 데커 대장! 그는 틀림없이 지난날의 그 데커 소장이었다. 그런 사실을 눈앞에 두고 나는 반가움과 놀라움이 교차되는 가운데 한 줄기의 의문이 떠올랐다. 나의 기억에 데커 씨라면 소장 예편의 영상 그것 하나밖에 남지 않았기 때문이었다. 그런 실의에 잠겼던 사람이 어떠한 경위를 거쳐 현역 4성장군으로 승진했으며, 주한 유엔군 총사령관이란 역사적 영직에 오를 수 있었을까?

　그런 의문 가운데 나는 뒤늦게나마 그에게 축하의 말을 건네었다. '내가 일본 요꼬스까에서 장군을 처음 만났을 때 장군은 소장으로 예편이 된 몸이라고 말씀하셨는데 지금 이렇게 현역대장으로 유엔군 총사령관의 영직에 오르셨으니 정말 반갑습니다. 진심으로 축하합니다.' 데커 장군은 나의 의문을 눈치 챘던지 그것을 다음과 같이 풀어 주었다. '사람의 운명이란 참으로 헤아릴 수 없어요. 아시다시피 그때 나는 예편할 몸이었으나, 며칠 뒤 한국전쟁이 터지자 정부는 나의 예편을 취소하여 계속 현역에 머물게 했으며, 나는 그 뒤 여러 군무를 수행해 오다가 이렇게 대장으로까지 승진, 주한 유엔군 총사령관으로 취임했습니다. 말하자면 한국전쟁이 나의 운명을 바꿔 놓은 셈이죠. 별 두 개짜리로 끝내야 했던 내가 한국전쟁 덕분으로 별 네 개까지 딴 셈이니, 역시 나는 한국과 유달리 깊은 인연이 있는 모양입니다.'
　속담에 '사람팔자 시간문제' 라더니 데커 장군의 경우, 그것이 하나의 사실로 나타났다고나 할까."(『풍설시대 80년』 P.305)

일본 정계요인들과의 모임

— 군은 정치에 간여하기를 원하지 않는다. 또 할 수도 없다. 4·19 혁명이 역도의 충격으로 사실상 위기에 직면했을 때도 군은 인내하며 단지 그 귀추만 주시하였을 뿐, 끝내는 본연의 임무에만 충실할 수밖에 없었던 것은 국민제위가 실제 본 바 그대로다. 그러나 감내와 방관은 결국 동일한 개념 하에 집약될 수 없는 것이었다. 한도가 있는 법이요, 결코 무능한 채로 있을 수 없는 일이었다. 서상한 바와 같이 민족경제가 파탄 농락되고 구 정객들의 망거와 죄악들이 극에 달하며 사회가 혼란될 대로 혼란됨으로 하여 불원한 장래에 망국의 비운을 맛보아야 할 긴급한 사태를 보고도 감내와 방관을 미덕으로 허울 좋은 국토방위 임무만을 고수하여야 한단 말인가?

(『國家와 革命과 나』, 박정희, 向文社, 1963, P.79)

하지만 총칼을 앞세운 5·16 군사혁명은 지금까지의 모든 사회가치와 질서를 일시에 뒤집어 놓았고, 모든 분야의 핵심인물들을 그들이 만든 그들의 심판대에 세워놓고 그들 멋대로 유무죄의 판결을 내렸다. 그렇다 보니 혁명군 앞에 어느 누구도 감히 자신의 주장을 내세우지 못했고 지금까지의 행동에 대해 변명하지 못했다. 오로지 그들의 말이 법이고 윤리고 최고의 선이었다. 그동안 이승만 독재에 숨죽이고 있던 민주주의가 4·19로 인해 겨우 싹이 트려는 순간, 다시 정치군인들의 군홧발에 무참히 짓밟히고 만 것이다.

민주당 참의원 원내총무였던 김용주는 군사혁명시절을 어떻게 보냈을까? 모든 정치인들이 그랬듯이 그도 하루아침에 정치권에서 떠날 수밖에 없었다. 초야에 묻혀 조용히 지내던 그가 혁명 다음 해인 1962년 여름, 미국에 잠깐 다녀오던 길에 일본에 들러 동경 제국호텔에 며칠 묵을 일이 있었다.

당시 김용주는 정치적 전력 탓에 매사에 스스로 자중이 필요했다. 외지에서의 대인관계 및 언동에도 자칫 본국 혁명정부의 오해를 사게 될 염려가 있어 외부와의 접촉을 일체 피하고 호텔방에만 머물며 조용히 용건만 처리했다. 심지어 그는 동창이며 평소에 교분이 두터웠던 당시의 주일대표부 대사 배의환(裵義煥) 씨에게까지 동경에 온 사실을 알리지 않았다.

그런데 어느 날 천만뜻밖의 손님이 김용주를 찾아왔다. 바로 2년 전, 한일회담 재개의 길을 모색하기 위해 방한했던 의원단 단장이었던 일본 정계의 거물인 노다 우이치(野田卯一)였다. 당시 김용주는 그들을 위한 영접위원장으로 긴밀한 접촉이 있었던 터라 놀라움과 반가움은 이루 말할 수 없었다. 김용주는 그를 얼른 방 안으로 안내했다.

"나는 그를 방 안에 들이기가 무섭게 내가 제국호텔에 유숙중인 것을 어떻게 알았냐고 다그쳐 물었다. 그랬더니, 외무성 고급관리 한사람이 내가 택시를 타고 거리를 지나가는 것을 봤다고 전하기에 오늘 아침부터 시내 일류호텔을 모조리 뒤져 이 제국호텔에 묵고 있는 것을 확인하고 부랴부랴 달려 왔다는 것이었다. 노다 씨는 다시 말을 이어, 5·16 군사혁명 후 혹시 내 신상에 무슨 변고라도 일어나지 않았나 무척 걱정했었다고 하며, 그 몇 년 전 방한 시에 받았던 융숭한 영접에 보답하는 뜻에서도 나를 위해 일석의 연석을 베풀고자 하니 금명간에 꼭 저녁시간을 내어 달라고 간청했다. 그리고 그 연석엔 앞서 방한했던 그 의원단 전원이 참석할 예정으로 있다고 덧붙였다.

그러한 간청을 받고 보니 아닌 게 아니라 나도 감회가 새로워졌다. 그때의 그들과 다시 자리를 같이하여 옛정을 되살려 하루저녁 환담의 꽃을 피워보는 것도 인간미 넘치는 일일 것 같았다. 그들 가운데 몇 사람은 방한 1년여에 이미 행정부의 대신 직을 차지했다. 그때의 부단장 다나카 카쿠에이(田中角榮) 씨는 당시 대장대신의 영직에 올라 앉아 있었고, 멤버의 한 사람이었던 후쿠다 하지메(福田 一) 씨 또한 통상산업 대신의 영직을 누리고 있는 중이었다.

그렇다면, 나를 위한 그 연석엔 쟁쟁한 현직 대신이 두 사람이나 끼게 될 판이니 그것이 암만 비공식 연석이라 하더라도 이렇게 연석에 열좌(列座)할 인사가 모두 일본 정계의 거물들이고 보면, 가뜩이나 만사에 자중을 기해야 하는 나의 입장에 비추어 보면 그것은 자칫 잘못하다가는 남의 이목과 구설을 자극하여 부질없는 모종의 오해까지도 사게 될

우려가 내다보였다."(『풍설시대 80년』 P.308)

여기까지 생각이 미치자 김용주는 노다 씨의 호의를 선뜻 받아들이기가 망설여졌다. 김용주는 노다 씨에게 혁명정부에 대한 자신의 입장을 설명하고 주일 한국대사와 의논하여 양해를 얻은 뒤에 확답하겠다고 말했다.

김용주의 이야기를 전해들은 배 대사는 대사관 간부들과 의논을 거친 뒤 참석해도 좋다고 했다. 그러면서 배 대사는 그 자리에 자신도 참석하게 해달라고 했다. 김용주는 배 대사의 요청을 흔쾌히 수락했다. 왜냐하면, 배 대사의 동석이 나중에라도 불필요한 오해 소지를 없애는데 좋다고 판단했기 때문이었다. 그런데 배 대사는 왜 김용주 환영모임에 참석하려고 했을까? 본국 정부로부터 감시 명령이라도 받은 것일까? 아니면 김용주가 일본 정계 거물들을 만난다는 것이 믿기지 않아 확인하기 위해서일까?

"이튿날 저녁, 그 연석은 제국호텔 연회실에서 자못 화기애애한 분위기 속에서 베풀어졌다. 연석엔 예정대로 왕년의 방한의원단 전원이 자리를 같이 했고, 물론 그 속엔 다나카 가쿠에이 대장대신과 후쿠다 통산대신도 끼어 있었으며 그리고 약속대로 배 대사도 열석이 실현되어, 그는 이 자리에 다나카 대장대신과 첫 인사를 나누었다.

연석의 분위기가 무르익어 갈 무렵, 배 대사는 비로소 자기가 이 연석에의 열석을 요청한 이유를 나에게 피력했다.

배 대사의 말에 따르면, 과거 배 대사는 다나카 씨가 대장대신에 취

230

임한 직후 축하인사차 면회를 요청했었으나 그것이 실현되지 않아 그 후 오늘에 이르기까지 3개월에 걸쳐 다시 몇 차례의 면회요청을 거듭했음에도 역시 아직 실현을 보지 못하고 있는 중이었다고 했다. 배 대사가 신임 다나카 대장대신에게 그토록 끈질기게 면회요청을 거듭한 이유는 축하인사도 축하인사지만, 실은 과거 10년간의 한일회담에 있어 한국에 대해 가장 강경한 태도를 견지해 내려 온 것이 바로 일본의 대장성이었기 때문에 신임 대장대신인 다나카 씨를 한 번 직접 만나 대장성의 대한 강경태도에 완화를 촉구하며 한일회담 재개의 실마리를 찾아보려는 데 있었다. 그러한 배 대사로서는 때마침 나를 위한 그 연석에 다나카 대장대신이 참석한다기에 그것을 좋은 기회로 상정하고 굳이 자신의 열석을 희망하고 나선 것이었다."

"그리고 보면 배 대사는 비록 연석일망정 다나카 대장대신과의 그토록 원했던 만남이 우선 이루어진 셈인데, 그렇다고 그런 연석에서 한일회담 문제 같은 중대한 정치적 문제를 공공연히 입 밖에 내어 경솔히 다룰 수도 없는 처지이기에, 배 대사는 그날 연석에서 다나카 대신과는 그저 첫 인사로 그쳐 버릴 수밖에 없었다. 그래도 배 대사로서는 앞으로 가져야 할 다나카 대장대신과의 접촉을 위해 하나의 돌파구를 얻은 것은 틀림없는 사실이었다. 듣고 보니 그러한 사연이라, 나는 배 대사의 의중을 충분이 이해한 나머지 참고 삼아 다나카 대장대신의 인품을 내가 아는 범위 내에서 이야기해 주었다."

"그리고 배 대사를 위해 하나의 도움이 될까 싶어 나는 연회가 끝난 뒤 다나카 대장대신을 별실로 청하여 한일회담 재개의 필요를 역설했다. 나는 말하기를, 과거 10년 동안 한일회담 진행과정에 있어 가장 큰 저해요인의 하나는 곧 일본 대장성(大藏省)의 대한(對韓)청구권에 대한 강경태도였다고 본다. 다행히 이제 당신과 같은 영명한 인사가 대장대신 자리에 올라 앉았으니만큼 차제에 특별한 정치적 배려와 더불어 과단성을 발휘하여 당신 재임 중에 기필코 한일회담을 성립시켜라. 그러면 한일 양국의 번영과 우호촉진의 길을 열어 놓음으로써 앞으로 당신의 정치적 진로에도 보다 큰 영광이 깃들 것이다.

한편 우리 한국 국민은 당신의 그러한 노력에 경의와 지원을 아끼지 않을 것이다. 그러한 뜻에서 나는 오늘의 연석에 일부러 배 대사의 참석을 간청, 당신을 특정대상으로 서로 첫 인사를 나누게 한 것이라고 말하고, 1년 전에 일본의원단이 내한하여 양국의 국교체결을 위해 기울였던 그 노력을 결실시켜 보자고 덧붙였더니, 다나카 대신은 자기 특유의 세찬 감격성을 앞세워 내 손을 꼭 쥐면서, '알겠습니다. 해 봅시다, 해 봅시다!' 하고, 즉각 믿음직스런 반응을 보였다.

나는 배 대사에게 다나카 대장대신이 보여 준 그 반응을 전하고 아울러 5·16 군사혁명 직전에 이루어졌던 일본 방한의원단과의 막후 절충 결과인 무상 3억 달러, 유상 2억 달러의 그 청구권 비화까지도 참고삼아 밝혀 주었더니, 배 대사는 앞으로의 한일회담 재개를 놓고 한 줄기의 힘을 얻은 듯 밝은 표정을 지었다."(『풍설시대 80년』 P.310)

용문중·고등학교 설립

— 1948년인가요? 포항 영흥국민학교를 정부에 헌납한 게?

"그렇습니다. 해방이 되고 대한민국 새 정부가 수립된 그해였으니까. 일제 때 설립해서 18년을 경영했지요."

— 그 뒤로는 교육과 인연을 끊은 것으로 아는데요, 어쩌다 20년 가까이 지난 뒤에 다시 교육계에 발을 들여놓게 되었습니까?

"1966년, 서울 용문(龍文)중·고등학교를 설립하게 된 건 정말 우연한 일입니다."

— 용문중·고등학교는 원래 있던 강문(康文)중·고등학교를 물려받은 것이라는 이야기도 있는데요?

"그렇습니다. 20년 이상 역사를 가진 강문중고등학교의 후신으로 간주할 수도 있으나 사실은 내가 새로 설립한 것이나 다를 바 없습니다."

— 무슨 말씀이지요?

"당시 강문중·고등학교는 학교 건물과 토지 소유권소송에 패해 학생 및 교직원은 하루아침에 교사에서 축출되어 학교의 운명은 폐교와도 같은 상태에 직면해 있었어요. 재학생 3백여 명이 오갈 데 없게 되어버린 것이지요. 이에 보다 못한 서울시 교육위원회가 시내 사립 고등학교 교장단으로 임시 관리 이사진을 구성, 산기슭 공지에 판잣집을 세워 간신히 학교를 운영하고 있었습니다. 그러면서 학교를 경영할 인수자를 각방으로 물색했지만 여의치 않은데다 설상가상으로 이 판잣집 건물마저 지주의 철거소송으로 철거당하게 되었지요. 그러한 처지에서 내가 서울시 교육감으로부터 간곡한 인수권유를 받은 것입니다."

― 그래서 바로 학교를 인수받았나요?

"막상 그런 인수부탁을 받고 보니 지난날 포항 영흥국민학교 경영하던 그때의 감회가 새로워지면서 교육에 대한 관심이 다시 끓어오르더군요. 그래서 경영인수를 승낙했습니다. 그때 혼자 속으로 '나는 역시 전생에 교육계와는 끊지 못할 인연이 있었나 보다' 하고 생각했습니다."

― 당시 강문중·고등학교 재정상태가 그 지경이었으면 인수 뒤에 운영하기도 쉽지 않았을 텐데요?

"말이 경영인수지, 한 뼘의 땅도 건물도 없는데다 경영자금도 한 푼 없는 그야말로 빈털터리였지요. 강문중고등학교로부터 내가 물려받은 것은 오직 3백여 명의 재학생뿐이었고, 그 위에 덤으로 붙어 온 것이 '거지학교', '깡패학교'란 별칭이었습니다. 그만큼 학교에 대한 일반 사회의 인식도 좋지 못했지요."

― 그런 학교를 어떻게 지금과 같은 명문학교로 발전시켰습니까?

"우선 학교를 인수하자마자 서울 성북구 안암동에 학교 부지 7천여 평을 매입, 거기에 5천여 평의 교사를 신축하여 학풍을 새롭게 하고, 다음으로 학생들에게 '거지학교', '깡패학교'란 오명을 불식시켜 자긍심을 북돋아주기 위해 학교 이름을 강문중·고등학교에서 용문중·고등학교로 바꾸었습니다. 학교 이름 '용문'은 학교가 위치한 '용암산'의 '용' 자를 따서 지은 것입니다. 그런 뒤, 학교경영에 있어 가장 중요한 것은 교원의 실력이므로 교원채용에는 단연 시험제도로 채용하여 엄격한 시험을 통해 교원을 채용했기 때문에 교사진은 실력 본위로 매우 충실했습니다."

— 하시는 사업이 여러 가지 많은 것으로 아는데, 학교경영도 앞으로 계속하실 건가요?

"그렇습니다. 과거 포항 영흥국민학교를 설립 경영하던 청년시절에 비하면 연령 관계로 비교적 그 의기는 부족한 편이지만, 그래도 학교시설을 하나하나 이루어 놓을 때마다 이로써 우리 국가사회에 유용한 인재를 양성하게 된다는 느낌이 들어 그것으로 보람과 위로를 삼고 충실할 생각입니다."(『풍설시대 80년』 P.313 원문을 재구성)

김용주와 호남과의 인연

전남중·고등학교 설립과 무상 헌납

김용주는 우리 민족의 어린 새싹들의 교육을 위해서 온갖 어려움과 핍박 속에서도 처음의 뜻을 잃지 않고, 포항 영흥국민학교를 설립해 미래에 민족을 이끌어갈 기둥과 대들보들을 길러냈다. 사업가로서 부를 축적하는 것도 중요하지만, 또 다른 한편으로는 국가와 민족의 백년대계를 위해서는 교육만큼 중요한 것이 없다고 나름 판단을 내렸던 것이다. 교육이란 것이 사업적인 성과로만 본다면 당장 큰 이익이 나는 일이 아니며, 일제로부터 눈총을 받는 일이기도 해 현재 진행되고 있는 사업에 도움을 주기는커녕 마이너스가 되는 일이었다. 따라서 지금 당장 눈앞의 이익만을 추구하는 주변 사람들은 적극적으로 만류하며, 반대를 했다.

왜 굳이 남들도 하지 않는 일을 앞장서서 하느냐는 것이 그들의 주장이었다. 창씨개명, 한글 사용 금지 등 민족 문화까지도 뿌리부터 깡그리 말살하려 드는 일제로부터 눈총을 받아 좋은 일이 뭐가 있겠느냐는 것이었다. 어느 한편으로만 보면 그들의 말이 아주 틀린 이야기는 아니었고, 진심으로 김용주의 안위를 걱정해 주는 마음도 있었다.

김용주는 사업가였다. 왜 그도 그런 생각을 하지 않았을까. 이런 것 저런 것 생각하지 않고 주어진 사업에만 몰두하며 편하게만 살려고 했다면 얼마든지 남의 눈치를 볼 것도 없이 그럴 수도 있었다. 그러나 김용주는 자신의 편안함과 이익만을 추구하는 그런 소인배가 아니었다. 김용주는 자신이 옳다고 판단하고, 그것이 개인의 영달보다는 민족을 위한 일이라면 조금의 망설임이나 주저함이 없었다. 그러한 실제의 예는 앞서 기술된 그의 전 생애를 돌아보더라도 곳곳에 잘 나타나고 있다. 김용주가 온갖 악조건 속에서도 그리했던 것은 교육에 대한 그의 굳은 결의와 열정이 있었기 때문이었다.

해방 후에도 김용주는 전남 광주에 전남중학교를 설립(1958)하고, 후에 전남고등학교까지 설립(1966)해 국가에 조건 없이 무상으로 헌납했으며, 가난하기 때문에 배움에 대한 갈증을 안고 전남방직을 다니는 우리의 어머니이자, 이모이며, 누이이던 근대 산업의 역군이던 어린 딸들을 위해서 부설학교인 여자고등학교를 운영하기도 했다. 자신에게 주어진 업무를 마치면 나머지 시간에 얼마든지 공부를 할 수 있도록 배려를 했던 것이다. 학자들이 말하길, 인간이 가지는 욕망은 여러 가지가 있지만 배움에 대한 갈증이 상대적으로 크다고 한다.

이러한 사례를 놓고 보더라도 김용주는 우리 민족의 교육에 대해서는 개인적인 이해득실을 떠나 정말 남다른 열정과 포부가 있었다. 그는 사업가이자 공직자였지만 영남이니 호남이니 하는 등의 지역색을 갖지 않고, 지역을 초월해 문맹 타파에 앞장섰으며, 우리나라의 미래를 위해 한 걸음 한 걸음 디딤돌을 놓았던, 시금석을 놓았던 교육 육영가이기도 했다.

전남 화순군, 장흥군에 1천만 주 조림

김용주는 어느 날, 금수강산이라 일컬어지던 조국의 산하가 황폐해진 것을 보고, 1965년 전라도 지역 3천여 정보의 산에 1천만 주의 나무를 심을 계획을 세운다.

산은 헐벗고 따라서 외국에 비해 산림자원이 거의 없는 현실을 안타까이 여기며, 이러한 초라하기 그지없는 산하의 품에서는 결코 따뜻한 인간의 정서가 깃들기 힘들며, 조국의 미래를 위해서도 보람찬 일이라 여겨 앞으로 30년 이상을 내다보며 야심 찬 조림사업을 시작한 것이다. 김용주는 자신의 생각을 곧바로 실천으로 옮겨 전라남도 화순군과 장흥군 등에 걸친 산을 매입하고 더불어 국가로부터 일부 국유림까지 빌려 일차 목표한 1천만 주의 나무를 심기 시작했다.

하지만 조림사업이란 나무만 심어놓는다고 해서 저절로 되는 것이 아니었다. 심어놓은 나무가 잘 자랄 수 있도록 자리를 잡을 때까지는 물도 주고 비료도 주고 나무가 고사하지 않도록 주변의 풀과 넝쿨들도 베어주어야 하는 등 사람의 손이 많이 갔다. 그러니 다른 사업에 비해 이익이 없이 계속해서 투자만 되는 비용이 만만치가 않았다. 주변에서는 어느 세월에 투자비를 건질 것이냐며 비웃기까지 했다.

김용주는 이에 굴하지 않고 행여나 자신이 뜻한 마음이 흐트러질세라 조림사업을 자신이 경영하고 있던 전남방직주식회사의 부대사업 중의 하나로 정하고 틈나는 대로 부지런히 현지를 시찰하며 관계자들을 격려하고 그들의 노고를 치하했다. 처음 몇 년은 비용투자와 노력에 비해 별 효과가 없는 듯이 보였지만 어느덧 10여 년이 지나기 시작하자 자그마하던 나무 묘목들이 점차 자리를 잡아가며 하루가 다르게 산이 푸르러져 새들과 산짐승들도 깃들기 시작했다.

처음 이 조림사업을 시작할 때, 투자비를 언제 건질 것이냐며, 30년 뒤면 우리 사회가 어떻게 변할지도 모르는 상황인데 너무 무모한 짓이라며 간곡히 만류하던 가까운 친지들도 어느새 눈에 띄게 푸르러진 산을 함께 둘러보고는 고개를 끄덕였다. 이 조림사업을 시작할 때부터 김용주의 생각은 그들과 달랐다. 설령 먼 훗날 어떤 변화가 생겨 정성을 들여 키웠던 이 산림들이 자신의 손을 떠나 누군가의 손으로 간다 해도 이 나무들은 우리의 국토 안에 있는 것이며, 어차피 우리 민족의 누군가에게 귀속될 것이기에 결과적으로는 큰 도움이 될 것이라 믿었던 것이다. 그러한 사회적 공헌 측면으로 봤을 때, 지금의 경제적 손실은 얼마든지 감내하겠다고 스스로 다짐했던 것이다.

또한 김용주는 긴 안목이 필요한 조림사업을 통해서 자신이 경영하는 회사 종업원들의 가슴 속에 하나의 푸른 꿈을 심어주고 싶었다. 6·25 전쟁 등을 겪으며 생활이 안정되지 못한 사람들은 먼 앞날에 대한 안목이 흐려져 자칫 하루살이 인생관과 생활관으로 기울 수 있음을 염려했던 것이다. 따라서 이 조림사업을 통해 적어도 자신이 거느리고 있는 종업원들만이라도 앞으로 다가올 먼 앞날을 바라볼 수 있기를, 함께 나무 심기를 통해 자신과 같이 푸른 꿈을 가질 수 있기를 바랐던 소박한 소망이 있었다. 그가 생각했던 것은 배고파하는 이들에게 당장의 허기를 면하게 하기 위한 물고기를 주는 것보다는 물고기를 잡는 방법을 알려주고 싶은 심정이었던 것이다.

김용주는 앞에서도 보았듯이 남들이 꺼려 하던, 당장 이익이 나지 않는 학교 설립과 조림사업 등을 추진하는 걸로 봤을 때도 남다른 안목을 지닌 대인다운 풍모를 지닌 위인이었다. 그는 그러한 자신의 생각들과 일의 추진이 조국과 민족을 위한 애국의 길이라고 굳게 믿었던 것이다.

무등경기장 부지 무상 기부

1982년 봄 한국 프로야구가 출범했다. 그전까지는 고등학교 야구가 엄청난 인기를 끌어 경기가 열리는 날이면 야구장은 그야말로 인산인해를 이루었다. 특히 지역색이 강해서 경상도나 전라도 팀이 붙는 날이면 그 열기는 정말 상상을 초월할 정도였다. 결승에서 만나기라도 하면 야구 광팬들은 직장에 휴가를 내고 야구장으로 몰렸다.

군산상고는 1972년 제26회 황금사자기 결승 대회에서 부산고등학교에게 9회 말까지 1:4로 패하고 있던 경기를 9회 말 짜릿한 역전극을 펼쳐 5:4로 우승하면서 '역전의 명수'라는 애칭을 얻었다. 승부를 떠나서 어린 고등학생들이 끝까지 포기하지 않고 최선을 다하는 모습을, 야구의 짜릿함을 보여주었던 결승전이었다. 포기하지 않고 승리를 쟁취

한 승자의 포효와 눈물과 아쉬움에 고개를 떨어뜨리고 입술을 깨물며 눈물짓던 선수들. 지금도 야구를 좋아하는 팬들은 야구의 전설로 불리는 '역전의 명수 군산상고'를 잊지 못하는 팬들이 많다. 또한 1975년 광주제일고는 대통령배 우승을 차지하게 된다. 1977년에는 야구의 명문인 광주상고가 군산상고와 광주제일고의 뒤를 이어 제31회 황금사자기 결승에서 인천고에 3:2로 이겨 우승했다.

그 열기가 이어져 1982년 프로야구가 출범하고는 호남의 야구팬들은 호남에 근거지를 둔 해태 타이거즈를 응원하기 위해 경기가 열리는 날이면 야구장을 찾아 선수들과 혼연일치가 되어 소주 한 잔에 시름을 달래며 목이 터져라 응원을 했다. 해태 타이거즈의 레전드였던 1번 선수 김일권을 시작으로 김종모, 김성한, 김준환, 김일환 등과 김응룡 감독까지 김 씨가 주를 이루었다. 차영화, 서정환 선수 등이 있었지만, 영원한 4번 타자 홈런왕 김봉연을 비롯해 9번 타자 김무종에 이르기까지 어느 팀에 비교해도 뛰어난 라인업은 천하무적이었다.

해태 타이거즈의 김봉연 선수는 '역전의 명수 군산상고'라는 애칭을 얻을, 1972년 황금사자기 우승 당시 고3이었다. 그는 '촌놈'이란 별명으로 팬들의 사랑을 한몸에 받았는데, 그가 그 큰 몸으로 뒤뚱거리며 어쩌다 정말 어쩌다 도루라도 하면 야구장은 환호성과 한바탕 웃음이 넘쳤다. 당시 프로야구팀 중에서 가장 많은 팬들을 확보한 타이거즈는 이처럼 군산상고, 전주고, 광주상고, 광주제일고 등 호남의 선수들이 주축이 되어 구성되었던 팀이었다. 따라서 해태 타이거즈 경기가 열리는 날이면 야구장에는 호남 사람들이 몰려와 선수들의 이름을 연호하다 홈런이라도 치면 서로 모르는 사람이면서도 단지 고향이 전라도라는 이유 하나로 너나 할 것 없이 하나가 되어 함성을 지르고 끝내는 누군가의 선창으로 서로의 어깨를 얼싸안고 '목포의 눈물'로 한목소리가 되었던 것이다.

타이거즈가 활동했던 그 유명한 전남 광주의 무등경기장은 1954년 당시 시유지 일부와 김용주 전남방직 회장이 땅을 무상으로 기부해 지금의 위치에 토담형식으로 운동장을 건립했다. 그리고 1965년 9월 제46회 전국체전을 위하여 공식적인 경기장(주경기장과 야구장)을 건립하여 '광주공설운동장'이라고 불렀다.

당시 사업비는 시민들의 성금 7천140만 원과 국비 및 시비와 대한체육회 보조금을 모두 포함해 1억2천만 원이 소요됐으며, 1977년 제58회 전국체전을 위해서 증축과 리모델링 등 시설 보강을 마치고는 '무등경기장'으로 명칭을 변경했다.

대한방직협회 회장

5·16 군사혁명으로 정계를 떠났던 김용주는 1964년부터 사업계로 발길을 되돌려 전남방직주식회사 사장에 취임한다. 그리고 1967년 대한방직협회 회장직을 맡게 된다. 당시 그의 방직협회 회장 취임에 한국 방직업계는 물론 언론에서도 많은 관심을 보였다. 극심한 불황에 빠져 있는 방직업계에 새로운 돌파구가 열릴 거라는 기대감 때문이었다. 매일경제신문이 전하는 그의 방직협회장 취임 소식이다.

大韓紡織協會長(대한방직협회장)

金龍周(김용주)

세심한 外交家(외교가) 타입 綿紡工業(면방공업) 活路(활로) 타개에 전력

방직업계에 들어온 지 꼭 1년만에 국내 全綿紡工業(전면방공업)을 대변해야 할 방협회장자리에 오른 김용주 씨 첫인상이 기업인보다 세심한 외교가 타입이다. 김 회장은 취임 첫마디로 전례 없이 경기 전망이 흐려지고 있는 면방공업의 활로 타개책이 시급하다고 강조했다.(매일경제, 1968.2.5.)

방직업 불황은 정부 정책 탓

그러면 김용주가 회장으로 취임하던 그 당시 한국 방직업계의 실상은 어땠는지, 당시로 돌아가 직접 김용주에게 물어보자. 그의 회고록 『풍설시대 80년』에 나오는 내용을 인터뷰 형식으로 편집했다.

— 한국방직업계는 극심한 불황에 허덕이고 있었다. 원인이 무엇이라고 생각했나?

"여러 가지 복합적인 요인이 있겠지만 가장 큰 요인은 정부 정책의 일관성 부족이라고 보았다."

— 구체적으로 어떤 정책이 그랬다는 건가?

"방직업계는 정부의 제2차 5개년계획에 의한 수출 진흥 정책에 적극 호응, 수출용 방직물의 대량생산을 위한 시설 대 확장을 서둘러 40여만 추의 시설을 새로이 증설했는데, 여기에 소요된 자금이 외자 4천여만 달러, 내자 150여억 원이었다. 이러한 시설 대 확장 투자는 정부의 제2차 5개년계획사업이므로 외자는 차관, 내자의 80%는 산업은행의 융자로 충당하도록 규정해 놓았다. 그러므로 방직업계는 그 소요내자를 산업은행에서 융자를 받을 수 있도록 정부의 양해를 사전에 얻어 놓았고, 그걸 믿고 융자에 앞서 우선 각기 운영자금을 풀어 시설투자로 썼다. 그런데 그 뒤 산업은행의 자금사정이 여의치 못해 결국 업자들은 단 한 닢의 융자 혜택도 입지 못하고 말았다. 이 바람에 시설투자에 소요된 내자 백억여 원이 결과적으로 모조리 고리 사채로 둔갑해 버린 셈이 되어 억울하게 방직업계만 골탕을 먹게 됐다. 그런데 문제는 거기서 끝난 게 아니었다."

— 어떤 문제가 또 있었나?

"이미 증설된 40여만 추의 시설에서 대량생산되어 나오는 방직물이 이것은 이것대로 수출이 여의치 않자 국내시장에 과잉출하됨으로써 가격폭락을 초래하고 말았다. 이렇게 방직업계는 고리 사채에 대한 거액의 이자 지불 부담과 국내시장의 가격 저하로 인한 막대한 손해 등 이중의 출혈을 면치 못해 모두 도산의 위기에 직면하고 있었다."

수출보상책 시행

— 업계 전체를 책임지고 대변하는 협회장으로서 사태 해결에 대한 책임이 막중했을 것 같은데.

"그렇다. 회장으로서의 나의 책임과 사명은 그야말로 중차대했다. 따라서 나는 방직업계 각 회사의 사장들과 힘을 모아 업계 재생의 돌파구를 어디에 찾을 것인가 하는 문제를 놓고 연일 부심했다.

그 결과, 몇 가지 자구책을 강구하고 실천에 나섰다. 당시 방직업계 재생의 길은 딱 하나, 해외시장을 폭 널리 개척하여 수출을 증대시키는 방법밖엔 없다고 판단했다. 그래서 수출시장 개척을 위한 의욕과 노력을 강력히 뒷받침할 방법의 하나로 '수출보상금제도'를 제정했다. 즉, 원사 수입 시 업자로 하여금 그 수입 가격 총액의 몇 %에 해당하는 금액을 (보통, 미화 1달러당 한화 20~30원씩) 협회에 적립케 하고, 수출 시 협회는 그 적립금으로 응분의 수출보상금을 지불하여 수출에 대한 업자의 의욕을 고양시키고 수출실적 상승을 위한 노력에 보다 적극성을 띠게 하자는 것이었다. 그러면 협회산하 회원사 중엔 수출실적 여하에 따라서는 수억의 보상금을 획득하게 되어 그만큼 수출은 증대되고 새로운 시장이 많이 개척되어 업계재생에 큰 도움이 될 것이라고 믿었다."

— 회원사 규모가 각기 다른 탓에 불만을 갖는 회원이 생길 수 있을 것 같은데, 운영이 잘 되었나?

"그렇다. 한 회사가 보통 억대 이상을 적립하게 되는 이 적립금 부담은 경우에 따라서는 회원사 간에 이해가 상반되어 매년 이 적립금제도의 운용문제를 놓고 서로 의견이 분분하여 그것을 조정하는데 많은 노력이 필요했다. 어떨 때는 1개월 또는 그 이상의 시일이 걸릴 때도 있었는데, 나의 이런 조정 노력에 회원사들도 차츰 호응하게 되었고, 이 수출보상금제도는 방직업계의 불황 타개에 기여한 바 컸다."

미 국무성 설득으로 원사 가격 지불 조정

— 그 적립금제도로 고리 사채화 되어버린 운영자금 문제까지 해결할 수 있었나?

"수출 진흥만으로는 역부족이었다. 그래서 나는 회장 재임 시 방직업계의 극심한 자금난 문제를 갖고 재무부와 산은 당국에 여러 번 교섭을 벌였으나 별 효과가 없었다. 그래서 어쩔 수 없이 외국으로 눈을 돌렸다. 바로 미국 농무성에 기대를 걸어 보기로 한 것이다. 당시 한국방직업계는 전적으로 미국 면화를 원료로 수입하고 있어 그 대금은 연간 약

6천만 달러에 달했는데, 그것을 3년 분할불로 할 수 있게끔 미국 농무성과 교섭해 볼 심산이었다.

나는 미국 워싱턴으로 건너가서 그 문제를 놓고 직접 미 농무성 당국의 의사를 타진해 봤다. 그러나 농무성 당국은 경우에 따라서는 C.C.C 융자법에 의한 1년 연달러 정도는 할 수 있으나, 3년 분할불은 전례도 없을뿐더러 전혀 불가능한 일이라고 딱 잘라 선을 그어버려 나는 난관에 부딪치고 말았다."

— 그래서 어떻게 했나?

"그냥 주저앉을 수 없었다. 나는 체념하지 않고 이번엔 미국의 유력한 면화업자들을 동원하여 그들의 협력 아래 다시 한 번 미 농무성 당국을 설득해 볼 뜻을 굳혔는데 엉뚱하게도 다른 곳에서 내 발목을 잡고 나섰다. 다름 아니라, 우리 정부 재무부와 한국의 유솜(USOM, 주한 미국 대외원조처) 등이 내 방식대로 실행이 되면 결과적으로 한국에 통화 팽창을 초래케 하는 요인의 하나가 된다고 해서 절대 반대할 뿐만 아니라, 미 국무성과 워싱턴 '유솜' 본부에까지 전달되어 국무성이 농무성에 경고하는 사태까지 일어났다. 그렇게 되자 내가 추진하고 있던 면화대금 3년 분할상환 협상계획은 더욱 어렵게 되었다. 하지만 나는 끝까지 내 뜻을 버리지 않았다. 이번엔 미국 의회의 농무위원장과 예산위원장에게 각각 다리를 놓아 직접 부딪쳤다."

— 위원 설득은 더더욱 어려웠을 것 같다. 어떤 방법을 썼나?

"미국 국민을 팔았다. 미국 원사만 사 쓰고 있는 한국방직업계를 불황속에서 구제하는 것은 결과적으로 미국 농민을 위한 일이라는 논리를 내세웠다. 그리고 나아가 미국 농민과 한국방직업자가 협력하여 미국 면제품의 세계시장 개척을 도모하자는 의견을 강조했다. 그랬더니 이 두 위원장도 내 뜻을 받아들이고 고맙게도 나를 대신하여 몸소 국무성과 농무성에 교섭을 벌인 끝에 원사 구매대금의 3년 분할 건을 성사시켜 주었다. 이로써 한국의 방직업계는 백여 억에 달하는 국내 고리채를 정리하고 재생의 활로가 훤히 열렸다. 나는 이 교섭을 위해 워싱턴에 40여 일을 체류하며 문자 그대로 동분서주했다."

공판제도로 국내 판매 질서 확립

― 그것으로 한국 방직업계의 모든 문제가 다 해결되었나?

"아니다. 국내 판매시장의 비정상화도 심각한 문제였다. 당시 자금이 결핍한 회사들이 제품을 원가에 훨씬 미달되는 값으로 투매하는 실정이었다. 1사가 그렇게 하면 곧 그것이 시장시세가 되어 버려 각사가 결손판매를 하지 않을 수 없었다. 이것을 막기 위해 나는 무척 애를 썼으나 효과를 거두지 못했다. 몇 백 번 협력 단결을 호소해 보아도 효과를 거두지 못했다. 그렇다고 그런 상태를 그대로 끌고 나가 업계 전체가 패망할 수는 없었다.

나는 최후 단안을 내렸다. 국내시장에 있어서의 공판제 실시였다. 즉 방직협회가 국내 판매를 맡아 공판제를 통해 시장에 출하하기로 한 것이다. 이 문제를 놓고 일부 회원사가 자금사정으로 반대했으나 나는 장기간에 걸쳐 설득했다. 결국 특별융자와 선도금 제도까지 만들어 이것을 강행해 시장 질서를 바로 잡았다."

― 방직협회장 직을 수행하면서 특별히 느낀 점은 무엇인가?

"대체로 동종업계 각사는 평소엔 친선관계를 유지하고 있지만 이해상반 시에는 상호 양보하지 않는 것이 동업계란 것을 나는 심각하게 느꼈다. 그리고 이런 이해상반 관계를 조정할 때는 주선하는 사람, 즉 회장이 손해를 보는 편이 가장 좋은 방법임을 아울러 절실히 알았다. 그러므로 내가 회장 재임 기간 중엔 우리 전남방직이 늘 손해를 보았다. 그래서 전방에서는 나의 회장 사임을 몇 번이나 요구했었다. 그러나 결국 무리에 무리를 거듭하여 실행한 공판제도는 마침내 성공했다. 정부의 저물가 정책에 협력하면서 살아 나갈 정도의 경영은 유지하게 되었다.

내가 대한방직협회 회장 재임 6년간을 돌이켜 볼 때 참으로 여러 가지 감회가 깊다. 당시의 대한방직협회는 단순한 연락 단체가 아니고 공동사업 단체였으며, 회원사는 그 규모의 대소와 설비내용 등이 각기 판이하므로 협회사업에는 항상 이해가 상반되어 많은 분쟁이 일어 최후에 가서는 회장인 나의 결판으로 결말지우지 않을 수 없어 참으로 곤란했으며 언제나 일부 사의 불평은 남아 있었다. 이런 점을 생각할 때 내가 그 직책을 맡은 것이 한 때는 후회되기도 했었다. 그러나 한편 업계의 소생과 그리고 번영을 가져 왔을 때, 나는 스스로 보람을 느끼기도 했었다."

한국경영자총연합회 회장

— 한국경영자총협회 회장도 역임한 것으로 아는데.

"그렇다. 나는 1970년 3월, 한국 경제계의 중진들과 협의 하에 한국 경영자총협회를 창립하고, 그 초대 회장에 취임, 줄곧 그 직을 맡아 오다가 1982년 3월 만 12년 만에 그 자리에서 물러났다."

노사 문제는 가장 어려운 문제

— 한국경영자총협회는 무슨 일을 하며 왜 생겼는가?

"한국경영자총협회는 세계 선진 공업국가라면 한 나라도 빠짐없이 존재하는 경제단체이고, 그 나라의 경제단체 중에서도 가장 유력한 단체로 노사 문제를 담당하고 있다. 그래서 유엔 산하기관인 국제노동기구(ILO)도 각국 경영자협회와 각국 정부, 각국 노동조합이 연합하여 만든 기구이며, 이 ILO가 전 세계의 노사 문제를 관장, 처리하여 명실공히 그 권위를 떨치고 있는 것이다. 우리나라는 8·15 해방 직후부터 노동조합은 존재했으나 이런 경영자협회의 조직은 설립을 보지 못해 ILO의 정회원국이 되지 못하고 있었는데, 그러던 중 1969년에 이르러 ILO로부터 한국에서도 노사 문제를 관장, 처리하는 경영자협회를 설립하여 우선 국제경영자기구(IOE)에 참여하도록 한국 정부에 권유해 옴으로써, 우리 정부는 경영자협회의 설립을 우리 경제계에 종용해 왔다. 여기에 호응하는 전국 경제인들의 뜻을 바탕으로 내가 그 준비업무를 맡아 드디어 1970년 3월 한국경영자총협회를 창립하고 IOE의 회원으로 가입했다."

— 협회장으로 재직하는 동안 주력했던 일은 무엇인가?

"우리나라 같이 경제적 뿌리가 깊지 못한 상황 하에서는 무엇보다도 공업을 발전시켜 수출시장을 확보해야 하며, 수출을 강화하는 데는 국제 경쟁에 이길 수 있는 모든 환경을 정비해야 한다. 국제경쟁력 강화에 제일 중요한 문제는 노사합일과 공동 노력일 것이다. 그러므로 우리나라에서는 노사 간에 투쟁을 멀리하고, 그 대신 상호협조의 정신자세로써 서로가 무리 없는 선에서 슬기로운 타결을 지향해야 할 것이다. 경영자는 근로자를 무조건 억압해서는 안 되고, 그렇다고 근로자는 근로자대로 자기의 이익만을 강조해서도 안 된다. 국가적 차원에서 국제경쟁력을 유지할 수 있는 선에서 양자가 타협, 단합하는 길 밖에 없으며, 이 길이 또한 국가경제를 발전시키고 나아가서는 민족 전체의 생활영위에 풍요로운 터전을 열어주는 요체가 되는 것이므로, 노사는 운명의 공동체가 되어야 한다. 나는 우리의 노사 문제에 대하여 이러한 철학을 지니고 있었기에 한국경영자총협회의 창립에 적극 참여하였고, 그 후 12

년간이란 오랜 세월에 걸쳐 원활한 노사 문제 관리에 최선을 다했다."

대화와 설득은 최선의 노사정책

— 구체적으로 어떤 방식으로 노사 문제를 관리했나?

"노사 관계에 있어서는 거친 투쟁이 아닌, 오로지 조화와 협조를 기본방침으로 삼아야 한다는 대원칙을 세워, 모든 노사 문제는 상호대화를 통해 건설적으로 처리해 나가기로 했다.

그 실천방책으로서 노동부와 노총에 요청 합의하여, 정부와 노동조합총연맹과 경영자총협회의 3자가 뭉쳐 노사정 간담회를 조직하고, 이 회를 통하여 모든 노사 문제를 협의 해결하기로 했다. 이 간담회는 필요에 의하여 수시 개최했고, 간담회를 통해 모든 노사 문제는 그때마다 좋은 결과를 빚었다. 이렇게 해서 한국 노사 문제는 애국적, 건설적 차원에서 투쟁보다는 대화의 길을 굳혀가기 시작했다. 그리하여 근로자의 임금, 복지 등을 비롯한 모든 처우 문제에 있어서는 근로자의 입장을 감안하여 가급적 생활고를 덜게 하는 한편, 경영자 쪽에 대해서는 되도록 이해와 온정으로 근로자를 아껴줄 것을 수시 촉구했다.

그러나 인간세계엔 서로의 이해관계에 있어서 왕왕 상충되는 경우가 발생하게 마련이어서 양쪽이 똑같이 만족을 할 수는 없는 노릇이라 불평불만은 음으로 양으로 다 같이 뒤따랐지만, 그래도 양 쪽은 그때마다 건설적인 대화의 정신으로 그런 감정을 극복하고, 그때마다 슬기롭게 조절과 타결을 통해 비교적 원만한 결과를 누리곤 했다.

그러나 돌이켜 보건대 매년 연초에 야기되는 그 해의 임금인상 문제
는 참으로 난사 중의 난사였다. 노조 쪽에서는 심한 때는 연 60~70%
인상을 요구하여 기업체와의 타협이 거의 불가능할 경우도 있었지만,
이런 경우에도 서로 인내에 인내를 거듭하여 장시일을 두고 노사정 3
자의 참을성 있는 간담, 협의를 거쳐 그때마다 투쟁이란 극단적 행동을
극력 삼가고 대화로써 적당한 선에서 원만 해결을 보곤 했다.

나는 회장직에 있는 동안 간혹 경영자 측으로부터 노동자 측을 너무
두둔한다는 불평과 비난을 받기도 했다. 그러나 지금 와서 돌이켜 봐도
노사 문제에 대한 나의 신념과 그 처리 기본방침엔 별로 이렇다 할 과
오가 없었음을 스스로 믿고 있는 바이다.

내가 회장 재임 12년 동안 그토록 어렵고 번거로운 역할을 대과 없이
수행하게 된 것도 말하자면 역대의 노동청장, 노동부장관의 지도편달
과 아울러 역대 노총위원장의 이해와 노력 등에 크게 힘입었기 때문이
다. 그리고 또 협회 내부에서는 역대 부회장인 유창순(劉彰順) 씨, 정수
창(鄭壽昌) 씨, 구자경(具滋璥) 씨, 김인득(金仁得) 씨, 이동찬(李東燦) 씨, 김
상홍(金相鴻) 씨, 주창균(朱昌均) 씨, 정세영(鄭世永) 씨 등 우리나라 경제계
거성들의 적극적인 국가적 사명감에 불타는 절대한 노력의 뒷받침이
있었기 때문이라고 믿는다.”

— 노사 문제 공로로 훈장을 받은 것으로 아는데?

“국가로부터 금탑산업훈장을 받았다. 12년 간에 걸친 노사 문제에
대한 노력을 기리는 뜻이라고 할까. 별로 두드러진 공헌도 없는 처지에
이런 과분한 영예를 입어 오히려 송구스럽게만 느껴진다.”

제5장

냉철한 머리 따뜻한 가슴

― 김용주의 주변 이야기

김용주가 본 세계 속의 한국

김용주의 세계 속 한국 비판은 냉철하다. 그의 회고록을 보면, 김용주도 해방 전까지는 일본과 만주 외엔 가보지 못했다. 김용주가 세계를 돌아보게 된 건 8·15 해방 직후부터다. 미군정시절 정기항로 개척을 위해 처음으로 홍콩과 상해 등지를 다녀왔고, 정부 수립 다음해인 1949년에 정부 주선의 민간친선사절로 비로소 멀리 미국 각지와 캐나다 등지를 순방할 수 있었다. 또 1951년엔 구주와 동남아 등지를 순방했다. 그런 과정을 통해 김용주는 자연스럽게 세계와 세계 속의 한국을 비교하게 되었고, 지금까지 갖고 있던 인식이 크게 달라진다.

그가 세계를 여행하며 보고 느끼는 모든 것은 다 조국과 연관되어 있고, 순간순간 깨닫는 조국에 대한 그의 애정은 절절하다 못해 측은하기까지 하다. 무엇을 보고, 어떻게 느끼고 깨달았는지, 그의 이야기를 직접 들어보자.

"세계를 돌아보고 느낀 소감을 간단히 이야기하면, 첫째, 우리 한국은 그 시절, 단기 4천2백 몇 십 년이란 식으로 기장된 단군기원을 거리낌 없이 쓰고 있었는데, 이에 반해 서방제국에서는 1900년대의 예수기원을 쓰고 있었고, 그밖에 동남아 각국도 모두 정확한 역사적 고증에 근거를 둔 기원이나 연호를 올바르게 쓰고 있었다. 그러므로 한편 사적 고증의 정확성이 희박한 단기 – 즉 4천2백 몇 십 년이란 그 엄청난 숫자가 빚어내는 인상은 일반 외국인에겐 한낱 웃음거리밖에 안 될 것 같은 느낌이 들어 나는 씁쓸히 얼굴을 붉힌 일이 있었다. 자랑도 좋지만 그것이 '우물 안의 개구리'와 같은 사고가 돼서는 안 될 일이 아닌가. 우리는 흔히 동방예의지국을 자처해 왔지만 이것도 어느 경우에 있어서는 수긍이 안가는 바는 아니나, 한 걸음 나아가 사회 전체를 두루 내다볼 때 우리는 아직도 예의와 도의에 관해 많은 정신적 하자를 내포하고 있음을 나는 깨달았다."

"그중 가장 두드러진 것의 하나로 공덕심(공중도덕) 결핍을 지적하게 되는데, 다시 말해서 우리가 일반 공공을 위한 필요불가결의 행동을 등한시하는 경향이 있는 반면, 서양사회에서는 공덕심이 철저하게 제 자리를 지키고 있다는 사실을 나는 부인할 수 없었다.

예의에 있어서도 나는 인식을 새로이 한 바 있다. 내가 처음 미국에 건너가서 당장 느낀 것은 미국인의 예의엔 인간미가 골격을 이루고 있다는 점이었다. 비록 생면부지의 사이일망정 노상에서 서로가 시선이 마주치면 따사로이 미소를 지어 보이며 'Good morning'이나 'Good afternoon'이란 인사를 나누었고, 혹시 피치 못할 급무로 남을 앞질러 갈 경우 반드시 'Excuse me'란 말을 남겼다. 그리고 설혹 자기로서는 하고 싶은 일이라 하더라도 그것이 상대편에 불쾌감이나 폐가 될 우려가 있을 경우 스스로 자신의 모든 언동에 신경을 기울여 자제한다.

이러한 예를 거론하려면 한이 없으나 어떻든 미국을 비롯한 여러 서방 국가 사회는 예의나 도의 면에 있어 이른 바 동방예의지국인 우리나라보다 훨씬 뛰어났고, 사회에 대한 자선심이 대단하여 특히, 보지도 알지도 못한 먼 이방인의 불행에 대한 동정과 구호심과 사회적 정의감이 우리에 비해 엄청나게 크다. 그리고 고대문화와 관련한 문제 같은 것을 놓고도 나는 인식을 새로이 할 수밖에 없었다."

"우리가 평소에 입버릇처럼 우리의 '4천~5천 년 역사'를 자랑하고 아울러 우리의 옛 문화를 자랑해 마지않으나 정작 서양의 폐허와 유적들을 돌아보면 수천 년 전에 찬란히 꽃피었던 고대문화의 슬기로운 모습을 한눈에 대할 수 있고, 한눈에 상상할 수 있으며, 특히 희랍과 로마 시대의 도시유적을 대하는 순간, 그 광대한 규모와 고도의 문화적 가치에 나는 경악과 감탄을 금치 못했었다. 그리고 동시에 연상되는 것은 우리나라의 고대문화이며 또한 그것과의 가식적 대비였다.

우리의 옛 문화라면 우선 경주에 있는 신라시대의 몇몇 유적과 거기서 발굴된 유물들을 비롯하여 낙랑고분 등에서 발굴된 유물들을 들 수 있는데, 그러나 문제는 그 대비에서 오는 손색이었다. 이 움직일 수 없는 엄연한 사실을 놓고 우리는 다시 한 번 '우물 안의 개구리'의 위치와 사고에서 과감히 벗어나야 옳을 것이다."

"다음은 국토에 관한 소감인데, 우리는 우리의 국토를 가리켜 항상 '금수강산'이라고 부르고 있다. 먼 옛날엔 모르되 지금은 금수강산은

커녕 그것은 황폐강산에 가까운 상황이며, 그 위에 또 우리 국토의 면적은 매우 협소하다. 항공기를 타고 고공에서 우리의 국토를 내려다보면 동남서의 바다가 한눈에 보이는 적은 면적에 그나마 전체가 거의 산맥이다. 그리고 그 형상은 산에 수목이 없는 헐벗은 땅덩이고 하천엔 물 없는 백사장과 돌들만 질펀하다. 가뜩이나 좁은 국토에 산만이 면적을 크게 차지하고 있어 그것이 주는 인상은 황폐감만 두드러지게 한다.

미국, 구주, 동남아 제국은 한결같이 광대한 평원을 안고 있는 그 위에, 또 산엔 수목이 우거지고 하천엔 맑은 물이 굽이쳐 흐르며 처처에 산재한 푸른 목장엔 살찐 목우 떼들이 해맑은 양광을 즐기고 있다. 그러한 사실을 놓고 우리의 헐벗은 국토를 돌아보니 나는 뼈저리게 평원이 아쉬웠다.

우리 한국 민족은 무슨 숙명으로 이다지도 헐벗고 메마르고 협소한 국토에 가난한 삶을 영위해야 하는가. 우리는 헐벗은 국토에 담긴 가난한 삶을 벗어나기 위해 새로운 복지를 찾아 영토를 확장할 수는 없는가. 그러나 그런 욕망은 한낱 망상, 환상에 지나지 않는다.”

“과거 같으면 국력을 길러서 탐나는 남의 나라의 땅을 정복하여 영토 확장을 실현하는 예가 있기도 했었지만, 제2차대전 후의 오늘날에 있어서는 그런 영토 확장이란 상상조차 할 수 없는 일일뿐더러, 설혹 그런 가능성이 아직 남아 있다 하더라도 우리 민족 자체의 힘으론 도저히 불가능한 일이고 보면, 오직 남은 길은 우리 민족 스스로의 힘으로 우리의 국토를 가꾸어 복지로 재생시킬 수밖에 없을 것이다. 그렇다면, 우리는 노력하여 산엔 나무를 심어 산을 기름지게 하고 질펀한 모래밭과 험상궂은 돌덩어리들을 오히려 자원으로 삼아 그것을 슬기롭게 활용함으로써 우리의 국민생활에 공헌할 수 있는 길을 열어야 되겠다.

예를 들면 돌덩어리들을 다듬어 깔아서 바둑무늬의 도로를 만들고, 시멘트 벽돌을 만들어 목조 가옥, 초가들을 단단한 콘크리트 건물로 탈바꿈시키는 등의 슬기를 알차게 모아 나가야 하겠다. 그렇게 함으로써 헐벗은 우리의 산하는 푸르고 맑은 본래의 제 빛을 되찾게 될 것이며, 동시에 우리의 가난한 삶엔 활기와 희망이 감돌아 삭막했던 민심은 느긋한 정서를 누릴 수 있을 것이 아닌가.

끝으로 한 마디 덧붙일 것은 지금껏 우리 사회의 예의도덕은 어디까지나 가문중심의 종적 형태를 추구해 왔으나 앞으로는 이것을 횡적인 사회화로 발전시켜 공덕면에 중점을 두게끔 윤리자세를 고쳐 잡을 필요를 절실히 느낀다.

거듭 말하지만, 우리는 모든 문제에 있어 '우물 안 개구리' 가 돼서는 안 되겠다. 우리는 새로운 개안과 더불어 우리의 좁은 사고에 폭 넓은 길을 새로이 열어 나가야 하겠다. 이것이 곧 내가 세계를 돌아본 솔직한 소감이다."(『풍설시대 80년』 P.355)

"여기에 덧붙여 이번엔 좀 색다른 이야기를 해 보기로 한다. 내가 스페인의 바르셀로나 근처에 있는 한 전적지를 둘러봤을 때도 나는 절실히 느껴지는 것이 있었다. 그 대규모 전적지는 2천 년 전 로마제국이 스페인을 정복했을 때의 그것인데, 아직도 여전히 옛 모습을 지닌 채 관광객들의 눈길을 모으고 있었다. 그리고 나서 크게 놀라게 한 것은 그 도성 요지의 한 자리에 정복자 로마 영웅의 동상 하나가 거리낌 없이 서 있는 사실이었다.

제2차대전 시의 이태리 독재자 무솔리니가 그 동상을 만들어 스페인에 보내 그 곳에 세우게 했다는 말이었다. 우리의 민족감정으로서는 도저히 이해하기 힘든 일이었다. 외적에게 정복을 당해 민족의 운명이 지리멸렬했던 그 옛날 시절이라면 또 모르되, 역사가 바뀌고 바뀐 오늘날에도 정복당했던 그 전적지에 옛 정복자의 영웅 동상이 자리하고 있다는, 그것도 정복국의 기증으로 자리하고 있다는 그 놀라운 사실!

이렇게 오늘날에 이르러서도 그 민족적 치욕의 전적지에 아직도 유유히 명맥을 잇고 있는 그 정복자의 동상을 저만큼 바라보며 나는 처음 어쩐지 무슨 도깨비 장난과도 같은 느낌이 들었었다.

만약, 우리의 한국 사회 일부에서 임진왜란 시의 왜군총사 풍신수길의 동상을 임진왜란 전적지에 세우는 일이 생긴다면 그것은 이유 여하를 불문하고 당장에 국적행위로 지탄되어 거족적 제재를 받아 마땅할 것이다. 그러나 오늘날 스페인 사람들의 사고는 우리와는 다른 것 같다.

즉, 하나의 역사적 사실을 사실 그대로 솔직히 인정하고 그것을 거울삼아 그런 국치적 민족 수난이 다시금 되풀이되지 않게 항상 경각심을 굳히는 뜻에서도 정복자의 그 동상은 하나의 역사적 표본 및 거울 구실을 하고 있다고 보며, 아울러 고전장의 분위기에 그럴 듯한 실감을 불어 넣어 관광지로서의 여건을 충분히 갖추게 하는 실리주의에 그 동상은 필요하다는 것인데, 말하자면 스페인 사람들의 사고방식으로 미루어 그 동상으로써 일석양조의 실효를 거두고 있는 셈이라고나 할까.

어떻든 나는 이런저런 것을 보고 듣는 가운데 우리도 과거의 역사적 사실에 대해 너무 심각한 감정에만 치우칠 것이 아니라 인정할 것은 인정하고 버릴 것은 버려, 작금의 세계정세의 흐름에 융합되지 않은 점은 과감히 바로잡고 지양하여 우리 민족의 국제사회 진출을 위해 슬기로운 자세를 세워 나가야 할 것이라는 생각이 새로이 들기도 했었다."

(『풍설시대 80년』 P.268)

1천만 주 조림사업

　이처럼 세계 속에 비친 한국의 실상을 절실히 깨닫게 된 김용주는 깨닫은 것만으로 멈추지 않고 직접 행동으로 나선다. 바로 1천만 주 조림사업이다. 금수강산이 황폐강산으로 변해버린 조국의 산하에 '수림은 제 자리를 지켜 무성하고, 강물은 자애로운 젖줄기와도 같이 유역을 기름지게 하여 항상 풍요를 누리는 외국 선진국들의 강산처럼' 하기 위해 고심하던 중, 1965년 전라도 지역 3천여 정보의 넓은 산역에 1천만 주의 나무를 심는 야심적인 사업을 시작한다.

　"우리나라의 경우, 산은 헐벗어 산림자원은 거의 찾아보기 힘들고 따라서 쓸 만한 목재 한 토막이 제대로 생산되지 못하는 실정이니 안타깝기만 하다. 이렇게 산은 헐벗고 강천은 제멋대로 황폐, 범람하여 이런 초라한 산하의 품에 인간의 정서가 깃들 리도 만무하다. 이러한 사실은 국가, 민족을 위해서 가슴 아픈 일이 아닐 수 없었다. 1965년경, 내가 30년 계획으로 산에 나무를 심어 볼 결심을 한 것은 이같은 사실에 비추어 조금이라도 우리 조국에 도움이 될까 해서였다. 이에 나는 전라남도 화순군, 장흥군 등 양군에 걸친 산지를 매입하고 여기에 또 일부 국유림을 빌어 도합 3천여 정보의 넓은 산역에 1천만 주 조림사업을 벌였는데, 현재 이 조림사업은 당초의 목표대로 이미 1천만 주를 식재해 놓았다."

조림사업은 나무만 심어놓으면 저절로 되는 사업이 아니다. 몇 년 동안은 농작 못지않게 비료도 주고 주변의 풀도 베어야 하는 등, 많은 손질을 하고 정성들여 가꾸어야만 비로소 나무가 뿌리를 내리고 생장할 수 있다. 이때 투자되는 돈 또한 한두 푼이 아니다. 김용주는 조림을 자신이 경영하는 전방주식회사의 부대사업의 하나로 설정하고 나무 가꾸기에 많은 투자와 온갖 정성을 다 바쳤다. 그렇게 10년이 지나자 1천만 주의 수목은 푸르고 기름진 숲으로 변했다.

"내가 조림사업에 착수할 무렵, 나를 아끼는 몇몇 친지들은 나에게 간곡한 충고를 한 일이 있었다. 조림이란 그 뜻은 갸륵하나 사업상 안목으로 볼 때 그것은 현실을 고려치 않은 무모한 짓이라는 것이었다. 오늘날 우리나라의 사회 실정으로 미루어 심은 나무가 미처 다 자라기도 전에 타인이 베어 갈 것이고, 설혹 앞으로 30년의 긴 세월을 두고 끝까지 잘 자란다 하더라도, 30년 후의 우리 사회가 또 어떠한 사회로 변모할는지 모를 판국인데, 그렇다면 장래를 예측키 힘든 현 시점에서 과연 누구를 위해 그러한 사업을 하려 하냐고, 충고하며 그런 장기계획보다는 눈앞의 현실에 비중을 두는 편이 현명하다는 것이었다. 사실 그런 충고는 현실에 맞는 의견임을 나도 인정 안하는 바는 아니었다. 그러나 나는 그들의 충고를 결국 내 소신에 비추어 물리쳤다.

20년이나 30년 후에 설혹 우리 사회에 불의의 이변이 생겨 나의 산림이 어느 누구의 손으로 넘어가든, 그 산림이 우리의 국토 안에 존재하는 한, 그것은 우리 민족에게 귀속될 성질이고 보면, 거목으로 자라난 그 산림은 결과적으로 그만큼 국가와 민족에 이바지하게 될 것이니, 그러한 공헌의 사실에 비하면 나의 경제적 희생은 스스로 참을 수 있는 문제라고 풀이했기 때문이다."

"여기에 덧붙여, 나에겐 또 한 가지의 뜻이 있었다. 그것은 내가 경영하는 여러 기업체의 종업원들 가슴 속에 푸른 꿈을 심어 놓기 위해서였다. 지금 우리의 현실이 6·25 전쟁과 같은 국난으로 인해 일반 대중의 생활기반은 아직도 제대로 서지 못하고 그러므로 일반 대중의 먼 앞날에 대한 안목이 흐려져 자칫 잘못하다가는 하루살이와 같은 인생관, 생활관에 기울어지기 쉬웠다. 따라서 세상 인심은 각박해지게 마련인데, 그러한 현실에 비추어 나는 우선 내가 거느리고 있는 수많은 종업원들에게만이라도 이 장기적 조림사업을 통해 먼 앞날을 바라볼 수 있는 긴 안목과 마음가짐과 거기서 빚어질 푸른 꿈을 함께 가질 수 있는 계기를 조성해 주는 동시에, 나아가서는 황폐한 산야처럼 각박해진 일반 대중의 마음속을 부드러이 녹화시키는 뜻에서도 이 조림사업은 절대 필요한 것으로 믿은 것이다. 오늘도 내일도 그리고 먼 훗날에도 우리 회사의 그 산은 푸르고 푸르리라. 나는 나의 친지들의 그 충고를 물리친 사실을 조금도 후회하지 않을뿐더러, 나의 소신은 오히려 날로 무게를 더해 가고 있다. 치산녹화 또한 애국하는 길의 하나이기 때문이다."

(『풍설시대 80년』 P.319)

김용주의
작은 행복 두 가지

외국 유명인사들의 회고록을 보면 가정이야기가 많이 나온다. 아내와 자식들 자랑도 많이 하고 그런 이야기는 어떤 공적인 일보다 더 소중하게 취급한다. 그런데 한국 인사들의 자서전이나 회고록에는 가족이야기가 거의 없다. 오로지 일 이야기뿐이다. 아마도 가정이야기를 바깥에 하지 않는 것이 예의라고 여기는 가부장적 사고에서 비롯된 게 아닌가 싶다. 그래서 그런지 김용주의 회고록 『풍설시대 80년』에도 대부분 공무적인 일 이야기뿐이다. 그런 중에 딱 두 가지 개인적인 가정이야기가 나온다. 하나는 노모 별세 이야기이고, 다른 하나는 손자가 태어난 이야기이다. 먼저 노모의 임종을 맞는 김용주의 심경을 보자.

"나는 15살 때 아버님을 여의고, 그 후부터는 오로지 어머님의 자애 속에 살아온 셈인데, 우리 어머님은 중년 이후의 남편 없는 한 가정의 살림을 꾸려 나가시기에 무한한 노력과 정성을 기울이셨다. 원래 어머님은 건강이 대단히 좋으셨고, 말년에 가서도 잔병 한 번 앓으시는 일 없이 여전히 건승한 나날을 누리셨기 때문에 자식 된 나로서는 그 이상의 다행이 없었다. 90세 고령에 접어들어서도 망령기 하나 없으셨고 언제나 경쾌한 기분으로 자손들을 대하셨다. 그러던 어머님이 93세에 이르러 처음으로 음식이 잘 넘어가지 않아 식사에 무척 힘이 드시더니 그로부터는 차츰 쇠약해 가셨다. 하루는 여느 때처럼 일찍 기상하시자 목욕을 하고 싶다는 말씀을 하시기에 가인이 곧 목욕물을 데어 드렸더니, 어머님은 남의 손을 빌지 않으시고 손수 목욕을 하신 후, 새 옷으로 갈아입으시고 나서 다시 자리에 드러누우셨다. 그때까지도 어머님의 동정엔 아무런 이상이 엿보이지 않았다. 몸을 뉘신 채 말도 하시고 간혹 미소까지도 지어 보이셨는데, 그날 하오에 이르러 차츰 말수도 끊어지고 표정도 약간 굳어지시더니 땅거미가 내려 사방이 어두워질 무렵까지 아무런 말 한 마디 없이 조용히 그대로 계속 누워 계시다가 아무런 고통이나 동요 없이 마치 고요히 잠든 듯이 운명하시고 말았다.

대개 사람이 운명할 때는 무슨 질병이 사인이 되는 것이 상례인데, 우리 어머님의 경우에 있어서는 조금도 그런 사인을 찾아 볼 수 없는 것이 특이한 사실이었다. 나는 그러한 어머님의 임종에서 형용할 수 없는 감명을 받았다."(『풍설시대 80년』 P.329)

"1960년 4월, 내가 대만 타이페이(臺北) 시에 체류 중이던 어느 날 아침, 본국 집으로부터 연락이 왔다. 미국 일리노이 대학원에 유학중인 나의 장남 창성이 처음으로 득남을 했다는 소식이었다. 어언 60고개가 가까워 오고 있던 나로서는 처음 얻은 장손이었기에 그 사실이 너무나 대견하고 반가워서 하루 종일 세찬 감동과 보람에 설레었었다. 그 날이 바로 4월 19일, 나로서는 일생을 두고 잊지 못할 날이 됐다."(『풍설시대 80년』 P.345)

김용주가 말하는 이 사람

김용주는 자신이 가까이서 지켜본 몇몇 인사들에 대해 그 느낌을 솔직히 표현한 글을 몇 편 남겼다. 이런 글은 당사자 간의 인격에 관한 문제이기에, 그의 회고록 『풍설시대 80년』에 있는 원문 그대로 옮겨놓는다.

이승만 대통령

원래 나는 전 대통령 이승만 박사와는 아무런 연고도, 면식도 없던 사이였으나, 내가 대한 해운공사 사장직에 있을 때 제반 해운문제 및 대일 선박반환청구문제 등을 통해 비로소 이 박사와의 접촉이 잦아지기 시작했다. 그리하여 나는 이 박사로부터 분에 넘치는 신망을 받아 한 때는 상공장관 취임을 강력히 권고 받은 사실도 있었으나 부득이한 사정으로 그 자리에 앉지 못했다가 결국 나의 전문분야도 아닌 주일특명전권공사란 외교관에 임명되었었다. 그런 일, 저런 일로 나는 과거 여러 가지 경위를 통해 인간 이승만 박사의 실상의 일면을 내 나름대로 파악할 수 있었다.

그래서 거기에 대한 몇 토막의 소감을 적어 보기로 한다. 첫째, 이승만 박사는 청렴한 분이었다. 9·28 서울 수복 후, 계절은 가을로 접어들었는데도 전문한 바에 의하면 이 박사는 아직도 단벌 여름 양복을 입고 있다고 하기에 당시 주일공사로 재임 중이던 나는 그해 10월 초순 정무협의차 1차 귀국하면서 춘추용 양복지 한 벌을 선물로 가져갔더니 이 박사는 근엄한 표정으로 다음과 같이 나를 타일렀다. '이유여하를 막론하고 공무원이 이런 물건을 상부에 바치는 것은 좋지 않아. 원로에 모처럼 가져 왔으니 이번 한번만은 받기로 하겠으나 다음부터는 절대로 하지 말아요.'

그 당시 항간에서는 일부 업자들이 많은 금품을 수시 경무대에 헌납하고 있다는 소문이 자자했는데, 그 사실여부야 어떻든, 당시 이 박사는 미국 워싱턴에 있는 대학교수 출신의 미국학자 한 사람과 유력한 미국언론인 한 사람을 소위 '코리아 로비'의 멤버로 활약시키고 있어 매월 그 사람들의 보수조로 지출되는 금액만도 3천 달러였으며, 자칫 빗나가기 일쑤인, 한국에 대한 국제여론을 이롭게 선도시키는 공작과 미국 정계의 대한(對韓) 이해를 올바르게 촉진시키는 공작 등에도 막대한 기밀비를 쓰고 있는 것을 나는 알고 있었기에, 그러므로 업자들의 헌금이 사실이라면 그것은 오로지 그러한 공작비로 지출되었을 뿐, 이 박사 개인으로서는 그런 헌금을 사사로운 축재로 돌린 일은 없었을 것으로 나는 믿고 있다.

당시 대통령으로서의 이 박사의 봉급은 월 10만 원 정도였다. 그리고 이 박사의 봉급 봉투는 부인 프란체스카 여사를 통해 형식적으로 이 박사 앞에 일단 전달되는 것이 상례였다. 한 번은 프란체스카 여사가 이 박사 앞에서 봉급 봉투를 가리키며 '이 돈이 모두 미화라면 얼마나 좋겠어요.' 하고, 농담을 했더니 이 박사는 당장 표정을 굳히며, '돈에 대한 욕심은 버려야 해요. 암만 농담이라 하더라도 다음부터는 그런 말은 삼가도록 해요.' 하고 점잖게 꾸짖었다고 하는 말을, 마침 경무대에 들렀던 기회에 나는 모 비서를 통해 전해들은 일이 있다. 비록 농담일망정, 청렴한 이 박사는 프란체스카 여사의 그 한 마디가 두 귀에 몹시 거슬렸던 모양이었다. 이 박사는 국가재정에 대해 유달리 엄격했다.

내가 주일공사 재임 시 6·25 전쟁이 발발하여 본국 정부와의 정무연락이 단절됐을 무렵, 나는 본국 전상 장병들을 위해 동경 임지에서 정부 보유 달러 1만 달러를 대통령의 승인도 없이 임의로 풀어 페니실린 등을 대량 부산으로 사 보낸 일이 있었는데, 그 목적이야 어떻든 이 일로 나는 그 뒤 이 박사로부터 호된 꾸지람을 들었다. 이것은 곧 국가재정지출 문제를 절차적으로 중시하는 데서 내려진 꾸지람이었다. 그래도 나는 당시 나의 정부 보유 달러 사용목적엔 뚜렷한 명분이 있었던 만큼 그 꾸지람이 좀 원망스러웠으나 지금 와서 생각해 보면 그것은 지당하고도 남음이 있는 꾸지람으로 들려진다.

항간에서는 이 박사의 옹고집을 곧 잘 화제에 올렸었다. 듣자하니, 각부 장관은 이 옹고집에 밀려 이 박사에게서 받아 내야 할 정무 상 결재를 제대로 못 받아 내고 빈 손으로 돌아가기가 일쑤여서 정무 처리에 여러모로 지장이 많다는 것이었다. 그러나 이러한 사례에 대해서도 나는 해석을 달리한다. 적어도 내가 실지로 겪은 경험에 비추어 볼 때, 그런 사례와 관련하여 소위 이 박사의 옹고집이란 것은 전적으로 옹고집으로만 비난해야 할 성질의 것은 아니라고 생각한다.

내가 알기론, 원래 이 박사는 평소에 스스로 발언을 즐기는 성벽이 있어 각부 장관을 위시하여 무릇 아랫 사람을 대하면 상대방의 발언이 있기 전에 먼저 여러 가지 이야기를 일방적으로 이어갔고, 또 때로는 기분이 좋지 않거나 상대방의 언동이 마음에 들지 않을 경우 신경이 곤두서서 질책 비슷한 말을 거리낌 없이 퍼부었다. 그러므로 각부 장관은 이런 경우에 부딪혔을 때 자신의 용무에 관한 발언은 엄두도 못 냈고 거기에 또 면담시간이 약 20분 정도지만 이 박사의 건강을 염려했음인지 프란체스카 여사가 면담 현장에 들어와 그만 퇴거하라는 눈치를 내객에게 보였다. 이 바람에 상대방은 용건을 충분히 설명할 시간과 여건을 얻지 못한 채 아쉬움만 남기고 퇴출하는 경우가 많았다.

나는 이러한 사실을 잘 알고 있었기에 결재나 앙재나 무슨 요건으로 이 박사를 만나야 할 경우 미리 완전한 대비책을 갖추고 나가서 이쪽에서 먼저 발언의 선수를 썼는데, 이 박사가 충분히 납득이 갈 때까지 시간 경과에 개의치 않고 차근차근 설명을 해 드렸으며, 면담시간이 너무 길어졌다고 해서 프란체스카 여사가 암만 발을 동동 굴러도 나는 아랑곳없이 끝까지 내 할 말을 하고야 말았다. 그 결과, 프란체스카 여사의 눈총은 받았을망정 나는 나의 진언에 대해 이 박사로부터 한 번도 부결을 당해 본 일은 없었다.

이렇게 이 박사는 충분한 설명으로 안건 내용에 납득이 가면 결코 부결을 내리지 않았고, 그러므로 사실상 이 박사 자신은 오히려 안건에 대한 충분한 설명을 환영하는 편이었다. 지금까지 내 기억에 남아 있는 그런 실례를 여기에 몇 가지 들어보면, 이 박사가 주재하는 국무회의에 상공부장관이 6차나 제안했어도 끝내 이 박사의 승인을 얻지 못했던 대일 고철수출 문제라든가, 또는 재무부가 1년 동안이나 이 박사의 결재를 못 얻어 온 대형선박 고려호의 수리비 70만 달러 융자건 등을, 주무소관자도 아닌 내가 오로지 국가적 이해 득실에 비추어 이 박사에게 사리를 다해 상세히 설명한 결과, 이 박사는 단번에 각기 승인을 내렸었다. 이런 사실만 보더라도 나는 이 박사에 대한 고집불통이란 평판을 결코 이 박사 한 사람만의 소치로 돌릴 수는 없다고 풀이하는 것이다.

어떻든, 이 박사는 이야기하기를 즐겼고 또한 유머를 아는 위인이었으며 서로의 이해가 교류될 때는 대화에 암만 긴 시간이 흘러도 싫어하지 않았다. 이 박사는 자부심이 강한 분이었다. 그러나 이러한 성격의 일면도 해석 여하에 따라서는 이해가 안 가는 것도 아니다. 그것은 벅찬 국사들을 과연 나 이상의 어느 누가 꾸려 나갈 수 있겠는가 하는 일종의 우국상정에 직결되는 심리라고도 할 수 있을 것이다. 미상불, 대통령 재임시절의 이 박사의 입장엔 안팎으로 말 못할 고충이 많았으리라고 나는 뒤늦게나마 새삼스레 상상이 간다. 이 박사는 그러한 고충을 자신이 지닌 그 자부심으로 극복해 간 것이 아니었을까!

그 시절 우리 한국 국민들은 (물론 나 자신도 포함하여) 8·15 해방과 더불어 갑작스레 밀어 닥친 서구식 민주주의를 과신한 나머지 정작 우리 조국 및 국민들이 처해 있는 특수 환경과 여건 등에 대해서는 진지한 검토와 사고를 소홀히 한 감이 없지 않아, 그저 국민생활이 안정된 구미 선진국가의 민주주의 방식만을 염두에 두었기 때문에 이 박사의 그러한 자부심을 토대로 한 내정과 외교 등의 제반방식에 비난을 퍼붓는 사람들이 많았었다. 나 자신도 그중 한 사람이었다. 그러나 이 박사 본인은 그러한 비난을 처음부터 예지하고 있었을 것이며 그만큼 그의 자부심은 반사적으로 더욱 강렬해갔으리라 상상이 간다.

그 서구식 민주주의의 회오리바람으로 말미암아 이쪽을 메우면 저쪽에 금이 가고, 저 쪽을 충족시키면 이쪽에 불평이 일어나는 등, 이래저래 비난만 뒤따르게 마련이던 그 착잡한 현실을 놓고, 이 박사의 정치구상은 궁극적으로 한국적, 민족적 민주주의의 정립에 목표를 두게 되었으리라 미루어지는데, 어떻든 지금 와서 이 박사의 경륜을 돌이켜 보면 그 시절 내가 성급히 이 박사에게 쏟았던 비난은 곧 내 자신의 정치적 무식에서 빚어진 것임을 새삼스레 깨닫게 한다. 이렇게 나는 내가 아는 범위 내에서 인간 이승만 박사의 실상을 부각시켜 볼 때, 그분이 확실히 위인적인 인물이었음을 스스로 부인할 수 없다.

(『풍설시대 80년』 P.347)

맥아더 사령관

1945년 8월 30일 하오 2시 5분, 연합국최고사령관 맥아더 원수는 막료진을 거느리고 특별기 편으로 일본 관동지방 아쓰키(厚木)비행장에 착륙, 일본 점령 관리의 제1보를 내디뎠다. 그런 역사적 시점에 있어서도 그의 차림새는 허름했다. 상의조차 걸치지 않는 카키색 와이셔츠 바람에 검은 '선글라스' 그리고 애용하는 죽제 파이프를 입에 물고 있는 그 모습은 허식과는 인연이 먼, 마냥 소탈한 인상을 풍겼다. 그는 그를 잔뜩 기다린 각국 기자단 앞으로 다가서서 다음과 같은 요지의 성명을 발표했다.

'이곳 일본까지는 길고 곤란한 노정이었다. 그러나 이제 만사가 제대로 끝난 모양인가 싶다. 각 지역에 있어서의 일본군의 항복은 예정대로 진행하고, 이 지역에서도 일본군은 무장해제와 더불어 각기 순조로운 복원을 하고 있는 중으로 안다. 이렇게 일본군은 전후처리에 온갖 성의로써 임하고 있는 모양이니 앞으로도 일본군의 항복은 계속 평화스런 가운데 무사히 완료할 줄로 믿으며 또한 그러기를 기대하는 바이다.'

이상은 문헌에서 발췌한 대목이다.

이상과 같이 맥아더 원수는 그 진의야 어떻든 그의 착륙성명을 통해 '일본군의 성의'를 지적해 보인 셈인데, 어쩐지 그것은 듣는 사람으로 하여금 대일점령관리에 임하는 앞으로의 정책 및 태도의 일단을 사전에 슬며시 내비친 것 같은 미묘한 함축성을 느끼게 한다. 그것은 그렇다 하고, 내가 본 인간 맥아더 원수도 사실 허식을 멀리하는 소탈, 소박 그대로의 참모습 속에 고고히 이어지는 신의와 인정, 쾌도난마와 같은 과단성, 비할 데 없는 청렴 등을 함께 갖춘 신념의 인간이었다.

그는 6척이 넘는 거구에 얼굴도 호남형이었으며 말소리는 명랑하고 영롱한 가운데 저력이 있어 대하는 사람으로 하여금 일종의 정서를 느끼게 했다. 나는 대한민국 주일특명전권공사로서 착임한 후, 그에게 신임장을 제정했다. 그 제정식을 계기로 나는 맥아더 원수와의 접촉이 시작됐는데 이윽고 6·25 전쟁이란 역사가 거기에 겹쳐져 그와의 사이는 운명적으로 가까워 질 수밖에 없었다. 나는 '스캡'과 관련된 무슨 공무상의 일과 특히 6·25 전쟁으로 그의 옷소매에 매달리기가 일쑤였으며, 또한 그때마다 그는 나의 고려를 이해와 호의로써 가능한 한 풀어 주었다. 그 대표적 실례로, 별항에 기술한 바와 같은 미군 인천상륙작전에 따르는 미 공군 서울 전략 폭격에 있어 나의 요청대로, 당초 예정인 전면 폭격에서 제한 폭격으로 후퇴, 서울에 있는 우리의 고유 문화재와 사적 등의 보존에 크게 이바지한 사실을 들 수 있다.

맥아더 원수는 또한 뛰어난 반공투사이기도 했다. 그의 투철한 반공의식이 이 대통령과의 사이에 우정의 다리를 놓게 했던지 맥아더 원수의 이 대통령에 붙이는 이해와 우의는 남달리 두터웠다. 그렇기에 트루먼 대통령에 의해 한국전선에의 미군출동명령이 내려지기가 무섭게 맥아더 원수는 촌시를 다투어 즉각 한국전선으로 날아와 수원서 이 대통령을 몸소 위로 격려했으며, 대일문제를 둘러싸고 이 대통령이 왕왕 감정에 치우친 발언을 했을 때만 해도 그는 이에 대한 책임 추궁을 삼가고 오로지 우의를 바탕으로 올바른 이해를 촉구하는 선에서 그치곤 했었다.

반공의식의 말이 나왔으니 말이지만 미상불 맥아더 원수의 투철한 반공의식은 그의 대일점령 관리 면에도 철저히 반영하여 반공인으로서의 진면목을 여실히 드러내 보인 바 있다. 그러나 점령 초기로부터 한동안에 걸쳐 일본공산당에 대한 맥아더 원수의 태도는 뜻밖에 표면상 우호적이고 이해적이었다. 종전 직후, 일본공산당 연안파 영수인 노자카 산조(野坂參三)가 미 군용기에 편승, 망명 현지 중국 연안(延安)으로부터 개선장군처럼 귀국한 사실 하나만 봐도 맥아더 원수의 그런 태도를 규시할 수 있었다. 혹자는 이것을 이른 바 민주주의적 시책의 일환으로 풀이했고, 혹자는 이것을 속과 겉이 다른 일종의 대공유화책으로 돌렸다. 어떻든 일본공산당은 맥아더 원수의 그런 태도에 힘을 얻어 그들의 조직을 더욱 강화, 확대하는 동시에 심지어는 당과 인민 전체의 혁명적 투지가 그런 '유리한 입장'을 구축한 것이라고까지 호언했다.

한편, 국외의 정세도 일본공산당의 입장을 유리하게 거들었다. 중국 대륙에 있어서의 공산군의 득세가 바로 그것이었다. 그 무렵, 중공군은 중국 동북지방을 석권하고 다시 승세를 몰아 기타 요충들을 계속 공략, 마침내 국민정부군의 최대거점 북경의 공략을 목전에 두고 있었다. 중공군의 연이은 승리는 격동기 일본 국민들의 눈길에 최대의 경이로 비쳐졌다. 중공군 승리의 사실에 비추어, 가까운 장래 또한 일본 국내에 있어서도 일본공산당 및 산하인민들의 노력여하에 따라서는 공산정부 수립이 가능하다는, 그런 안이한 환상에까지도 사로잡힐 지경이었다. 이런 환각을 뒷받침이나 하듯이 일본공산당은 1949년 1월에 실시한 일본중의원(국회) 총선거에서 대거 35개의 의석을 차지했다. 승리를 거듭한 중공군의 후광이 일본 국민을 현혹케 한 것이었다. 여기에 이르러 일본공산당은 여세를 몰아 사사건건 '스캡' 당국과 정면으로 맞서기 시작했다.

맥아더 원수는 이런 심상치 않은 사태를 좌시하지 않았다. 그는 재래의 미온적 대공 태도를 180도로 급전환, 이른바 불식(拂拭) 정책으로써 그들 위에 철퇴를 내리기 시작했다. '일본공산당은 자유 민주세계에 대한 침략의 앞잡이 노릇을 하고 있다. 운운.' 의 맹렬한 비난성명을 발표함으로써 맥아더 원수의 대공(對共) 불식정책은 그 막을 올린 것이었다.

한번 마음먹은 이상, 맥아더 원수의 대공 불식작전은 과감하고 신속했다. 그는 일본공산당 중앙위원 24명 전원을 그날로 공직 추방하고, 그 중 이미 지하로 잠적해 버린 토쿠다 규이치(德田球一) 서기장 등 9명에 대해서는 정식으로 체포령을 내렸으며, 한편 또 일본공산당 중앙기관지 《赤旗(아까하다)》의 무기한 발행정지 처분, 신문 통신 방송관계 종업원들 중의 적색분자 추방, 일본공산당 산하의 전국노동조합 연락협의회 해산 등 그의 대공 불식작업은 일사천리로 진행했다. 그리고 그것은 '장래 아세아에 있어 일본은 불패의 반공 방벽이 될 것이다' 라는 그의 또 하나의 특별성명으로써 약 3개월 만에 막을 내렸다.

맥아더 원수는 이 대공 불식작업에 매듭을 짓고 나서 이번엔 극히 대조적으로 우 선회정책을 새로이 내세워 공직 추방 중에 있는 약 1만 명의 전 일본 직업군인과 우익분자들에 대해 추방해제의 혜택을 입히는가 하면 A급 전범의 가석방까지도 고려하기 시작했다.

맥아더 원수가 취한 그런 일련의 대공조치 등을 놓고 나는 내 나름대로 상념을 달려 본다. 맥아더 원수는 처음부터 일본공산당의 박멸을 속 깊이 기획하고 있은 것이 아닌가 하고……. 처음에 가졌던 그들에 대한 표면상의 우호적인 태도만 하더라도 앞날에 대비하는 하나의 위장전술에 지나지 않았다고 보며 그러한 속임수를 씀으로써 일본공산당을 일부러 더욱 놀아나게 하여 끝내는 그들의 실력 한계와 조직의 실태를 고스란히 드러내게 한 후, 적당한 기회를 기해 마치 먼지 날리듯 한꺼번에 털어 없애버린 것으로 짐작이 간다.

그리고 보니 맥아더 원수는 처음부터 타의든, 자의든 간에 전후 일본의 격동기를 딛고 역사의 풍도(風濤)를 몸소 헤쳐 나가야 할 운명적인 사람이었던가 보다. 따라서 투철한 반공인으로서의 진면목이 거기에 부각됐고, 연합국 최고사령관으로의 그의 존재, 유엔군 총사령관으로서의 그의 입장 등은 어지러운 역사의 회전과 더불어 길이 후세에 뜻을 남기게 할 것이다.

나는 공적생활을 통해서 본 맥아더 원수는 물론, 사적생활을 통해서 본 경우에 있어서도 그에게서 그지없는 인간미를 느꼈다. 그는 남달리 차분한 가정적 분위기를 즐기고 아끼는 위인이었다. 가정 속에 그의 명상이 깃들였고 또한 그 명상을 통해 하루의 진로가 열리고 하루의 예지가 세워졌다. 매일 그 명상이 시작되는 한동안을 위해 그의 '스캡' 출퇴근 시간은 이례적이었다. 그는 자기의 출근시간을 상오 10시로 정했고, 그 대신 퇴근시간은 하오 8시로 정해져 있었다. 그는 관저에서 늦은 출근시간까지의 아침 한동안을 귀중하기 짝이 없는 명상으로 보냈다. 그 대신 여느 사람의 경우와는 달리 하오 8시까지 막료들과 함께 정력적으로 계속 근무했다.

가정에 충실해서인지 또는 일본인을 경계해서인지 맥아더 원수는 재임 6년을 통해 외부의 연회에 모습을 나타내 본 적은 단 한 번도 없었다. 그것이 외교관의 공식연회일 경우에 있어서도 맥아더 원수는 부인을 대신 내보내고 자신은 따로 임무에 몰두했다. 맥아더 원수는 일본인 중에서도 일본 여성에 대한 경계심이 한결 두드러졌다. 그 극단의 실례로, 일본 진주 후에 히로히토(裕仁) 일황부처가 스캡으로 그를 인사차 방문했을 때, 맥아더 원수는 일황(日皇) 한 사람만을 접견했을 뿐 일 황후(皇后)는 접견하지 않았다. 또 맥아더 원수는 재일 6년간 일본 여자란 한 사람도 만나보지 않았고 따라서 일본 여자의 손 한번 쥐어 본 일이 없었다.

맥아더 원수는 애처가로서도 유명했다. 그의 부인은 부군보다 근 30세가량이나 나이가 젊었으며 어딘가 동양적 분위기를 지니고 있는 현숙한 미모의 여성이었다. 한 번은 외교사절단을 자기의 공관에 초대했으므로 각국 외교사절단장 전원이 정시에 공관에 모였는데, 어찌된 셈인지 맥아더 원수는 1시간이 지나서야 귀가했다. 그때까지 외교사절들을 상대로 칵테일을 권하고 있던 부인이 현관으로 달려가서 부군을 맞이하니 맥아더 원수는 일단의 외교사절들에게 건 낼 인사의 말은 뒤로 미루고 우선 우리의 면전에서 부인을 얼싸안고 긴 키스를 스스럼없이 했다.

물론 구미인의 풍습으로 많은 사람들 앞에서 부부가 키스쯤은 예사로운 일이긴 하지만 맥아더 원수의 그것은 마치 젊은 애인과 애인 사이를 방불케 할 정도로 열렬하고 다정해 보였다. 맥아더 원수가 6·25 전쟁 처리문제를 둘러싸고 투르먼 대통령과의 사이에 의견대립을 빚어 마침내 그 직을 떠나 본국으로 돌아갈 때, 그의 이삿짐은 트렁크 4개가 전부였다. 그 중 2개는 주로 아직 어린 외아들의 장난감을 꾸려 넣은 것이었고, 나머지 2개는 그 자신과 부인의 의복들을 담은 그것에 지나지 않았다. 이 사실을 통해서도 그의 청렴한 인격의 일면을 엿볼 수 있는 것이다.

1951년 4월 16일, 맥아더 원수와 나는 하네다 공항에서 앞에서 말한 것처럼 그렇게 긴 악수를 나누고 헤어졌다.(『풍설시대 80년』 P.229)

영친왕 이은(李垠)

영친왕(英親王) 이은 씨도 나에겐 잊지 못할 인물 중의 한 분이다. 나와 이은 씨와의 첫 대면은 내가 주일공사로 착임하기 이전에 이미 이루어졌다. 그것은 1949년 4월경, 내가 대일선박반환청구 교섭 차 일본에 건너갔을 때의 일이었다. 그때 나는 '스캡' 등과의 교섭에 있어 앞으로 그 전망이 여의치 않을 것 같아 매우 울적한 기분에 잠겨 있었다. 거기에 또 여수 같은 것이 겹쳐졌던지 나도 모르는 사이에 겨레가 그리워졌었다. 그 그리움의 감상이 나로 하여금 이은 씨를 찾아 가게 한 것 같다. 겨레라면 재일교포 모두가 한 겨레로 통할 일이나 유독 이은 씨를 골라잡은 이유는 무엇인가. 당시 이은 씨는 이미 일본 황족 예우를 벗어나 일개 평민으로서 남은 생애를 담담히 운명에 맡기고 있는 중이었다.

역사를 거슬러 올라가 보면 그의 인생 행로는 처음부터 운명적이었고, 그러므로 거기엔 또 남들이 실감 못할 심오한 고독감이 줄곧 뒤따랐을 것이다. 그러한 운명의 인물인 만큼, 일본 패전 이후의 그의 동정은 뭇사람의 새로운 관심거리가 됐었다. 나 역시 관심을 기울이는 사람들 중의 하나이긴 하나, 나의 경우 그것은 무슨 호기심 같은 것을 앞세운 호사가의 관심이 결코 아니고, 즉 조국광복이 이룩된 그 마당에 있어서도 어쩐지 이은 씨는 여생마저 이번엔 뜻을 달리한 또 하나의 미묘한 고독감 속에 보내게 될 것 같아, 나의 관심은 오히려 그런 예상에 근거를 두고 있었다.

이은 씨는 그의 자택에서 나를 반갑게 맞아 주었다. 나는 방문에 앞서 상상하기를, 이은 씨는 한국말이 매우 서툴 줄 알았다. 그러나 정작 대하고 보니, 그의 한국말 대화엔 아무런 막힘이 없었다. 그는 초면인사부터 한국말을 썼으며, 내가 하직할 그 순간까지 일본말은 한 마디도 끼우지 않았다. 그의 모국어는 고고히 살아있었다. 살아있다는 그 사실! 이은 씨는 끝까지 한국인이었다.

그의 고독한 혼백은 속으로 항상 조국을 찾아 그것으로 기구한 운명을 남몰래 달래 왔을 것이다. 그렇기에 일본 왕족 예우 속에 살아온 사람들이 흔히 남기기 쉬운 역겨운 용트림 같은 거드름과 허세, 감상 등을 그는 털끝만큼도 내비치지 않았으며 오로지 새 시대의 조류에 올바르게 순응하는 몸가짐, 마음가짐으로써 그는 끝까지 정중하고, 끝까지 정다웠다. 따라서 그의 체취와 분위기는 영친왕이란 운상의 전력을 멀리 떠나 어디까지나 평민다웠다. 그런데 내가 주일공사로 동경에 착임한지 약 6개월 후의 어느 날, 나는 이은 씨 저택접수문제로 인해 또 다시 이은 씨와 인연을 갖게 됐는데 그러나 이번은 내 비서를 사이에 둔

282

간접적 접촉이었다.

당시 이은 씨의 저택은 동경의 고급주택가 아카사카(赤坂) 중심지에 자리 잡고 있었는데, 대지 15,000평을 안고 있는 호화건물이었다. 원래 이 대지는 일본 왕실이 제공한 것이고, 건물은 구 이왕직(李王職) 예산으로 세워진 것이며, 전후엔 이은 씨 개인소유로 돼 있었다. 당시 우리 정부는 그 건축비가 구 이왕직예산에서 지출한 사실을 들어 그것을 접수 가능한 것으로 간주, 접수대상에 넣고 말았다. 그러나 적산처리에 있어 이미 속지주의 원칙을 내세운 '스캡' 당국이 우리 본국 정부의 접수요구를 용납할 리가 없었다. 그럼에도 불구하고 이 대통령은 그 접수를 실현시켜 주일대표부청사로 사용토록 그동안 수차에 걸쳐 나에게 강경지시를 보내 왔었다. 물론 나는 그것이 처음부터 실현 불가능한 일임을 알고 이은 씨와의 교섭을 의식적으로 미루어 오던 터인데 그 지시가 또 내려온 것이었다.

나는 궁여지책으로, 나 개인을 위시하여 그밖에 일부 부유층 교포의 후원을 얻어 도합 3만 달러 가량을 마련해 보기로 하고 그것으로 이은 씨에겐 따로 좋은 저택을 장만해 드리는 한편, 아카사카 소재 그 저택은 한국 정부가 인수하되 단 표면상으론 이은 씨 자의에 의한 무조건 기증이란 형식의 선에서 사태를 수습해 볼 안을 세웠다.

나는 당시 내 비서로 있던 이수철(이은 씨의 조카)로 하여금 이은 씨를 방문케 하여 그 안을 놓고 교섭을 벌이게 했는데, 그때 이은 씨는 그 안에 반대하지 않았으나 부인 마사코(方子) 여사는 즉석에서 '이 집은 일본 왕실에서 이은 전하 개인께 하양하신 것인 만큼 왕실로 반환한다면

모르되 이 이외의 조치는 당치도 않는 소리'라고 매우 강경한 반대의
사를 표명했다. 결국, 내 안은 마사코 여사의 강경반대로 좌절되고 말
았다. 이 바람에 나는 인정과 정부 지시의 틈바구니에 끼이게 되어 한
동안 남모르는 고민을 치러야 했다.

그러던 중, 한번은 이은 씨가 몸소 주일대표부로 나를 찾아온 일이
있었는데, 그때 이은 씨는 영식 구(玖) 씨를 대동하고 있었다. 내가 내의
를 물었더니, 이은 씨는 영식을 가리키며, '이 애가 이번에 중학을 갓
졸업했는데요.' 이렇게 서두하고, 영식을 곧 미국으로 유학을 보내려
하는데 거기에 필요한 한국 정부의 여권을 발급해 달라는 부탁이었다.
'한국 국민인 만큼 한국여권을 가지고 건너가야 하지 않겠습니까.' 하
고, 이은 씨는 말소리에 힘을 주며 이렇게 뜻 깊은 한 마디를 덧붙였다.
나는 그의 그 한 마디에 감동했다. 그리고 여권발급을 확약했다.
당시 재일교포에 대한 여권발급 절차는 우선, 주일대표부가 신청서
류를 접수하고 그것을 다시 본국 외무부로 발송, 외무부는 그 신청서류
를 놓고 여러모로 엄밀히 검토하여 가부를 가린 끝에 비로소 여권을 발
급했는데, 그 여권이 주일대표부로 돌아와 본인의 수중에 들어가기까
지엔 엄청난 시일을 요했다. 나는 이구 씨의 신분과 그의 도미 목적을
감안하여 가급적 조속한 사무조치를 바란다는 의향을 덧붙여 그의 신
청서류를 그날로 발송케 했다.

그러나 두 달이 지나고 석 달이 지나도 감감 무소식이었다. 굳은 언
질을 준 입장이라 나의 초조감은 극도에 달했다. 참다못해 나는 이 대

284

통령께 직접 전화를 걸어 신청자가 신청자인 만큼 각별한 조치가 있기를 바란다는 내 뜻을 말씀드렸더니, 이 대통령도 그것을 양해하고 다음과 같은 주의를 덧붙이기까지 했다. '미국에 가더라도 어디까지나 평민의 자격임을 잊어서는 안 되며 조용하고 말수 없는 미국생활이 되기를 바란다.' 그러나 이구 씨의 여권은 끝내 오지 않았다. 들리는 소문으론 이구 씨는 기다림에 지친 나머지 일본 정부의 호의에 의해 일본여권을 발급받고 그것으로 노미하게 됐다는 것이었다.

나는 미안한 마음을 금치 못할 뿐 아니라 어쩐지 국가에 충실한 선량한 국민 한 사람을 잃어버린 경우와도 같은 아쉬움이 치솟아 올라, 하루는 이구 씨를 주일대표부 내 방으로 초치하고 간곡히 양해를 구하는 동시, 나는 나대로 내 책임 아래 임시변통으로 일종의 한국여권을 손수 작성하여 비밀리에 손에 쥐어주었다. 미국생활에 있어서의 그 무슨 경우, 한국 국민으로서의 신분을 증명해야 될 필요에 봉착했을 때, 내가 발급한 그 여권이 거기에 하나의 도움이 되어 주기를 염원하며.

(『풍설시대 80년』 P.239)

윤치호 선생

윤치호(尹致昊, 號는 佐翁) 씨는 우리나라 개화운동의 선구자이며 또한 우리 민족이 중국의 정치적 기반에 얽매어 있던 구한말 시대에 민족의 해방과 자주독립을 위해 가장 드높이 항거의 횃불을 들었던 역사적 인물 중의 한 사람이었다. 그러한 분이 말년에 가서 제국주의 일본과 손을 맞잡고 심지어는 일본 귀족원의원으로까지 올라앉음으로써 한국 민족사회로부터 친일파란 불명예스런 낙인이 찍히는 동시 과거의 국가적, 민족적 공헌을 통해 한 몸에 모았던 그 혁혁한 성예는 하루아침에 사라지고 말았다. 그러나 나는 일찍이 인간 윤치호 씨를 두고 내 나름대로 견해를 달리할 기회를 가졌었다.

그것은 1944년 8월경 그러니까 8·15 해방 1년 전의 일로 기억하는데, 당시 조선총독부는 한국 민족으로 하여금 가일층 전쟁에 강제 협력케 할 의도 아래 임전보국단(臨戰報國團)이란 어용단체를 전국적으로 조직하여 각지에 시국강연회를 열고 있는 중이어서, 그 강연회가 열릴 때마다 한국 민중은 청중으로 강제동원 되어 듣기도 싫은 소리를 부득이 들어야만 할 신세였다.

하루는 그 강연회가 경북 대구에서도 열리게 되었는데, 그 강연회의 연사로 윤치호 씨가 등단 한다기에, 때마침 대구에 체류 중이던 나는 문제의 윤치호 씨가 과연 무슨 이야기를 할 것인지 일종의 호기심 같은 것이 우러나 정각에 강연회장소인 대구공회당으로 가 봤다.

그날 공회당에는 나와 같은 호기심에 이끌린 모양인가 무려 5천여 명이란 대청중이 운집하여 장관을 이루었다. 이윽고 '지금부터 윤치호 선생의 강연이 있겠습니다.' 라는 사회자의 알림에 윤치호 씨가 등단했다. 당시 공석에서는 한국말을 절대 쓰지 못하게 돼 있었다. 그래서 윤치호 씨는 내가 비록 일본에 가서 공부를 하긴 했으나 그것이 60여 년 전 전이란 먼 옛날의 일이었기 때문에 그동안 일본말을 많이 잊어버려 매우 서툴기는 하지만 그래도 그 자리에서는 일본말로만 강연을 하라고 하니 부득이 일본말로 할 수밖에 없다고 전제하고 강연으로 들어갔는데, 기실 그의 일본말은 유창한 편이었다.

그런데 그의 강연은 뜻밖에도 눈 깜빡할 사이에 끝나고 말았다. 뿐만 아니라 강연이랍시고 몇 마디 이야기한 그 내용에 5천여 청중은 한편 놀라고 한편 아연했다. 그 내용인즉, '이 윤치호가 대구에 내려와서 시국강연을 한다니까 아마 여러분들은 내가 과연 무슨 말을 지껄이나 하고 호기심, 궁금증 같은 것이 있어서 이렇게 이 공회당을 그야말로 입추의 여지없이 메운 줄로 짐작이 가는데 정작 나는 여러분 앞에 들려드릴 이야긴 아무것도 없습니다. 그러면 아무런 할 얘기도 없는 사람이 왜 강연하러 왔느냐고 의아하게 생각하실 것이나 나로서는 대구에 내려가라고 하기에 내려온 것뿐이고, 또 이 연단에 올라가라고 하기에 이렇게 올라온 것뿐이니 여러분들은 그렇게 알아주시오.' 하고, 그는 그대로 하단해 버렸다. 청중의 한 사람인 나는 그때 그의 그러한 언동을 통해 그의 심저에 서린, 일제에 대한 저항의식의 한 줄기를 알 수 있었으며 따라서 친일파란 세평과는 달리, 윤치호 씨의 내면세계엔 여전히 애국애족의 애정이 괴어 있었음을 인식했다.

나는 그날 밤, 감명의 여운을 안고 윤치호 씨의 숙소를 찾아 갔다. 당시 일본관헌의 감시가 엄중해서 윤치호 씨와의 면담 자리에서는 서로 화제에 신경을 기울이지 않을 수 없었으나 그래도 내가 태평양전쟁의 귀추를 그에게 물어보자 그는 담담하게 다음과 같은 견해를 피력했다. 일본은 신문명에 일찍 눈 떠 그것을 알차게 흡수하고 활용하여 근대국가로서 틀이 잡혔기 때문에 국토는 비록 좁으나마 이번과 같이 세계열강을 상대로 큰 전쟁을 일으켜 오늘에까지 버텨 왔는데, 다만 일본이나 독일은 그 수단방법이 너무 강폭해서 결국은 패하고 말 것이라고 전망했다.

윤치호 씨는 84세인가 85세의 노령이었는데 나이에 비해 기력은 좋은 편이었고, 그 기력에 못지않게 일본의 운명에 대한 견해 또한 명쾌했다. 그럼에도 불구하고 친일파란 낙인이 찍힐 정도로 과거의 성예를 스스로 짓밟는 이유는 과연 나변에 있었을까? 국가와 민족을 위해 옥고도 치를 대로 치르고 많은 공헌의 기록도 남길 대로 남긴 그만한 역사적 인물이라면 시종 양심과 절조를 지켜 나가 생명이 다할 때까지 항거의 횃불을 들어야 옳을 텐데 아쉽게도 말년에 가서 친일파에 이름이 오른 것은 과연 무엇 때문인가?

나는 이 점을 다시 놓고 내 나름대로 다시 풀이를 해 봤다. 그리하여 다음과 같은 해답에 도달했다. 윤치호 씨는 노령에 접어들면서부터 인간의 상정으로 수많은 자손의 장래와 많은 재산의 유지 문제 등을 고려하지 않을 수 없어 일본의 강압적 종용에 대항을 못했을 것이고 한편 일본은 그분 이름을 마음대로 이용했기 때문에 이로 인해 더욱 친일파란 낙인이 찍힌 것이지 결코 그분 자의에 의한 친일은 아닐 것이라고 — 나는 그날, 그 밤의 인상을 통해 이렇게 이해가 간 것이었다. 말하자면 그분 또한 제국주의 일본의 마수에 사로잡힌, 색다른 포로의 한 사람이라 할 수 있을 것이다.(『풍설시대 80년』 P.331)

288

일본인 후쿠지(福士) 선생

　나의 은사 후쿠지 토쿠헤이(福士德平) 선생은 나의 모교 부산상업학교의 교장을 장장 20년이나 근속하신 분인데, 선생은 일찍이 동경고등상업학교를 졸업하고 일본 돈하상업학교 교장으로 재직하다가 그 뒤 구한말 한국 정부의 초빙을 받고 내한, 부산상업학교(한국학교) 교장에 취임하여 한국학생의 훈육에 헌신했다. 물론 나도 입학에서 졸업까지의 모교 재학기간 줄곧 후쿠지 선생의 훈육을 받은 학생 중의 한 사람인데, 내 눈에 비친 선생의 인간상은 교육자로서의 근엄한 일면과 함께 자애로운 인간미를 다분히 내포하고 있었다.

　당시 우리나라 실정으론 대학에 진학하는 학생이 매우 드물었는데 특히 나의 모교는 상업학교이기 때문에 그 성격상 졸업생은 대부분 취직의 길을 택하여 은행이나 기업체에 진출하는 것이 상례가 됐다. 후쿠지 선생은 해마다 졸업생의 취직 알선은 물론, 이미 자기의 알선으로 취직이 되어 근무 중에 있는 사람들까지도 일일이 그 직장으로 찾아 직접 근무상태를 두루 살펴 근무상의 난점과 애로 등을 알아보고 그것을 재학생 훈육과 재학생의 장래의 진로에 참고로 삼았다.

　후쿠지 선생은 매년 2학기 때부터 앞으로 다가올 졸업생의 취직문제에 대비하여 전국 각 기업체를 순방, 취직의 길을 미리 열어 놓는데 온갖 노력을 기울였다. 이리하여 매년 졸업생이 원하는 대로 모두 취직자리를 알선해 주었는데 그것도 비교적 조건이 좋은 곳만 골라잡았다. 그리고 이미 취직한 사람이 무슨 사정으로 사직했을 경우, 그 사람이 다시 새로운 취직처를 원하면 후쿠지 선생은 딴 자리를 알선해 주곤 했는데, 선생은 그때마다 사직하기 전에 자기와 사전 협의라도 있었다면 적당한 해결방법이 없을 것도 아닐 텐데 아무런 의논 한마디 없이 사직한 후에야 아닌 밤중에 홍두깨 내밀듯 불쑥 취직 알선을 다시 부탁해 오니 그만큼 힘이 더 든다고 충고 삼아 본인을 타일렀다.

이것은 내가 입학한 뒤에 들은 일화인데, 과거에(1915년 경) 이런 일도 한두 번 있었다고 한다. 하루는 과거 취직을 시켜 주었던 어느 졸업생이 후쿠지 선생을 찾아와 석탄 장사를 하겠으니 거기에 필요한 자금 3백 원을 빌려달라고 간청했다. 원래 선생은 학생들에게 월급생활도 좋으나 그것보다 사람은 자기 힘, 자기 의사대로 활동 노력하는 자영의 길을 걸어야만 크게 성공할 수 있으니 사업의 대소를 막론하고 자영의 길을 택하는 것이 현명한 일이라고 가르쳐 주었었는데, 그렇게 자영을 하겠다는 그 졸업생의 말이 하도 반가워서 선뜻 그 요청에 응해 주었다. 그러나 그 졸업생은 그것으로 2년가량 장사를 하다가 일이 여의치 않아 그 3백 원을 모두 날려 버리고 선생을 다시 찾아와서 이번엔 취직을 시켜 달라는 부탁을 했다.

선생은 그 졸업생의 딱한 사정에 동정하여 소원대로 취직을 시켜주고 자기의 대여금을 탕감해주었다고 한다. 그 뒤에도 또 한 사람의 졸업생이 찾아와 역시 장사 밑천에 보태겠다고 2백 원을 빌려 갔었다. 그 사람도 장사에 실패를 하여 끝내 반제를 못해 드려 결국 후쿠지 선생은 이런 일, 저런 일로 월급에서 푼푼이 떼어 뒀던 저금을 몽땅 털어 없애고 말았는데 그래도 그로 말미암은 사제지간의 그 미담만은 오늘에 이르기까지 흐뭇하게 살아남은 셈이다.

이렇게 선생은 근엄한 가운데 다사로운 인정으로 졸업생이나 재학생을 위한 뒷바라지에 최선을 다했다. 선생에겐 자녀가 없었다. 그래서 선생은 수시, 학생들을 대하는 자리에서 너희들이 곧 모두 내 친자식이나 다름이 없다고 말씀했다. 그리고 졸업생 가운데서 뛰어나게 성실한 근무를 하고 있는 사람의 경우를 예로 들어 재학생들로 하여금 그것을 거울삼도록 항상 뜻 깊은 편달을 했으며, 졸업 후 되도록 취직보다는 자영 자립을 기하는 편이 장래의 대성을 위해 바람직한 길이라고 덧붙여 말씀했다.

당시 부산엔 나의 모교 외에 또 하나의 상업학교가 있었는데, 그것은 일본인 학생만을 받아들이는 학교였다. 조선총독부 학무당국은 나의 모교가 한국인 학교이므로 그 학교에 비해 시설 면이나 기타 모든 점에 걸쳐 차별대우를 해 왔기 때문에, 선생은 교장의 입장에서 항상 차별철폐를 강경히 주장하여 학무당국으로부터 미움을 받기도 했다.

후쿠지 선생은 20년 근속의 업적을 남기고 퇴임한 후 일본으로 귀국, 동경 나카노구(中野區)의 한적한 자리에 조그만 주택을 마련, 부인과 단 둘이서 기거하고 있었는데, 1935년경 나는 일본에 건너간 기회에 그 집으로 선생을 방문하여 회고담의 꽃을 피운 일이 있었다. 그때 선생은 현재 바로 이웃엔 자기의 부산상업학교 교장 시절과 때를 같이하며 부산 일본중학교장으로 있던 사람이 살고 있는데, 그 사람은 일본인학교 교장으로 재직했기 때문에 그 때의 일본인 제자들이 현재 동경에 많이 거주하고 있어 수시 왕년의 은사 댁을 출입하는 모양이나, 이에 반해 자기는 한국인 학교에 재직했던 관계로 그 때의 한국제자들을 동경에서 한 사람도 만나보지 못해 항상 고독감에 잠겨 있었다고 하며 서함에서 천여 장의 엽서 뭉치를 끄집어내어 내 앞에 드러내 보였다.

　내가 눈여겨 살펴보니 그것은 나 같은 제자들이 보내온 수많은 연하장들이었다. 선생은 고적하여 우리들 옛 한국 제자 생각이 날 때마다 그 연하장들을 한 장 한 장 다시 보고 다시 보며 우리들의 모습과 옛 정을 되새기곤 했다는데 그리기를 지금까지 수천 번이나 되풀이 했다는 것이다. 그래서 그 연하장들의 겉 글씨만 대해도 첫눈에 그것은 누구의 연하장이란 것을 알아맞힐 정도이며, 그리고 그 연하장들을 통해 마치 옛 한국 제자들과 대좌하고 있는 것 같은 감정에 잠길 수 있다는 것이었다. 아닌 게 아니라 선생의 그 소감을 뒷받침하듯 그 연하장들은 반들반들하게 손때가 묻어 있어 나는 나대로 그토록 사제지간에 맥맥히 이어져 내려온 옛 정을 세차게 되새긴 나머지 감동으로 눈시울이 뜨거워 왔었다.

　선생은 이어 이런 말씀도 했다. 얼마 전, 부산상고 동창회에서 교장 임직시의 공로를 기리는 뜻으로 자기의 동상을 세울 계획임을 전해 왔었는데, 이에 대해 후쿠지 선생은 동상을 세울 돈으로 대신 재학생들의 면학에 도움이 될 도서관 같은 것을 건립하라고 회보하여, 동창회는 선생의 갸륵한 뜻을 받들어 동상건립계획을 변경, 기념도서관을 설립하기로 방침을 굳혔다는 것이었다.
　나는 귀국 후, 부산 모교를 찾아가 자비로 후쿠지 선생의 흉상(胸像)을 도서관에 앉히게 하고 도서관의 명칭도 '후쿠지 선생 기념관'으로 명명하도록 의견을 모았다. 이 글을 쓰는 이유는 서로가 민족이 다르고 더구나 한국과 일본 사이엔 과거 역사상 불공대천의 한 시절이 있었을 망정, 선생과 같은 훌륭한 은사의 인간성과 공로에 대해서는 민족과 국경과 은혜와 원한을 초월하여 응당 기리고 기리는 것이 인간으로서의 참된 도리로 생각하기 때문이다.(『풍설시대 80년』 P.335)

민속학자 야나기 무네요시(柳宗悅)

내가 일본의 민속학자 야나기 무네요시(유종열, 柳宗悅) 씨의 이름을 처음 알게 된 것은 중학시절인 16세 때였다. 사연은 멀리 거슬러 올라가 그것은 3·1 독립운동이 일어나고, 그 이듬해 즉 1920년의 일이다. 당시 새로 창간된 동아일보 지상에 『조선의 우인에게 보내는 서』라는, 야나기 씨의 충격적인 시론이 역재(譯載)되어 있었다. 이 글은 당시 일본의 대표적 종합지 《개조(改造)》에 게재된 것을 동아일보가 역재한 것이었는데, 그 무렵 나는 이 글을 열독하고 어린 마음에도 일본인 야나기 씨의 조선에 대한 이해와 인간적 양심과 식견 그리고 불같은 용기에 깊은 감명을 받았다.

1919년 3월 1일을 시점으로 요원의 불길처럼 전국에 번져 나간 거족적인 독립만세 시위에 대해 일본 군경이 무차별 총격과 가혹한 고문으로 수많은 우리 애국동포들을 참살하던 당시인 만큼 나는 야나기 씨의 그 글을 통해 잔악무도한 일본 민족 가운데에도 불행한 식민지 민족,

불우한 약소국가의 처지를 온정으로 이해하고 아끼는 야나기 씨와 같은 '인자'가 있다는 사실을 새로이 파악하고 일순 가슴 속이 환히 밝아 왔었다. 그것은 한낱 감동을 넘어 오히려 세찬 희열과 거센 희망의 빛이 넘치는 정신적 여명과도 같은 인간 개안의 심정이었다.

야나기 씨의 그 글 내용을 여기에 간추려 보면,

'…… 일본이 강폭한 무력으로 이웃 나라 조선의 백성들을 마구 참살하는 것은 천리에 어긋나는 잔학행위이며, 평화적 시위로 제 나라의 독립을 되찾겠다는 조선 민족의 대 염원을 일본 군경들이 총검으로 유린하는 것은 천인공노할 일이다. 일부 양심 있는 일본인은 결코 이런 사실을 좌시할 수 없을 것이다. 만약 처지가 뒤바뀌어 일본이 약하고 조선이 강해서 일본이 조선 앞에 무릎을 꿇었다고 가정하자. 그때 일부 일본 청년들이 주권을 되찾는 독립운동을 벌인다면 우리 모든 일본인들은 그들을 틀림없이 애국지사로 받들어 찬양할 것이 아니겠는가. 그렇다면 조선인이 자기네의 조국광복을 위해 독립운동을 벌이는 것은 당연 이상의 당연한 일이 아니겠는가.

조선동포여! 암만 일본인이 무도하다 하더라도 그 중엔 당신네들의 진솔한 벗이 없다고는 할 수 없을 것이며 또한 하늘이 일본 군경의 잔악행위를 결코 허용하지 않을 것이다. 나는 인간의 본질적 양심을 믿는다. 결코 하늘은 무심하지 않을 것이다. 따라서 앞으로 일본 국내에서는 조선 및 조선 민족을 옹호하는, 인간 본연의 양식과 인류애에 기반을 둔 뜻 깊은 국민운동이 일어날 것이다. 조선과 일본이 서로 형제와 같은 우애로 결합된다면 모르되, 조선이 결코 일본의 노예가 되어서는

294

안 된다. 일본이 조선을 노예로 다룬다면 그것은 곧 일본의 치욕임을 일본은 명심해야 할 것이다. 그러므로 오늘날 무도한 일본의 조선통치 방법은 영속되어서는 안 되고 또한 영속될 수도 없을 것이다. 그러므로 일본은 마땅히 평화와 인도에 입각하여 조선인을 특우해야 한다.'

야나기 씨는 이 글을 발표한 후, 일본관헌으로부터 많은 박해를 받았다. 그러나 이 글을 게재한 《개조》 지의 강력한 권위에 비추어 일본의 정계, 관계를 비롯하여 일본 각계각층에서 야나기씨의 이러한 고견을 놓고 '조선통치'의 비리에 대한 여론이 걷잡을 수 없이 비등해 갔다. 그 뒤 1922년, 야나기 씨는 다시 《개조》 지에 일문을 기고했다. 제명은 '헐려지는 조선의 광화문' 그것은 이조의 대표적인 궁전 경복궁의 정문인 광화문을 헐어 없애려는 조선총독부의 무모한 결정을 정면으로 항의하는 신랄한 내용의 글이었다.

당시 총독부는 석조건물의 신청사를 하필이면 경복궁 앞뜰에 지으면서, 그 공사의 일환으로 전면에 우뚝 서 있는 광화문을 흔적도 없이 철거해 버리기로 결정한 것이었다. 야나기 씨는 이 글의 첫머리에서 '광화문이여, 광화문이여, 그대의 운명은 단석에 절박했구나. 조선의 미, 이조 5백 년의 역사와 문화는 이제 어둠속으로 사라져야만 하는가!' 하고 다시 다음과 같은 요지로 글줄을 이어갔다.

'일본 식민지통치의 그 잔학성! 한 민족의 위대한 미술과 역사를 거리낌 없이 마구 부숴 없애려는 그 야만성! 나는 이 움직일 수 없는 엄연한 사실을 눈앞에 대하며 입이 있어도 말할 수 없는 조선 사람을 대신하여 감히 일본의 양심에 호소하는 바이다. 민족의 역사는 차치하고라도 그 웅려한 예술미 그리고 곡선미의 극치를 떨치고 있는, 조선건축미술의 표본으로 손꼽히는 광화문을 도대체 무슨 이유로 없애 버리려는 것인가. 후일 민속미학에 뜻있는 우리들 외국인이 서울에 가서 조선민족이 엮어낸 그 특이한 민족적 고유미의 하나를 대하지 못할 때, 그 아쉬움을 무엇으로 풀 수 있단 말인가.

무릇 한 민족의 역사엔 흥망성쇠가 뒤따르게 마련이지만, 그 나라 그 민족이 지닌 위대한 고유 문화와 예술은 시대와 국경을 초월하여 그 불멸의 영원성을 모름지기 전 인류 속에 간직케 해야 마땅한 일이거늘, 지금 일본은 이러한 역사적 사명을 몸소 총검으로 유린하고 있는 셈이다. 하물며 위대한 조선미술은 예로부터 우리 일본에 전래되어 우리의 국보급 미술품들은 거개 조선인의 손으로 만들어졌음을 부인할 수 없는 사실이고 보면, 소위 일본 문화의 뿌리는 모름지기 조선의 예술, 조선의 문화풍토 속에서 찾을 길밖에 없다는 결론에 도달할 것이니, 결국 일본은 스스로 제 나라 문화의 뿌리를 제 손으로 잘라 버리는 추악한 만행을 저질러가고 있는 것이 아니고 무엇이겠는가.

중국, 일본, 조선 등 3국의 미술을 비교해 보면, 중국은 광활한 대륙이라 그 미술 또한 대지에 정착, 안정된 형을 창출했고, 일본의 그것은 지리상 외침이 잦지 않았던 관계로 생활의 안락을 뜻하는 색채의 미술이 중심을 이루었지만, 이에 반해 조선의 그것은 항상 대륙에서 오는 압력으로 인해 불안, 적요, 비애 등의 감정을 담은 곡선의 미술이라 할 수 있을 것이니, 다시 말해서 무릇 미술을 비롯한 모든 예술미의 극치는 이러한 적요와 비애, 불안 등의 정신영역에서만 찾을 수 있는 것이며, 그것은 마치 바람에 나부끼는 곡선과도 같아서 인간이 간직한 예술적 감흥을 유연한 곡선으로 표현하는 것이라고나 할까…….

그러므로 중국, 일본, 조선 등 동양 3국의 예술 중에서 가장 뛰어난 예술은 곧 곡선의 미를 담은 조선의 예술일 것이며, 그 예로 조선건축의 지붕도 곡선이며, 심지어는 버선, 옷깃 등에 이르기까지 모든 형태가 곡선을 이루었고, 음악 역시 그 선율이 곡선으로 엮어져 있는 것이다. 이러한 조선의 예술이며 미술인 광화문을 일본은 헐어 없앤다고 한다.

여기서 나는 감히 하나의 비유를 제시한다. 만일, 만일 말이다. 입장이 바뀌어 조선이 일본을 정복하여 동경에 있는 우리의 황궁 정문과 이중교를 철거하려 한다면 이러한 폭거를 과연 일본 국민들은 묵묵히 좌시만 하고 있을 것인가. 결코 아닐 것이다. 그렇다면 그러한 민족감정은 조선민족에게도 누구 못지않게 불타고 있을 것이 분명하다. 그럼에도 불구하고 일본이, 조선총독부 당국이 하필 조선민족의 얼이 담긴 경복궁 앞뜰에 청사를 건립할 때 그 진의는 과연 무엇인가.

다시 묻노니 역사적 미술의 정수 광화문을 철거하려는 그 진의는 과연 어디에 있는가. 생각할수록 나는 모골이 송연할 지경이다. 이대로 나가다가는 머지 않아 경복궁 정전마저 헐어 없애지 않겠는가.

나는 거듭 충고하노니 일본은, 조선총독부는 이러한 만행을 깨끗이 포기하고 미술과 역사적 유물은 어느 나라 것이든 마땅히 보호 존속케 하는 양식과 아량을 가져야 할 것이다!'

대략 이상과 같은 줄거리였다. 이 글로 인해 조선총독부를 지탄하는 여론이 일본 국내에 들끓어 마침내 조선총독부도 당초의 방침을 변경하여 문제의 광화문을 경복궁 동편 후방으로 옮겨 원형을 보존케 한 것이다. 그리고 그 뒤 박정희 대통령이 재직 시 이것을 다시 원위치로 이건했다. 이것이 바로 오늘의 광화문이다.

돌이켜 보건대 만약 그때 야나기 씨의 그러한 강경 항의와 주장이 없었더라면 광화문의 운명은 일본의 마수에 의해 하루아침에 흔적도 없이 스러지고 말았을 것이다. 야나기 씨는 그 후 한국에 몸소 건너와 장기체류하면서 우리 한국의 미술을 끊임없이 연구하여 일본은 물론 전 세계에 그 가치를 선양한 큰 공로자이기도 하다. 그 중에서도 한국의 도자기와 목기에 대한 미술적 평가 작업에 가장 열의를 기울여 특히 이조기(李朝器)에 대한 미술적 평가와 그 진가 발견에 크게 공헌했다.

야나기 씨가 내한하기 전까지는 이조자기의 경우 그것이 설혹 아무리 명품이라도 한국 국내 고물상에서 보통 2~3원 내외의 가치에 지나지 않았으나, 야나기 씨의 미술적 평가가 날로 높아지자 그것은 일약 2~3백 원을 호가하기에 이르러 이로써 이조기의 진가가 비로소 형성되기에 이르렀다. 그동안 가정에서 고작 식기류로나 사용되어 오던 이조기가 이렇게 야나기 씨의 올바른 평가로 일조에 진귀한 미술품으로 승화하게 된 것이었다.

이런저런 사실을 통해 나는 야나기 씨에 대한 존경과 흠모를 가슴 속에 북돋아 오다가 태평양전쟁을 얼마 앞둔 1939년경 동경 출장 시에 동경 시내 시부야구(澁谷區) 자택으로 그를 찾아 갔다. 당시 야나기 씨는 60세가 넘는 노령이었으며 음악가인 부인 가네코(兼子) 여사와 조촐한 삶을 누리고 있었다.

내가 경의에 넘치는 내의를 고하자 야나기 씨는 반색을 하며 나를 맞아 들였다. 그리고 내가 자리에 앉기가 무섭게 격앙된 어조로 시국담을 펼쳤다. 일본통치하의 한국 민족의 불행과 참상, 일본의 군국주의적 횡포 등을 논한 끝에 일본 및 아세아의 장래에 언급, 지금 일본은 중국대륙을 전면 침략하고 있으나 일본 민족 가운데엔 양심 있는 인사가 없지 않으니 언젠가는 필연적으로 정도를 되찾을 날이 올 것이며, 칼로써 흥한 자는 또한 칼로써 망한다는 예수 그리스도의 교시와도 같이 결국 멀지 않아 일본군국주의는 패망하고 지금껏 짓밟혔던 식민지 백성들은 조국광복의 새날을 맞이하게 될 것이 틀림없으니, 조금도 낙심 말고 꾸준히 저력을 축적해 나가서 민족 재흥을 꾀하는 일원이 되라고 극구 격려해 주었다.

그때 내가 둘러본 야나기 씨의 자택은 마치 국제 민속박물관을 방불케 하는 인상을 안겨 왔다. 방마다 세계 각국의 민예품이 빽빽이 들어앉고, 놀랍게도 그 중 1실은 한국 미술품이 몽땅 차지하고 있었다. 그리고 그 한국 미술품 중엔 내가 본국에서도 보지 못했던 높이 약 5피트, 너비 약 4피트나 되어 보이는 거대한 한국 장독이 놓여 있었다. 그 장독은 함경도 회령산(會寧産)이라고 설명했는데. 그 우아한 형상미는 내가 보기에도 실로 천하 명품이었다. 그밖에도 이조기, 고려청자 등을 비롯하여 값진 한국 민속공예품들이 자리를 가득 메우고 있었다.

이런 광경을 눈앞에 두고, 나는 야나기 씨의 한국 미술에 대한 애착과 조예에 거듭 감탄과 경의를 금할 수 없었다. 이제 야나기 씨는 우리와 완전히 유명을 달리하고 있다. 그러나 나는 이분이 생전에 기울였던 한국 민족, 한국예술에 대한 그 호의와 열의와 애착을 결코 잊을 수는 없다. 인간 야나기 씨, 이 분이야말로 진정한 한국의 벗이었다. 내가 그를 추념하여 이 글을 엮는 이유도 바로 여기에 있다.(『풍설시대 80년』 P.375)

친일파 박춘금

박춘금(朴春琴, 1891~1973)은 친일파 중의 친일파이고 그 중에서도 거두다. 박춘금의 친일 행태 극치를 보여주는 단적인 예가 하나 있다. 1932년 1월 8일, 이봉창(李奉昌) 의사가 일본 천황을 향해 수류탄을 투척했을 때 그가 보여준 행동이다.

— 수류탄을 던진 바로 그날 오후, 박춘금은 궁내성(宮內省)을 비롯하여 일본 고위층을 방문하고 사과를 올렸다.

"불경한 범인이 조선인이라서 송구스럽습니다."

그는 여기에 그치지 않고 다음날 아침 일찍 상애회(相愛會) 회원 120명을 이끌고 동경의 황궁 옆 니주바시(二重橋) 앞으로 가서 줄지어 서서,

"우리 동포 가운데 이와 같은 불령자(不逞者)가 나온 것에 대해 폐하에게 충심으로 사과의 말씀을 올립니다."라며 절을 올렸다.(『기노시타 쇼조 천황에게 폭탄을 던지다』, 배경식, 너머북스, 2008, P.254)

이런 박춘금이 주일대표부 김용주 공사한테 청탁을 하려다 거절당하자 죽이겠다며 협박까지 한다.

— 1950년, 내가 주일공사로 임지 동경에 부임한 지 얼마 후에 하루는 당시 일본 외무성 촉탁인 권태용(한국 출신, 일명 '고구려')이란 사람이 나를 찾아 와서 일본 거주 박춘금이 자기에게, 나와의 면회 알선을 간곡히 청탁하더라고 전했다. 그리고 그 면회 목적은 일한협회(일본의 정계, 재계의 중진급 인사들의 모임이며 6·25 전쟁 시엔 주로 한국 전재구호사업을 벌였음)에 박춘금 자신을 임원의 한 사람으로 추천해 달라는 데 있는 성싶다고 덧붙였다. 이미 널리 알려진 사실이지만, 박춘금 하면 일제시 일본서 상애회란 대표적 친일단체를 만들고 일본의 대한 동화(同化)정책의 보조를 맞추어 관권을 배경으로 재일 한국노동자들에게 거대한 영향력을 행사했던 대표적인 행동파 친일분자로, 나중엔 일본의 국회의원까지 되어 막강한 권력을 부렸던 사람이다. 이러한 위인이기에 이미 한국 정부는 반민법(反民法, 반민족행위자 처벌을 위한 특별법의 약칭)을 적용, 박춘금에 대해 민족반역자 제1호로서 체포령을 내린 지 오래였다.

이러한 사실에 비추어 나는 권태용을 통한 박춘금의 면회요청을 단번에 거절할 뿐 아니라, 공사 여하를 막론하고 주일대표부 출입마저도 불허한다는 강경의사를 표명했다. 전문한 바에 의하면, 당시 박춘금은 동경시내 우에노구(上野區) 번화가에 대규모의 요리여관을 경영하고 있는 중이며 상당한 재산을 갖고 있다는 것이었다.

그때만 해도 일본은 패전의 상흔이 가시지 않아 사회 각계각층은 궁핍에 허덕이고 있는 중이어서 군색한 일부 일본 정계요인들은 허물을 무릅쓰고 박춘금의 재력에 매달리기도 했고, 심지어 재일 한교사회 일부에서도 박춘금의 재력과 '온정'에 기대는 일이 가끔 있었으며, 한편 박춘금은 그들에게 베푸는 이른 바 '온정'의 대가로 '의리'와 '협기'를 갖춘 '훌륭한 인물'로 평가되어 제법 제 나름의 영향력을 일부에 행사하고 있는 모양이었다. 그러한 박춘금에게 때마침 본국으로부터 저명한 모 정객과 저명한 모 실업가의 내방이 있었다. 박춘금은 그들 두 사람을 자기가 경영하는 그 요리여관에 날마다 극진히 모셨으며 때로는 온천장으로 유명한 아타미(熱海)를 비롯하여 일본의 여러 명승지를 두루 안내하여 그들의 환심을 사기에 이르렀다.

이런 일이 있은 후부터 박춘금은 한결 코가 우뚝해진 모양인지, 그는 다시 사람을 사이에 넣어 나에게 다음과 같은 말을 전해 왔다. "한국의 대 정객, 대 실업가도 몸소 이 박춘금을 찾아 와 경의를 표하고 가는데 일개 공사가 나를 무시해서 되겠는가. 그러니 앞으로 한국대표부에서도 자기와 유대를 맺게 하라, 운운." 이에 대해 나는 본국의 대 정객, 대 실업가는 어떻게 했든 나에겐 나의 맡은 바 직책이 있기 때문에 그런 요청을 받아들일 수 없다고 다시금 거부하고 말았다.

그 뒤 몇 년인가 세월이 흘러, 나도 주일공사 직분을 사임하고 귀국했다가 무슨 용무로 다시 일본에 잠깐 체류 중이었는데, 하루는 난데없이 박춘금이 첫 눈에 폭력배로 보이는 건장한 사내 2명을 데리고 내 객사에 나타났다. 그는 다짜고짜 나를 죽이겠다고 협박을 했다. 예의 지난 일에 대한 앙갚음이었다. 그러나 나는 조금도 굴하지 않고 그에게, "내가 듣기엔, 박춘금은 협기를 가진 위인이라고들 하던데 정작 대하고 보니 아주 소인이군 그래. 네가 나에 대한 감정을 토로하는 것은 좋으나 폭력배를 두 사람이나 데리고 온 것은 비열한 소인의 행세가 아니고 뭐냐. 보복을 위한 결투라면 떳떳이 1대 1의 자세로 너 혼자 나오는 것이 사나이다운 도리가 아니냐." 하고, 나는 의연한 자세로 대갈했다.

　그러자 그때서야 박춘금은 태도를 누그리며, 데리고 온 사내들은 결코 폭력배가 아니고 자기의 비서라고 굳이 옹색한 변명을 늘어놓은 끝에 찾아온 용건이랍시고 다음과 같은 말을 건네 왔다. '사실은 최근 나한테 협박장이 한 통 날아들었는데 그것이 당신의 필적이라고 한국의 유명한 모 실업가가 증언했기 때문에 그것을 따지러 온 것뿐이다.' 그때 나는 모 친지에게 보낼 예정으로 주소성명을 적어 놓은 편지봉투를 가지고 있었는데 그것을 박춘금에게 건네며, "내가 공사재임 시에 직책상 너를 상대 안한 것은 엄연한 사실이다. 그러나 내가 이미 그 직에서 물러난 이상 너와는 개인적으로 아무런 관계가 없는 입장이 아닌가. 무엇이 안타까워서 협박장 같은 것을 보내겠는가 말이다! 나는 그런 소인이 아니다. 이 봉투의 글씨는 내가 손수 쓴 것이니 네 말대로, 아니 그 모 유력한 실업가의 증언대로 그 협박장의 필적이 내가 쓴 것이라고 의심이 든다면 지금이라도 당장 이것을 갖고 전문가를 찾아 가 필적을 대조, 감정시켜 보면 판가름이 날 거 아니냐." 박춘금은 그 봉투를 받아 들고 그대로 돌아갔는데, 그 후 아무런 반응을 보여 오지 않았다. 그런 위인, 그런 박춘금이었다.(『풍설시대 80년』 P.341)　✎

편저자 약력

이성춘(언론인) | 前 관훈클럽 총무, 前 한국기자협회 회장, 前 고려대 석좌교수
김현진(소설가) | 한국소설가협회 이사, 한국문인협회 이사
　　　　　　　　주요작품 『엽혼』, 『모시등불』, 『용서의 조건』 외 다수

강을 건너는 산 - 김용주 평전

이성춘 · 김현진 편저

발행처 · 도서출판 **청어**
會　長 · 曺弼大
발행인 · 이영철
영　업 · 이동호
홍　보 · 최윤영
기　획 · 천성래 | 이용희
편　집 · 방세화 | 이서윤
디자인 · 김바라 | 서경아
제작부장 · 공병한
인　쇄 · 두리터

등　록 · 1999년 5월 3일
(제321-3210002510019990000063호)

1판 1쇄 인쇄 · 2015년 8월 5일
1판 1쇄 발행 · 2015년 8월 15일

주소 · 서울특별시 서초구 효령로55길 45-8
대표전화 · 586-0477
팩시밀리 · 586-0478

홈페이지 · www.chungeobook.com
E-mail · ppi20@hanmail.net
ISBN · 979-11-86484-03-6(03990)

이 도서의 국립중앙도서관 출판시도서목록(CIP)은 서지정보유통지원시스템 홈페이지
(http://seoji.nl.go.kr)와 국가자료공동목록시스템(http://www.nl.go.kr/kolisnet)에서 이용하
실 수 있습니다.(CIP제어번호: CIP2015011847)